# 细读论语

## 上册

叶辉 著

四川人民出版社

# 序

2020年1月，离旧历新年已经很近，身边的人几乎都在纷纷忙着筹备年货，或计划着回家的行程，春运的氛围已是由氤氲而至浓稠。但新冠疫情的突然而至，打破了原有的回四川老家的出行计划，我们一家宅在了上海的家里。

三妹是个企业主，平时满世界跑，而在这突发事件之下，她也被迫停了下来。过完春节，她对我说："你来给我们讲《论语》吧，就给家里人讲。"我想，也好，正想着要找时间好好重读《论语》，何不趁此机会，把《论语》从头梳理一遍呢？于是答应了妹妹的提议。我家四兄妹，四个家庭，也有十几号人，只是生活不在同一地方，美国，成都，上海，就算在上海，也在一小时车程以上的距离之外。于是，从2020年的3月初开始，我们在家人的微信群里，正式开讲《论语》，三代同堂，也算得上是济济一堂了。我一边备课，一边带着大家学《论语》。因为时差的原因，要照顾到远在美国读书的小侄女，我们的开课时间都在晚上九点之后。每周三次，每次两个小时。就这样，整整持续了一年时间。随着讲读的内容逐渐增多，备课的手稿越来越厚，想把讲读的内容印成文字的想法也就越来越强烈。这就像一粒种子，不经意间落到了地里，竟然不经意长出了苗，还不经意结出了一些果实，你说，我要不要把果实采摘下来，分享给大家呢？

于是，经过四年的闭门撰写和反复修改，便有了大家手里这部《细读论语》。

在整个《论语》讲读和撰写《细读论语》书的过程中，有几点感受非常强烈而深刻，借此机会分享给大家。

一是，我手里有超过两百个版本的《论语》解读方面的书。在翻阅这些书籍时，我发现，即使是当前被认为最经典且印数最多、影响最广的《论语》释读书，也有不少错漏或误读原作现象。出现这类问题，一方面是过去的文献资料、文物出土相关佐证材料的欠缺，或因时代的限制不便搜索资料；二是作者已去世，生前所著无法再行修正。基于此，我在整个《论语》讲读和撰写《细读论语》过程中，除了纠正当前流行版本中存在的错漏、误读，凡涉及到引证资料，全部查阅纸质原著原文，仔细核对引证来源；凡争议较大的章句，尽可能穷尽古今前贤解注，择其优者而从之。因此，在整个《论语》讲读和及后期撰写《细读论语》一书的过程中，为一个字或一句话折腾一周甚至更长时间的情况，就有好多次。

二是，以家庭为单位讲读《论语》，家人一起学习，一起讨论，是非常好的学习形式，对家庭成员之间和睦相处有很好的促进作用。同时，《论语》也可以成为团队、企业、员工、同事之间最好的粘合剂、催化剂。企业文化远不止几条上墙的标语口号，需要从博大精深的传统文化经典中去吸收养分，找到凝聚力、向心力的支撑点。当我们深入学习《论语》，我们就会发现，再好的心灵鸡汤，远不及孔子只言片语的力量和影响。

《论语》是中国传统文化经典，更是认识论，是对人与社会的认知方式。细读《论语》，就如借孔子的慧眼，去观己、观人、观世界。我们将更深刻地认识自己，更透彻地看清世界，面对纷纷扰扰的世界，我们将不再迷惑，从而更加自信。

以上是我迫不及待想告诉大家的。其余的话，都放在书中去说了。

2023年4月于沪上<br>
2024年5月修改于成都

# 上册目录

学而篇第一 ……………… 001

为政篇第二 ……………… 035

八佾篇第三 ……………… 077

里仁篇第四 ……………… 119

公冶长篇第五 …………… 157

雍也篇第六 ……………… 201

述而篇第七 ……………… 247

泰伯篇第八 ……………… 293

子罕篇第九 ……………… 323

千乘之國敬事而信節用而愛人使民以時

子曰弟子入則孝出則弟謹而信汎愛眾而親仁行有餘力則以學文子夏曰賢賢易色事父母能竭其力事君能致其身與朋友交言而有信雖曰未學吾必謂之學矣子曰君子不重則不威學則不固主忠信無友不如己者

# 学而篇第一

子曰①："学而时习之，不亦说[yuè]乎②？有朋自远方来，不亦乐[lè]乎③？人不知而不愠[yùn]，不亦君子乎④？" 1.1

### 【译文】

孔子说："学习之后，又能不断地去运用、实践所学到的知识技能，不是很开心的事情吗？有志同道合的朋友从远方来，不是很快乐的事情吗？别人不了解我，而我不懊恼，不正是一个君子吗？"

### 【释读】

❶ **子** 指孔子。"子"（图1.1-1）在甲骨文里像小儿头形，有发，本义是小孩。引申为男子的通称。后渐渐把"子"作为师长的通称，略等于现在的"先生"。邢昺[bǐng]《论语注疏》说，之所以称孔子为"子"，是因为孔子"圣德著闻，师范来世，不须言其氏，人尽知之故"。（孔圣人德高望尊，闻名于世，为后世学习效仿的楷模，不需要说出他的姓氏而人人尽知。）《论语》"子曰"的"子"，都是特指孔子。

图1.1-1

**曰** 即开口说话，等于现在的"说"。皇侃《论语义疏》："'曰'（图1.1-2）者，发语之端也。许慎《说文解字》（以下简称《说文》）云：'开口吐舌，谓之为曰。'此以下是孔子开口谈说之语，故称'子曰'为首也。"（曰，就是说话的开头语。许慎《说文》说："张口说话，就叫作曰。"这之后是孔子开口谈论的话，所以称"子曰"作为开头语。）

图1.1-2

❷ **学** 繁体字为"學"。甲骨文"学"（图1.1-3）为会意字，由两个部分组成。上半部左右两边为手形，中间为一个叉或两个叉。一说这是一张正在编织的网的象形，古时结网是一个复杂的技能，非传授不能获得。一说代表四根两两交叉的算筹，就是四根用作算筹的小棍子，与两边的手形结合，表示教授算术之法。无论是哪一种解释，都不影响字义的表达——"学"字的上半部分，就是教人学习本领、技能、知识的意思。"学"的下半部就简单了，是一座简陋的房屋图形，代表场所。这个字形在甲骨文中为"六"的初文，本义为野外简陋的居处。徐中舒《甲骨文字典》："象两壁架有一极两宇之棚舍正视形，此为田野中临时寄居之处，其结构简易，暴露于野，即古

图1.1-3

之所谓庐……庐六古音近，故得借为数词六。""学"字上下结合，本义就明确了：教人学习本领、技能、知识的地方，也就是今天的学校。引申为学习知识、技术。

到西周时，金文的"学"（图1.1-4）字在甲骨文的基础上，在下部添加了一个"子"，突出学习的对象是小孩子。从此，"学"的形与义便固定了下来。

图1.1-4

《尚书大传》："学，效也。"学是仿效，模仿。这是学习的方法与途径。许慎《说文》："学，觉悟也。"由学而悟，由学而化，既是学习的过程，也是学习的终极目标。二者相加，正好是"学"的正解。学以致用，求知修身，知行合一，这便是"学"。如此，我们也就不难理解孔子说"不亦说乎"的原因所在。

**时** 时时，随时，时常，意为不断地，反复地。朱熹《论语集注》："既学又时时习之，则所学者熟，而中心喜悦，其进自不能已矣。"（学习之后又时时运用，那么所学到的知识技能便会越来越精熟，从而内心喜悦，他的进步自然不会停止了。）一说，时，即《孟子·梁惠王上》"斧斤以时入山林"之"时"，指在适当的时候，即为按时，定时。今本多采此说。可参阅。

**习** 繁体字为"習"。甲骨文"習"（图1.1-5）从羽，从日，羽为鸟羽，意为鸟在晴日天空中练习飞翔。许慎《说文》："習，鸟数飞也。"数飞，即反复多次地飞，反复练习、实践之意，也就是把所学到的知识技能不断地加以运用、实践。有版本将"习"直译为"温习"，其侧重点在重复所学的知识，但孔子在这里所讲的，应为学习之后马上落实到行动上，实践中，强调的应该是运用。

图1.1-5

**之** 代词，代指所学的知识技能。学习本已让人不堪重负，如再让其时时重复旧学，哪还有开心之时？只有将所学到的不断运用于实践，在不断实践中去消化、领悟，进而提升自我，不断进步，这才有可能"不亦说乎"。

**不亦……乎** 不是……吗。固定格式。"不亦"连用，与句末疑问语气词"乎"呼应，构成反诘[jié]句谓语，语疑而实质肯定。下文同。

**说** 同"悦"，开心，高兴，愉悦。

❸ **有朋** 古本有作"友朋"的。此处解为"志同道合的人"。东汉郑玄注："同门曰朋，同志曰友。"（同一个师门的叫朋；志趣相投、目标一致的叫友。）《广雅》："朋，比也，朋，类也。"同类为朋，有相同特质或性质的人称为朋。

学而篇第一　003

**乐** 快乐。

❹ **人不知** 即"人不知（我）"。知，了解，懂得，欣赏，赏识，与现在的"知道"略有区别。

**愠** 懊恼，恼怒，怨恨。

**君子** 在《论语》中，"君子"一词有时指有德之人，即有道德修养的人；有时指在位之人，即统治阶层的人。此处指有德之人。

### 〖读后〗

经典著作的开篇，往往是全书的基调所在，是进入全书的关键，也就是朱熹所说的"入道之门"。在《子张篇》19.23，子贡说："赐之墙也及肩，窥见室家之好。夫子之墙数仞，不得其门而入，不见宗庙之美，百官之富。得其门者或寡矣。"意思是说，我子贡的围墙也就高齐肩膀，一眼就能看见围墙里面房舍的华美。老师的围墙有数仞之高，找不到进入的大门，也就看不到围墙里庙宇的华丽雄伟，百官的富足。但是，能够找得到这道大门的人太少了。

的确，很多人对《论语》并不陌生，甚至倒背如流。但是，最终依然本人是本人，《论语》是《论语》——他说他的，我做我的。朱熹《论语集注·论语序说》引程颐语："今人不会读书。如读《论语》，未读时是此等人，读了后又只是此等人，便是不曾读。"意思是说，现在的人，并不会读书。比如读《论语》，没有读之前是这样的人，读了之后依然是这样的人，没有半点改变，这便等于没有读过《论语》。

那么，问题来了，怎么样读书，或者说，怎么样读《论语》才算得上是真正读过《论语》呢？

孔子开宗明义第一句话，其实就回答了这个问题："学而时习之。"

我们先说"学"。《尚书·周官》："不学墙面，莅事惟烦。"人要不学习，就像面墙而立，一无所见，遇事就会烦乱不断。先秦诸子百家之一的尸子在《尸子·劝学》中说："今人皆知砺其剑，而弗知砺其身。夫学，身之砺砥也。"现在的人，都知道把自己的剑磨得锋利，却不知道勤学苦练，磨砺自身。而学习，就是磨砺自身啊。——这就是"刀不磨，要生锈；人不学，要落后"。《礼记·学记》："玉不琢，不成器；人不学，不知道。"玉石不经过雕琢，不能成为有用的器物；人不努力学习，就不能明白大千世界的奥妙。

可以说，从古至今，"学"都是人生当中的第一件大事，而且贯穿在整个人的生命之中。《论语》把"学而时习之"放在首篇首章首句，仿佛是在告诉我们——学而时习，乃人生之始，也是支撑人生的根基。只有建立在这个根基之上，人生才有希望，也才有意义。

以上，是"学"的重要性。但是，你问一问自己，你曾经认真想过什么是"学习"吗？

孔子告诉我们，"学习"就是学而时习。《尚书大传》说学是仿效，模仿。这是学习的方法与途径。亚里士多德说："模仿是人类的天性。"小孩子咿呀学语，便是模仿大人学说话。当我们一天一天长大，开始跟着老师学习书本知识，学书本中所讲的，也会模仿书中所讲，老师所讲。同样，学习《论语》，我们就要模仿孔子。孔子怎么说的，我们就怎么做，把孔子对弟子们讲的当成是对我们讲的，牢记，领会，时时与自己的行为进行对比。

许慎《说文》："学，觉悟也。"惠能大师说："一悟即至佛地。"只要你悟了，你便是佛，修行就是悟的过程。学习呢，也是如此。由学而悟，由学而化，把学到的知识融入自己的骨髓，融入自己的血脉，使其最终成为自己的一部分。这既是学习的过程，也是学习的终极目标。

我们再来看"习"。"习"的意思就是把所学到的知识技能不断地加以运用、实践。

比如，孔子说，站立时不要站在门中间，行走时不要踩到门槛，我们做到了吗？孔子说，在车内不要东张西望，不要高声说话，不要指指点点，我们在地铁上、公交车上做到了吗？孔子说，送客人时，要等到客人看不见我们了，才转身返回。现实中，我们常常遇到这样的情形：客人还在原地，主人却已转身回去了。如果我们读《论语》，不仅记住、理解了孔子说的，还按照孔子说的去做，去实行了，甚至举一反三，运用到我们的言行举止中，运用到我们的单位、组织、公司的文化建设中。这就是"习"，这就是实践，这就是知行合一。

我们现在有不少的孩子甚至成年人，能背诵很多古诗词，背诵各种经典原文。但是，只是记住了，却缺少最关键的一步——照着去做。这也就是程颐所说的，"未读时是此等人，读了后又只是此等人，便是不曾读。"

德国哲学家雅斯贝尔斯说："教育本质上意味着一棵树摇动另一棵树，一朵云推动另一朵云，一个灵魂唤醒另一个灵魂。"学习又未尝不是呢？

孔子一生，弟子三千，贤人七十有二。正是这一群弟子，把孔子的思想继承、传播、延续下来，一代接一代，一直到今天。儒家思想最终成为中华文化的主脉，根植于中华民族的灵魂之中。孔子所唤醒的，又岂止千千万万个灵魂！

"学"与"习"二者相加，便是"学习"的正解。学以致用，求知修身，知行合一，把所学真正用到实践中去。同时，我们在不断学习与提升中，去影响身边的人，在改变自己的同时，影响、改变更多的人，广而大之，乃至改变世界，如此，"不亦说乎"！

我们常说，在家靠父母，出门靠朋友。朋友关系是中国传统社会关系中，与夫妻、兄弟、父子、君臣关系相并列的"五伦"之一。但能称作朋友的，绝非我们现代社会所说的那种充满江湖味的泛泛之交。那么，什么样的人能称作真正的朋友呢？郑玄说同一个师门的叫"朋"，志趣相投、目标一致的叫"友"。也就是说，朋友，不是酒肉朋友，也不是以利益为前提走到一起的人，而是以学为目的走到一起，志趣相投、目标一致、价值观一致、同心同德的人。这同甲骨文"友"字为两只手指向同一个方向所会意的一致。《礼记·学记》："独学而无友，则孤陋而寡闻。"与世隔绝，闭门造车，而不广交朋友，不跟朋友切磋琢磨，相互促进，便可能成为井底之蛙，终究难成大器。

孔子弟子曾子也说："君子以文会友，以友辅仁。"（《颜渊篇》12.24）

君子以文章学问结交朋友，相互切磋，相互促进，不断进步，进而臻于至善。君子不以酒会友，不以利会友，而是以文会友，并以此增进自身的学养，提升自己的仁德。

这是交友，更是学习。这也就是孔子"有朋自远方来"的那个"朋"。这样的"朋"，同声相应，意气相投，把酒临风，指点江山。有这样的"朋"从远方而来，能不开心吗？

那么，该怎么样去结交朋友呢？

关于交友，孔子谈论得并不多，但句句直击要害。他说："无友不如己者。"（《学而篇》1.8）不跟不如自己的人交朋友。要交朋友，就交正直的人，诚信的人，见闻广博的人，这就是"益者三友"；不交谄媚奉承的人，当面恭维而背后毁谤的人，夸夸其谈、花言巧语的人，这就是"损者三友"。（《季氏篇》16.4）跟朋友相交的原则是："忠告而善道之，不可则止，毋自辱焉。"（《颜渊篇》12.23）真诚地劝告，恰当地引导，如果朋友不听从，就停止劝告引导，不要自取其辱。一句话，朋友很重要，交友须谨慎。

"古来圣贤皆寂寞，惟有饮者留其名。"这是李白在《将进酒》中说的。李白说，圣贤都是寂寞的命，还是喝酒去吧。鲁迅说："人生得一知己足矣，斯世当以同怀视之。"知己难遇，遇上了，就视为同胞兄弟，且行且珍惜。孔夫子的寂寞来自哪里？为什么开篇第一章就说"人不知而不愠，不亦君子乎？"为什么在《论语》中他一再说"不患人之不己知"？

《史记·孔子世家》有这样一段记载：有一次，孔子和他的弟子们被暴徒围困于陈国与蔡国之间，弟子们饥寒交迫，连床都起不来了，但孔子依然读书讲课，弹琴唱歌，自得其乐。弟子子路、子贡都很不高兴，心生怨气。他们想不通，老师这么优秀，老师的思想学说如此卓越，却遭遇这样的困厄。孔子见状，便分别把子路、子贡和颜渊找来谈话。他分别对三个学生提了同样的问题，他说，正如《诗经》上说的，"匪兕[sì]匪虎，率彼旷野"，既不是犀牛，又不是老虎，却总是在空旷的原野之中疲于奔命。这像是在说我们吧？是我的思想主张错了吗？不然我们为什么会这样呢？子路的回答是，也许是我们的仁德还不够，所以人们还不信任我们？或者是我们的智慧还不够，所以无法推行我们的思想主张？子贡的回答是，也许是老师的思想学说太崇高伟大，所以天下之人才无法接纳老师。老师能不能降低一点标准呢？而颜渊的回答是，老师的思想学说崇高伟大，所以天下之人无法接纳老师，即使这样，老师仍然坚持自己的方向，推行自己的思想主张。不被接纳有什么可怕的呢？正是因为不被天下之人所接纳而依然坚定向前，才足以显现出真正的君子风范。如果我们的思想学说不够完善，那是我们的耻辱，但如果我们的思想学说足够完善而不被接纳，那是一国之君的耻辱。

孔子听了颜渊的话，"欣然笑曰：'有是哉颜氏之子！使尔多财，吾为尔宰。'"孔子开心地笑着说："真有你这样的啊，颜家小子！假如你有一天富贵发财了，我去给你做管家吧。"

从《史记·孔子世家》的这段叙述，我们可以读到孔子的寂寞——高处不胜寒。

孔子孤独，因为他所追求的理想崇高伟大；孔子孤独，因为他的思想已经远远超过世人的认知；孔子孤独，因为他即使不被接纳，依然坚持不懈，执着向前。然而，孔子非常清楚自己的处境，非常明白世人的精神状态，也具有坚定的文化自信和强大的内心世界。他像一个布道者，不问前程，只顾布道，死而后已。因此，孔子一再说不要担心别人不了解自己，一方面是孔子太明白自己处在怎样的世道之中；一方面也足以表现出他的文化自信、勇气、崇高的使命感。

余秋雨说："中庸之道加上君子之道，是儒家的灵魂所在，也是中华文化的灵魂所在。"我们都做不了圣人，那就做一个君子吧。儒学便是君子之学，而要成为一个真正的君子，就要知行合一，不断学习，不断实践，广交益友，努力修养自身，不怕别人不了解你，不怕别人误解你，不怕在旷野之中孤独地前行，哪怕前路狂风骤雨，依然风雨兼程。

## 1.2

有子❶曰："其为人也孝弟[tì]，而好犯上者，鲜[xiǎn]矣❷；不好犯上，而好作乱者，未之有也❸。君子务本，本立而道生❹。孝弟也者，其为仁之本与［yú］⁵？"

### 【译文】

有子说："一个人孝敬父母，尊敬兄长，却喜欢冒犯尊长，这种人很少有；不喜欢冒犯尊长，却喜欢犯上作乱，这种人从来不会有。一个君子，他所追求的是最根本的东西，根本的东西建立起来了，道也就产生了。孝敬父母，敬重兄长，这大概就是仁的根本所在吧。"

### 【释读】

❶ **有子** 孔子学生，姓有，名若，字子有，鲁国人。

❷ **其** 代词，泛指某一个人，释为"一个人的"。
**也** 放在句中，表示语气停顿。
**孝弟** 孝顺父母，敬爱兄长。孝（图1.2-1），从金文字形看，从老之省，从子，会意一小子侍奉老人之形。本义为孝顺。许慎《说文》："孝，善事父母者，从老省，从子，子承老也。"（孝，就是能尽心周到事奉父母，从老而省笔，从子，子扶持老人之意。）弟，同"悌"。朱熹《论语集注》："善事父母为孝，善事兄长为弟。"（尽心周到事奉父母叫孝，尽心周到事奉兄长叫悌。此处善字作尽心、周到讲）。

图1.2-1

**犯上** 冒犯尊长。犯，抵触、违反，冒犯。上，上位之人，比自己地位高的人。
**鲜** 少。程树德《论语集释》本章按："古未有不孝于亲而能忠于国者，亦未有不敬其兄而能笃于故旧者。语云：'求忠臣必于孝子之门。'又云：'圣人以孝治天下。'有子之言，洵［xún］治国之宝鉴也。"

❸ **作乱** 破坏正常秩序的行为。对有德者而言，就是破坏正常秩序、违背正常伦理道德的行为；对于有位者而言，就是反叛、造反之意。
**未之有也** 即"未有之也"，指从来没有这样的人，这种人从来不会有。

❹ **务** 致力，追求，努力，谋求。

008　细读论语·上册

**本** 与"末"相对,原指草木的根,比喻事物的根本,根基,本源。

**立** 建立,树立。

**道** 天地万物的规律、道理。在老子看来,道是宇宙万物的本原、本体。

❺ **也者** 语气助词连用,在主语后面表示语气停顿。

**其** 副词,表推测,大概。

**为** 是,就是。

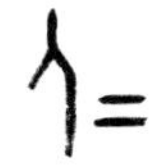

**仁** 品德高尚之人。道德的最高境界。李学勤《字源》认为,"仁"(图1.2-2)为会意字,从古文字资料看,"仁"字最早出现在春秋晚期的侯马盟书中。过去曾一度认为甲骨文已有"仁"字,后经学者考辨,是误识。在春秋战国文字中,"仁"字的形体,一种从尸从二,另一种从心千声。到秦简从人从二,为《说文》正篆所本,隶、楷随之。《说文》:"仁,亲也,从人,从二。"本义是对人友善、相亲。《论语·颜渊》:"樊迟问仁。子曰:'爱人。'"

图1.2-2

徐中舒《甲骨文字典》无"仁"字。

马如森《殷墟甲骨文实用字典》:"仁,从人,从二,字形待解。"并引《说文》注解。虽认为"仁"字为甲骨文,却语焉不详。

赵世民《字经》中《比:中国哲学的起点》关于"仁"字的一段话,虽无实据支撑,却似乎较为接近"仁"字的本义。赵世民说,他过去也以为是"人"和"二"构成了"仁",象征人与人之间应该友善相处。后来研究发现,许慎《说文》的"上"字,最早字形写成"二",比如"帝"字就从"二"(上)。他于是猜想"仁"字里的"二"也是"上"。这样,"仁"就象征着"上等之人"或"人的高尚品德"。把"仁"字的"二"视为甲骨文的"上"字,据此来解"仁"(图1.2-3),颇有新意。

图1.2-3

**与** 同"欤",疑问语气助词。《论语》中的"欤"都写作"与"。

**▎读后▎**

《孟子·滕文公上》有这样一句话:"他日,子夏、子张、子游以有若似圣人,欲以所事孔子事之,强曾子。"(有一天,子夏、子张、子游认为有若像孔子,就想要像事奉孔子一样事奉他,并强求曾子同意。)

也许是因为这段话,司马迁在《史记·仲尼弟子列传》写道:"孔子既没,弟子思慕,有若状似孔子,弟子相与共立为师,师之如夫子时也。"这句话是说，孔子去世后，他的学生们都非常怀念他，而有若长得很像孔子，于是，孔子的这群学生便拥立有若扮作他们的老师，并像过去侍奉孔子一样去侍奉有若。这段话有两层意思，一是有若的长相有点像孔子，二是孔子的学生们在老师去世后，像一群没爹没娘的孩子，无依无靠，对老师的思念之情绵绵不绝。当然，这只是聊胜于无的自我安慰之举。但是，接下来，司马迁写了一件事：就在这事发生不久后的一天，这群学生向有若问了两个问题。一是老师健在的时候，有一次，他叫学生们带上雨具，后来果然下雨了。学生问老师怎么知道要下雨，老师说，《诗经》上不是说过吗，"月离于毕，俾［bǐ］滂沱矣"，昨天晚上月亮不是靠近毕星吗？可是，后来有一天，月亮又靠近毕星，却没有下雨。这是为什么呢？二是，商瞿年龄大了，却还没有子女，他的母亲急着为他另娶妻室，正好孔子派他出使齐国，商瞿的母亲去向孔子求情，孔子却说，不必担心，商瞿40岁后会有五个儿子。后来果真如此。这又是为什么呢？然而，"有若默然无以应"。于是这群学生再也受不了了，让有若赶紧离开老师的尊位，说那不是他该坐的地方。

有若是不是长得像孔子，这已无法查证；有若是不是有孔子一样的才华，更不能断言，但至少在《史记·仲尼弟子列传》里没有。但我们不得不注意，《论语》开篇第二章就记下有若关于"孝悌"的一段话，而且说"孝弟也者，其为仁之本与"，引出孔子的核心命题"仁"，这定不是无意之举。

在《论语》中，仁是孔子倡导的最高、最完善的道德范畴，也是孔学的根本所在。据杨伯峻《论语译注》统计，在《论语》中，"仁"字一共出现109次，可见其分量之重。

"仁"的含义包罗万象，归根结底，其根本或基础在于"孝悌"。孔子的社会政治学说与大同思想蓝图，其根源在于家庭伦理的实践；践仁的根本与起点在于践行一个生命个体在其家庭中的责任，担当他在家庭中的社会角色。也就是说，一个君子要践行仁道，要达到身心修养的至高境界，要经过漫长的锤炼过程，然而这个锤炼过程的起点是家庭伦理的实践，即孝悌。孝悌并不只是简单地赡养父母敬爱兄长，而是对自身社会价值与角色的自觉与担当。再由"孝悌"延展出"忠""信"，对国家的"忠"，对朋友与社会的"信"。由"忠""信"而至"天下为公"的大同世界蓝图。

孟子曾经说过，有一句老话叫"天下国家"。天下的基础在国，国的基础在家，家的基础在个人。而个人最根本的在孝悌。"求忠臣必于孝子之门。"这句话很尖锐，却也道出了一个道理，你连对养育你的父母都没有孝心，还奢谈什么忠君爱国！

儒家思想认为，家是国的最小单元，是国的基础，要治国，必先齐家，家齐而后国治。于是，修身、齐家、治国、平天下，便是一个人修养道德的路径和方向。如此，我们就不难理解"圣人以孝治天下"这句话的最深刻含意了，也就不难理解《管子·戒》里直截了当的话："孝弟者，仁之祖也。"（孝悌，是仁的根基所在。）孔子的"仁"，为我们建立了一个道德体系和原则。看似抽象，但在具体实践中，却又是如此的接地气，具有极强的可操作性。这，正符合孔子"知行合一"的思想原则。

比如，你从现在就可以开始践行，无须任何前提条件。

但是，我们要明白一点，孝悌是一种自觉的道德修养与准则，不是形式化空洞的东西。践行孝悌不能走向极端。极端的道德就是不道德。孝不是愚孝，忠不是愚忠，信也不是孔子批评过的那种"硁硁然小人哉"的小信。孔子也许已经知道我们后人爱走极端，所以在很多场合提醒大家，仁虽然高大上，但要推己及人，从自己做起，从身边的事情做起。

## 1.3　子曰："巧言令色❶，鲜［xiǎn］矣仁❷！"

**【译文】**

孔子说："嘴上说着讨人喜欢的话语，满脸堆着讨人喜欢的脸色，这样的人，仁德就少了！"

**【释读】**

❶ **巧言**　好听的话语，花言巧语。

　　**令色**　好看的脸色，指虚伪的脸色，伪善的面孔。令，善，美好。色，面部表情。

❷ **鲜矣仁**　即"仁鲜矣"。鲜，少，很少。务求巧言令色以悦人，非真情善意，所以说"鲜矣仁"。

[ 读后 ]

《大戴礼记·曾子立事》:"巧言令色,小行而笃,难于仁矣。"(满嘴说着讨人喜欢的话语,满脸堆着讨人喜欢的脸色,只会在小事情上耍小聪明,这样的人难以达到仁的境界。)朱熹《论语集注》引程子曰:"知巧言令色之非仁,则知仁矣。"(程颐说,知道巧言令色这样的言行不是仁,也就知道什么是仁了。)

我们扪心自问,有谁不喜欢听好听的话,哪怕你明明知道是虚伪夸张的?我们有谁不喜欢堆笑的脸,哪怕你明明知道这张笑脸不真实?但是,在我们的生活中,在人与人的交往中,什么东西最能够打动你?或者说,在人际交往中,什么东西是我们最值得珍惜的?

——真情。

鲁迅在《野草集·立论》一文中说,一户人家生了个儿子,满月的时候,抱出来给客人看。一个客人说,这孩子将来要发财;于是说这话的人得到一番感谢。一个客人说,这孩子将来要做官;于是说这话的人也收到几句恭维的话。还有一个客人说,这孩子将来是要死的;于是说这话的人被大家痛打了一顿。"说要死的必然,说富贵的许谎。但说谎的得好报,说必然的遭打。"要想既不说谎,也不遭打,怎么办?鲁迅写道:"那么,你得说:'啊呀!这孩子呵!您瞧!多么……。阿唷!哈哈!Hehe!he,hehehehe!'"

现代人不缺圆滑世故,缺的是真诚,真实,真情。我们总把这种世故粉饰成高情商,却往往把说真话的人看成异类,冷落一旁。我们仔细看看,一个公司,一个单位,什么人最吃香?什么人最能讨得上司的欢心?恐怕未必全是说真话的人,恰恰可能是那些谄媚逢迎,圆滑世故,精于周旋,或者左右逢源,八面玲珑,见风使舵的人。这种人,孔子把他们叫作"乡愿",是"德之贼",即道德的破坏者。有趣的是,孔子在《阳货篇》17.13中说乡愿是德之贼,而在17.17中又重复出现了本章的内容。我们可以猜想,也许,关于乡愿的话题,原本就是编排在一起的,只是由于某种原因造成了错简,才出现了重复的情况。另外,我们也可以看到,乡愿这种人与巧言令色的这种人,其实就是一路货色,他们的表现及危害都是一样的,既是"德之贼",也"鲜矣仁"。

**曾子[1]曰:"吾日三省[xǐng]吾身[2]——为人谋而不忠乎[3]?与朋友交而不信乎[4]?传不习乎[5]?"** 1.4

### 译文

曾子说:"我每天多次反省自己——替别人做事是不是尽心竭力了?和朋友交往是不是诚实坦荡了?老师教给我的知识是不是去实践运用了?"

### 释读

❶ **曾子** 姓曾,名参[shēn],字子舆[yú],孔子晚年时候的学生,小孔子46岁,据说是孔门弟子中最小的一位。相传《大学》《孝经》便为曾参所著。所以有人说,夫子之道,终由曾子一以贯之。曾子是孔子学说的重要传承者,故后世尊之为"宗圣"。

❷ **日** 每日,每天。
**三省吾身** 多次反省自己。三,多次。省,反省,省察。身,自身,自己。

❸ **为** 替,给。
**谋** 谋划,谋虑,做事。许慎《说文》:"虑难曰谋。"(替人考虑、谋划、解决难题便是谋。)
**忠** 尽心竭力,对人忠诚而尽力。朱熹《论语集注》:"尽己之谓忠。"(竭尽自己的心力做事就叫忠。)

❹ **交** 交往。
**信** 信实可靠,诚实守信。朱熹《论语集注》:"以实之谓信。"(说话诚实可靠叫作信。)本篇1.7中子夏曰:"贤贤易色;事父母,能竭其力;事君,能致其身;与朋友交,言而有信。虽曰未学,吾必谓之学矣。"其中的"信",即信实可靠。程树德《论语集释》引《四书辨疑》:"心无私隐之谓忠,言有准实之谓信。此乃忠信之别也。"(内心没有私欲叫作忠,说话诚实可靠叫作信。这就是忠与信的区别。)

❺ **传** 老师所传授的知识学问。
**习** 在这里跟本篇第一章"学而时习之"的"习"同义,应理解为运用,实践。

**[读后]**

鲁迅在《写在〈坟〉后面》一文中说："我的确时时解剖别人，然而更多的是更无情面地解剖我自己。"

内省是儒家文化的必然选择，因为儒家文化没有如基督教中基于信仰上帝的那种外在的宗教约束，因此，一个君子要完善自我人格，提升自我生命价值，就需要自觉地自我反省，自我鞭策。自省是人自证的方式。人的自证是指人不依赖外在价值评判系统的内在自我价值评判。修身，既是修养自身，也是修正自身。商汤在他沐浴的盆子上刻着这样一句话："苟日新，日日新，又日新。"意思是，假如今天洗涤污垢，更新自我，就要天天洗涤更新，再不间断地清除污垢，更新自我。这是一种自我检视，反省，更是一种自我警醒。这种深刻而郑重的自我反省，甚至是严厉的自我鞭挞，这种一日三省的修养功夫，在儒家看来，是由此岸（现实人生）到彼岸（理想人格）的必要津梁。

曾子所反省的，是一个人在家族伦理之外的社会责任的担当以及对价值传统的传承与践履。"忠"是忠于一切的职事，忠实履行自己的承诺，恪尽职守，忠诚不贰。由忠于一切职事，自然过渡到忠于国家与君王，忠于一切人类所约定的秩序。"信"是对朋友诚信可靠，这是超越于血缘关系的相互间的深刻的信赖，这种信赖，推而广之，即构成现代社会的诚实守信的契约精神。

我们常说，为人不做亏心事，半夜不怕鬼敲门。孔子告诉司马牛，不忧不惧的前提是"内省不疚"。自我反省，问心无愧，所以无所忧，无所惧。这也正是一个君子修养自身的指向标。而为人谋是否忠，与朋友交是否信，便是一个君子内省时最重要的衡量标准之一。

"传不习乎？"实际是检视我们是否自觉担当起文化价值传统的传承与实践的重任。在《泰伯篇》8.7中，曾子曾说："士不可以不弘毅，任重而道远。仁以为己任，不亦重乎？死而后已，不亦远乎？"曾子的意思是说，一个士子不能够不发扬刚毅果决的精神，因为他肩负重任而道路漫长。把追求仁德作为自己义不容辞的责任，不也就是责任重大吗？直到生命结束才可停止，不也就是道路漫长吗？可见，曾参是一个有使命感、责任感的人，虽然孔子曾说他鲁钝笨拙，但他却有一种笃定的使命感在身。这是一种担当，一种使命，是孔子所说"女为君子儒，无为小人儒"的思想的忠实践行者。因此，我们更有理由认为，此处的"习"，理当释读为践行，运用，而不是复习，温习。老师所讲的知识文化，代表着我们珍贵的文化道统，是维系一个民族的精神文化传统相递传承的根基所在。因此，这种反省，是把一个人的个体生命放到整个人类的文化血脉上去考察，而成就一种自觉的担当意识。

如此，我们也就明白鲁迅更无情面地解剖自己的意义之所在，也就明白，鲁迅的伟大之所在。

## 1.5

子曰："道千乘［shèng］之国❶，敬事而信❷，节用而爱人❸，使民以时❹。"

**【译文】**

孔子说："治理一个拥有千辆兵车规模的国家，就要做事严肃恭谨，诚实守信，节约用度，不挥霍浪费，体恤人民，役使百姓要根据百姓的农耕时节，不违农时。"

**【释读】**

❶ **道** "导"的古字，引导，指导，引申为治理。孔子主张仁政，所以在这里不说治，而说导。

**乘** 甲骨文"乘"（图1.5-1）从人，从木，字像人登在树上之形，有登高之义。本义登高，后用作乘车。古代用四匹马拉的兵车，一辆为一乘，所以"乘"在这里是量词，一辆。春秋时期，打仗用马车，所以国家的强弱都用兵车的数量来衡量。春秋初期，大国都没有千乘兵车。但那个时代，征战频繁，各国都必须扩军备战，因此兵车的发展速度很快，到孔子的时代，千乘兵车已算不上大国的规模了。

图1.5-1

❷ **敬事** 做事恭敬虔诚，严肃认真。敬，谨慎，慎重，有敬畏之心。

**信** 诚实可信。

❸ **节用** 节省财政用度，不挥霍浪费。

**爱人** 爱护人民，爱惜百姓。

❹ **使民** 役使百姓，国家征用百姓从事义务劳动。

学而篇第一　015

**以时**　按照一定的时间季节，根据农闲农忙时节情况。上古时代为农业社会，役使百姓要考虑百姓的农时季节，不能有违农时，随意役使百姓。《礼记·王制》："用民之力，岁不过三日。"征用民众服劳役，一年不超过三天。时间太长，或不根据农闲农忙时节情况随意征用民众服劳役，就会影响到老百姓的正常生产生活，那就会民不聊生，民怨沸腾。

【读后】

老子在《道德经》第六十章说："治大国，若烹小鲜。"烹制小鱼，不能时时翻动，翻动太多，小鱼就会破碎。治理一个大国，和烹小鱼一样，要清静无为，不能政令繁苛而随意。政令繁苛随意，侵扰百姓，国家也就会混乱不堪。老子这是告诉为政者，为政之道在安静无扰，扰则害民。若能清静无为，则百姓安宁。祸端不在鬼神，全是人为。以道治国，人为得当，祸患就不会降临。

老子讲这话是站在倡导"清静无为"思想的角度来说的，却和孔子提倡"敬事而信，节用而爱人，使民以时"观念大相契合。他们的共同点都在以道治国，以德治国，而且，怀揣一个"敬"字，谨慎，慎重，用心，有敬畏之心，不随意扰民，这是两位圣人一致的思想指向。无论是老子的"道"，还是孔子的"德"，其共同面对的都是天下百姓，都是人民的安宁太平。

带着敬畏之心去做事，诚实守信，关爱百姓而不劳民伤财，不随意侵扰百姓，役使百姓，不违农时，唯其如此，才能天下太平，百姓安康。也唯其如此，才是治国之道。过去如此，现在，不同样如此吗？

## 1.6

子曰："弟子入则孝，出则弟，谨而信，泛爱众，而亲仁[1]。行有余力，则以学文[2]。"

【译文】

孔子说："年轻人在家孝敬父母，在外尊重兄长，谨慎行事，诚实有信，博爱大众，亲近有仁德的人。做好这些之后，还有时间精力，那就用来学习文献典籍，诗书六艺。"

【释读】

❶ **弟子**　《论语》中，"弟子"有两个含义，一是指年纪幼小的人，二是指学生。这里取前者，泛指年轻人。
**入则孝**　在家孝顺父母。入，回家，在家。
**出则弟**　在外尊敬兄长。出，出门，在外。弟，即悌。
**谨而信**　谨，谨慎，指言行谨慎。信，诚实守信。
**泛爱众**　与人为善，与人亲近，博爱大众。泛，广泛，广博。
**亲仁**　亲近有仁德之人。亲，亲近。仁，此处指具有仁德的人，与《雍也篇》6.26"井有仁焉"用法相同。

❷ **余力**　指还有时间，还有剩余的精力。
**则以学文**　那就把这时间精力用来学习文献典籍，诗书六艺。古人读书学习分为小学和大学两个阶段，并有明确的要求。古人8岁入小学，学习洒扫应对进退、礼乐射御书数等知识和技能；15岁入大学，学习伦理、政治、哲学等穷理正心、修己治人的学问。《大学》开篇第一句话就是："大学之道，在明明德，在亲民，在止于至善。"（大学的宗旨，在于弘扬光明高尚的品德，在于使民众弃旧图新，在于使人达到最完美的境界。）

【读后】

孝悌、谨言慎行，诚实守信，博爱众人，自觉向有仁德的人靠拢，把自我塑造成为一个自觉践行孝悌忠信，拥有广大博爱的心灵，内心崇尚传统的大德之人。这样的人就是一个在道德层面上值得敬仰与肯定的人。在这里，道德实践是最为重要的，之后才是知识系统的构建。

孔子强调德行的修炼先于知识系统的构建，所以要先修德，而后学习文化知识。但是，我们要全面理解孔子思想，不可偏废。孔子强调德行修养，并非看轻知识学养的积累。只是，道德的修养，人格的自觉锤炼与伦理实践，比知识建构更为紧要，这是孔子教育学说的重要思想。西方近代教育以传授并创造知识为重，即所谓"学统"，这对中国现代教育产生了很深的影响。今天中国的学校教育，以分数为教育指标的现象大行其道，虽有"德、智、体、美、劳全面发展"的教育方针，但在实际的实施中，"智"却几乎成了教育的全部，从而变得重"智"轻"德"，或把"德"的教育形式化，简单化。实际上，教育的最高目标应在于培养人格健全的，具有自觉道德意识与道德担当的君子。知道如何做人做事，是更重要的知识价值体系。从某种意义上说，人格败坏，道德低下，是教育的最大失败。孔子强调的"学"，既包含了知识文化技能的吸收，更是强调道德人格的自我完成，这一教育思想，值得我们深思。

## 1.7

子夏[1]曰："贤贤易色[2]；事父母，能竭其力；事君，能致其身[3]；与朋友交，言而有信。虽曰未学，吾必谓之学矣[4]。"

**【译文】**

子夏说："重贤德，轻美色；侍奉父母，能尽心竭力；为君主做事，能豁出性命；结交朋友，能信守承诺。能如此，即使他说没有学过，我一定说，他已经学成了。"

**【释读】**

[1] **子夏** 孔子弟子，姓卜，名商，字子夏，比孔子小44岁。以文学著称。

[2] **贤贤易色** 尊重贤人，轻视美色。实际上是指我们看一个人，要看重一个人的内在德才修养，而不要被外表所迷惑。第一个"贤"是以……为贤，即尊重、尊敬贤能之人。第二个"贤"是指贤能之人。易，有交换、改变之义，也有轻视、简慢之义。此处指轻视。

[3] **致其身** 献出自己的生命。致，献出。

[4] **虽** 即使。

**【读后】**

和上一章一样，孔子在强调学的时候，依然首先强调修德。有德之人，虽然他说自己才疏学浅，其实他已经学成了。

从采猎文明、农耕文明、工业文明到信息文明，每一阶段都是伴随着人类脚步的加快而来。远古时期的日出而作、日落而歇的田园牧歌式的状态，对现在的我们来说，已经无法想象。我们都变得来去匆匆而又忧心忡忡，无暇顾及我们自身，无暇观照我们的心灵。

我们这个社会，有些人靠各种包装来粉饰自己，以求快速进入世人的视线，从而换取利益。在速度与激情的惊险刺激中，他们丢失了自己。而我们能放慢脚步去观照自我吗？我们能找到田园牧歌式的心境和原本的我们吗？我们能找回人类最纯粹的人伦道德吗？重贤能，轻美色，不仅是一心向善，见贤思齐，更是脱离人性中的一些低级趣味，不在滚滚红尘中沦陷。对上尽忠，对朋友诚信可靠。这样的人，还不算学有所成吗？

## 1.8

子曰："君子不重［zhòng］，则不威；学则不固❶。主忠信❷。无友不如己者❸。过，则勿惮［dàn］改❹。"

**【译文】**

孔子说："作为君子，如果不严肃持重，就没有威严，所学的东西也不会牢固。做人做事要以忠诚信实为主。不要跟不如自己的人交朋友。有了过失，就不要怕改正。"

**【释读】**

❶ **重** 庄重，不轻浮，认真严肃而自持。
   **威** 威严，沉稳。
   **固** 牢固，稳固，坚固。
   皇侃《论语义疏》："言君子不重，非唯无威，而学业亦不能坚固也。"（是说君子不严肃持重，不只是没有威严，还使学业也不能坚固。）

❷ **主忠信** 用忠、信主宰自己的言行。把忠、信放在最重要的位置，或解为坚守忠信。主，以……为主，主宰，坚守，崇尚。朱熹《论语集注》："人不忠信，则事皆无实，为恶则易，为善则难，故学者必以是为主焉。"（一个人如

学而篇第一　019

果没有忠、信，那么做事就不能信实可靠，做坏事容易，要行善很难，所以求学之人，一定要把忠、信这两个字放在重要的位置上。）

❸ **无** 通"毋"，不要。
**友** 交友。甲骨文"友"（图1.8-1）从两手相并，以示友好。许慎《说文》："友，同志为友，从二又，相交友也。"意为目标一致，方向一致，志同道合，相交为友。

图1.8-1

❹ **过** 犯了过错，有过错。
**惮** 害怕，畏惧。

## 【读后】

为人轻佻，何来威严可言？又怎能担当重任？为人浮躁，怎能沉下心来认真学习？所学的东西又岂能牢固？现代有些人以左右逢源、圆滑世故、见风使舵为情商高者，备受追捧。信息时代，碎片化、娱乐化、鸡汤性质的内容铺天盖地，很多人却乐此不疲，深陷其中。

他们的内心空虚浮躁，没有理想追求，胸无大志，却还一味地抱怨社会不公。不能沉静持重，不能以忠信来支撑自己的信念，却只想"躺平"，何来成功可言？

关于"无友不如己者"这一句话，历来争议很大。其中，批判方最核心的观点是，一个人不能如鲁迅所说的太势利，不能见到比自己强的人就攀附，见到比自己差的就躲避。持这种观点的人，看似有包容之心，有君子之风度，其实不然。例如你正好有一个孩子在读书，请问，你是否不在乎学校把孩子分到最差的班级？如果在乎，那是为什么？

我们要注意一个关键点就是，孔子弟子把老师的这一段话放在《学而篇》，而《学而篇》主要是谈学习，修养，知识的精进，而不是谈在社会上结交普通朋友、跟普通人打交道的原则。正如钱穆所言："师友皆所以辅仁进德，故择友如择师，必择其胜我者。""择友如择师"，从这个意义上讲，跟比自己强的人做朋友，而远离比自己差的人，有什么错呢？有什么势利的呢？孔子之言，实在而近人情，没有我们现代人这种矫情与虚伪，这，正是孔子之伟大而又平实之处。

鲁迅在《坟·杂忆》一文中说："孔老先生说过：'毋友不如己者。'其实这样的势利眼睛，现在的世界上还多得很。"有人引用鲁迅这句话来攻击孔子，这是对鲁迅的误读。其实,这话是针对当时社会现象,取其一面而生发开去,并不是否定孔子的这句话。我们不能把鲁迅之言当作曲解孔子之意的依据。

## 1.9 曾子曰:"慎终,追远,民德归厚矣❶。"

**译文**

曾子说:"谨慎庄重办理父母的丧事,虔诚追怀列祖列宗,民风也就会由此变得淳厚。"

**释读**

❶ **慎终** 慎,谨慎,慎重。终,人死为终。
**追远** 追,追念,追祭。远,逝去已久的先辈。
**民德归厚** 民风也由此渐渐变得淳厚。

**读后**

朱熹《论语集注》:"慎终者,丧尽其礼。追远者,祭尽其诚。民德归厚,谓下民化之,其德亦归于厚。"意思是说,慎终,就是丧事要按照礼制做到最好。追远,就是在祭祀的时候要尽心尽力。民德归厚,是说老百姓把效法、模仿君王的行为,转化为淳厚的民风。

孔子特别强调丧葬之礼,这一点和道家的区别比较明显。道家觉得哪儿来哪儿去,哪儿起哪儿止,无所谓。可以消失在流沙荒漠,可以消失在草泽江海。但对孔子来说,人生不是一朵云,一股气,而是一个庄严的过程,要用隆重的仪式来终结它。

孔子为什么要重视丧葬之礼呢?从横向上,可以通过丧葬方式来维系生灵之间的互尊;从纵向上,可以通过丧葬方式来护佑家属之间的传代。他的学生因为认真学习、领悟了孔子的思想,所以孔子去世后的葬仪之隆重就可想而知了。

司马迁《史记·孔子世家》记载:"孔子葬鲁城北泗上,弟子皆服三年。三年心丧毕,相诀而去,则哭,各复尽哀;或复留。唯子贡庐于冢上,凡六年,然后去。弟子及鲁人往从冢而家者百有余室，因命曰孔里。"大意是，孔子去世后，葬于鲁国都城北面的泗水边，弟子们都为他守了三年孝。三年孝守完，就要互相道别离开了，大家又在墓地上吊唁痛哭，表达自己深深的哀伤之情。有的弟子又留下来，不忍离去。子贡在墓地边搭起一个窝棚，在那里一共住了六年，之后才离开。孔子弟子和其他鲁国人自愿前往孔子墓地住下并安家守墓的人有一百多户，因此大家给这个地方取名叫"孔里"。《史记》用简略的记述，呈现了孔子隆重的丧葬仪式，实在是蔚为壮观，感天动地，对人们思想上的震撼可想而知。

《孔子家语·王言解》："上敬老，则下益孝；上尊齿，则下益弟。"意思是，君主敬重老人，百姓便更加孝敬父母；君主尊重长辈，百姓便更加尊敬兄长。这就是上行下效，也就是"化"的作用。说得明白点，就是君王要做榜样给老百姓看，家长要做榜样给儿女看，领导要做榜样给下属看……

甲骨文"化"（图1.9-1）为一正一反两个人，意为变，转变，改变，而这个变不是简单的改变，不是从一个东西变成另一个东西，而是转化，升华。比如，教化、化民就是指通过教育、示范、引导，形成一定的风气，使老百姓从不自觉地效仿，转变成自觉地行动。

因此，我们把"民德归厚"理解为"民风也由此而变得淳厚"更为准确，更贴近孔子的原意。

图1.9-1

## 1.10

**子禽问于子贡曰❶："夫子至于是邦也，必闻其政❷，求之与？抑与［yǔ］之与❸？"子贡曰："夫子温、良、恭、俭、让以得之❹。夫子之求之也，其诸异乎人之求之与❺？"**

**|译文|**

子禽向子贡问道："老夫子每到一个国家，一定要去了解这个国家的政事，是他去请求得来的呢？还是别人主动告诉他的呢？"子贡说："老夫子是靠他的温和宽厚、平易正直、恭敬庄重、俭朴节制、谦恭礼让的品德得来的。即使是'求'，老夫子的'求'，大概也跟一般人的'求'不一样吧？"

## 释读

① **子禽** 姓陈，名亢[gāng]，字子亢，一字子禽。一说为孔子弟子。

**子贡** 姓端木，名赐，字子贡。卫国人，孔子学生，比孔子小31岁。善言辞，世传为儒商鼻祖。

② **夫子** 古代一种敬称，凡做过大夫的人，都可获得这一称呼。孔子曾为鲁国司寇，其学生便称他为"夫子"。

**至于是邦** 每到一个诸侯国。

**必闻其政** 一定会了解这个国家的政事。

③ **求之与** 是他自己去求来的呢？

**抑** 连词，表示选择，或者，还是，抑或。

**与之与** 第一个"与"，给，给予，此处指主动告知；第二个"与"同"欤"，句末语气词，释作"呢"。

④ **夫子温、良、恭、俭、让以得之** 即"夫子以温、良、恭、俭、让得之"。意为老夫子用他温良恭俭让的高尚品德赢得大家的信赖，主动告之国情，请求指点。

⑤ **之** 第一个"之"为助词，取消句子独立成分。第二个"之"为代词，指代政事。

**其诸** 大概，或者，或许。当时齐鲁一带的习惯用语，表推断。

**异乎人之求之与** 异于普通人的"求"，老夫子的"求"，跟普通人的"求"或许不一样吧。与，同"欤"。

## 读后

温，温和宽厚，不尖刻伤人；

良，平易正直，不卑不亢；

恭，恭敬庄重，有恭敬心、敬畏心；

俭，俭朴节制，有分寸、懂节制，不骄奢放纵；

让，谦恭礼让，不恃才傲物，不盛气凌人。

朱熹说，这五者，是孔夫子的高尚品德在待人接物时所散发出的光辉。五个字，便勾勒出了孔子的气度风范，这也正是儒家的行为风范、中国人的行动指南。

## 1.11

子曰："父在，观其志❶；父没[mò]，观其行❷；三年无改于父之道，可谓孝矣❸。"

### 译文

孔子说："父亲健在的时候，要看做子女的人的志向；父亲去世后，要看做子女的人的行为举止。几年都不改变父亲生前所秉持的理念、准则，可以说是孝了。"

### 释读

❶ **父** 甲骨文"父"（图1.11-1），会意字，一只手（左手或右手）举着一根大棒，这大棒是武器、权杖的代表。人类进入父系氏族社会后，部落的首领变成了男性，他肩负着带领族人获取猎物、抵御侵略、扩大领土、寻求更好的生存环境等重任。所以，必须是部落当中最为孔武有力、智勇双全、气势威猛的男人，而握于手中的权杖就是这一切的象征。古人正是抓住了这一点，才创造出了精练传神的"父"字。皇侃《论语义疏》引孔安国曰："父在，子不得自专，故观其志而已。父没，乃观其行也。孝子在丧，哀慕犹若父在，无所改于父之道也。"（父亲在世时，儿子不能自作主张，所以只能察看他的志向理想。父亲去世后，才能看他的言行举止。孝子服丧时，哀伤思慕，就像父亲还在眼前，所以对父亲生前所遵循的准则没有可以改变的。）

图1.11-1

**其** 指示代词，指代做子女的，而非"父"。下同。

❷ **没** 同"殁"，死亡。

❸ **三** 虚数，"三年"指多年，非确数。
**道** 指父亲的人格、品德，秉持的原则、理念，建立的家规家风等。

**读后**

在中国传统思想中,父亲往往是一个家的主心骨和家族的指南针,做什么、不做什么,以及怎么做,儿女往往依照父亲的意愿和原则。父亲去世后,儿女往往也会谨守父亲的理念和准则,不轻易标新立异、急于摆脱家范。

"孝"不仅仅是孝敬父母,更在于改善风俗,使民风淳厚,使人类社会秩序有一个坚实的基础。孔子在这里所强调的是对先人道德情操的继承,不能承前,就不能启后,"三年无改于父之道"是对自己先人,或者说是对自己所处的文化传统,保持应有的敬意和虔诚。

三年无改于父之道,道,可以理解为家风、家训、价值观等,而非一成不变的"老路子"。不然,父亲那一代没见过互联网,子女是不是也谨守家规,不玩互联网呢?

我的父亲带给后代的就是价值观。比如,他经常说"害人之心不可有,防人之心不可无",我都记住了。父亲不善言辞,但他为人敦厚、善良、诚实,这些品德深深影响着我们,成为我们生命的一部分。

## 1.12

有子曰:"礼之用,和为贵❶。先王之道,斯为美❷。小大由之,有所不行❸;知和而和,不以礼节之,亦不可行也❹。"

**译文**

有子说:"礼制的运用,以恰到好处最为可贵。过去圣明君王的治国之道,就以这作为最高境界。但如果大大小小的事情都按照'和'去处理,就有行不通的时候了。如果为和而和,却不用礼制去约束它,也是行不通的。"

**释读**

❶ 礼 礼制,道德准则,行为规范,礼仪礼节,一切用以维护社会秩序的规则、规范、道德准则。

用 施行,运用。

和 甲骨文"和"为"龢"[hé],从龠[yuè],从禾,字象管乐器笙。

本义是乐器。（图1.12-1）宋代《集韵》："龢，一曰小笙，十三管也。"被誉为"中国第一吹"的郭雅志说："众多中国管乐中，笙是和声乐器。它的音色不是那么突出，音量又不是太大。但它在乐队里的作用很大，有着融合整体音色的效果。"这就是和谐之美。《礼记·中庸》："喜怒哀乐之未发谓之中，发而皆中节谓之和。中也者，天下之大本也；和也者，天下之达道也。致中和，天地位焉，万物育焉。"（喜怒哀乐还没有表达出来的时候叫作中，表达出来又能合乎节度叫作和。中，是天下的根本；和，是天下的通途。达到中与和，天地之间的一切就能各得其所，万物就能繁荣生长。）

图1.12-1

❷ **先王之道**　过去圣明君王的治国之道。
**斯**　指示代词，这，代"和"。
　　过去圣明君王的治国之道，就以这作为最高境界。也即是说，过去的圣明君王，在和这方面做得最好，我们今天说"政通人和"，一个国家，达到政通人和的局面，那自然是最佳的状态了。

❸ **小大由之**　小大，大事小事。由，从，遵循。
**有所不行**　就有行不通的地方，有些事就可能行不通了。

❹ **知和而和**　知道和为贵的重要性而一味地求和。
**不以礼节之**　以，用。节，约束，节制。

【读后】

　　"和"在儒家思想中表达的是一种最佳社会状态和人际关系。"和"就是适当、恰到好处、均衡，也就是"中庸"。孔子在《雍也篇》6.29中说："中庸之为德也，其至矣乎！""中庸"并非折中，而是一种协调、一种平衡，如味的中和平衡，如音乐的和谐、协调，如人内心的平和稳定，如国家的国泰民安，如人与自然的和谐共处。但是，我们不能一味求和，为和而和，用和的假象去掩盖社会矛盾。一味强行和谐，"和"便会走向它的反面，便是自欺欺人的假象。那么，要保持均衡、协调、恰到好处的"中庸"状态，怎么办？——这就需要"礼"的运用。用礼制去制约、去约束。礼是什么？礼既是孔子所崇尚的周礼，也是道德规范、礼仪、礼节，是秩序，是规则，是制度。
　　《八佾篇》3.3：子曰："人而不仁，如礼何？人而不仁，如乐何？"

在儒家思想中，"礼"是一个重要范畴。很多人认为，孔子的礼是为了维护当时的等级秩序，是为统治阶级服务。但孔子的礼的实质是仁，礼是仁的外在形式，仁是礼的实质内容。要实现仁，需要用礼这一外在形式去体现。所以，礼所指向的不是统治阶级的利益，而是整个社会所遵循的准则，这就包括上层群体与下层群体在内。

孔子的礼，就是要为社会树立一个标准，一个人人遵守的秩序、准则。每一个社会中的人，都应该去自觉遵守，从而使社会变得和谐，至于大同。其实，我们可以理解为，孔子是在为人类社会做一个顶层设计，这个社会的理想目标是"大同"，没有尊卑贵贱，没有贫穷富贵，人人平等，和睦相处，相亲相爱。

在《礼记·礼运篇》里，孔子说："大道之行也，天下为公。选贤与能，讲信修睦，故人不独亲其亲，不独子其子，使老有所终，壮有所用，幼有所长，矜（同"鳏"）寡孤独废疾者皆有所养。男有分［fèn］，女有归。货恶其弃于地也，不必藏于己；力恶其不出于身也，不必为己。是故谋闭而不兴，盗窃乱贼而不作，故外户而不闭，是谓大同。"这段话的意思是说，大道通行的时代，天下为全体人民所共有。选拔有德有才的贤人，诚实守信，修养自身，和谐共处。所以人们不只是孝敬自己的父母，不只是慈爱自己的子女，而是使所有的老人能颐养天年，所有的壮年的人能发挥所能，年幼的人可以健康成长，鳏寡孤独残疾之人能得到供养。男人有正当职业，女人能有幸福的归宿。财物，人们憎恶把它抛弃在地上的行为，但不必占为己有；能力，人们憎恶自己有能力却发挥不出来，但不必为了自己的利益。因此，邪恶的思想就收敛而不会兴起，盗窃掠夺的行径就不会发生，因而房门也不必紧闭。这就是大同世界。

孔子所追求的大同世界，有一个核心，这就是"仁"。支撑"仁"的基础是"孝悌"，由孝、悌而至忠、信，这就是一个社会的道德系统，而建立这一系统的目的是"和"，也即"中庸"，为了天下大同。但是，和并非为和而和，不是用和去掩盖矛盾，求得表面的和。那么，怎么样才能避免这种问题呢？就是推出礼——秩序、规则，以此求得一种均衡与和谐。

礼是仁的外在表现形式，这在《乡党篇》有集中的论述，而《乡党篇》的重要性，也就凸显出来了。原来，孔子不厌其烦地教你能做什么不能做什么，都是为了这个"礼"！

也许，我们细细品读《论语》第一篇之后能最终明白，孔子弟子并非只是把孔子的话语集中在一起，而是在编辑和整理之中梳理他们老师的思想脉络。

有子曰："信近于义，言可复也❶。恭近于礼，远耻辱也❷。因不失其亲，亦可宗也❸。" **1.13**

【译文】

有子说："所作的承诺适宜恰当，许下的诺言才可以兑现；谦恭能够接近礼，就能远离（避免、免去）耻辱。依靠亲近的人，只要不违义和礼，也是可以尊崇的。"

【释读】

❶ **信** 诚信，信诺，诺言。

**近于** 接近于，近似于，符合于。

**义** 甲骨文"义"繁体字为"義"，上为"羊"，下为"我"。一般认为，義、善、美三字都从羊，因此其本义为"善"（徐中舒《甲骨文字典》、马如森《殷墟甲骨文实用字典》）。也有人认为，从甲骨文上可以看到，羊头上长着盘曲大角，是公羊；下面"我"字，是一件杀人的兵器，引申为杀伐。公羊往往为了捍卫自己的主权或保护群羊，与挑战者搏斗，所以，"羊"与"我"组成了一个"義"字，本义就是公羊捍卫自我或群体权力而实施的搏斗。由于这种搏斗是正当的，所以"义"被引申为正义。（见蔡艳艳《说文解字》，北京出版社2009年版）（图1.13-1）"义"后来引申为合宜、合适、恰当的、道义，正当的、合宜的行为。《礼记·中庸》："义者，宜也。"

图1.13-1

**复** 甲骨文"复""復"为一字，象穴居处两侧有台阶供人出入，脚沿台阶而进出之形，本义为往返（徐中舒《甲骨文字典》）。一说为脚围绕城邑行走，本义为往来（马如森《殷墟甲骨文实用字典》）。（图1.13-2）但在许慎《说文》中，"復""复"为两字："復，往来也。从彳，复声。"又："复，行故道也。从夂，畐省声。"复，意为实现、履行、兑现，"言可复"即讲了的话能够兑现，承诺的话能够实现。朱熹《论语集注》："复，践言也。"兑现诺言。"信近于义，言可复也"即所作的承诺恰当适宜，许下的诺言才可以兑现。

图1.13-2

❷ **远** 使动用法，使……远离。此处可释为避免、免去。

❸ **因** 依靠，凭借，此指做事所依靠的。因不失其亲，指做事依靠亲近的人、信得过的人，或者说，自己熟知的人。

**亦可宗** 即也是可以尊崇的。宗，本意是宗庙、祖庙，引申为祖宗、宗族、尊崇。在此为尊崇义。

### 读后

在本章中，《论语》提出了"义"的概念。义是什么？

《礼记·中庸》："义者，宜也。""义"就是适宜、恰当、规则、正义，正当的、合宜的行为。至此，《论语》在第一篇便把儒家思想的基本内涵提出来了。仁、义、礼、智、信（有关"智"，在后续的篇章中有生动而翔实的论述）、温、良、恭、俭、让，在本篇中一一揭开。对其更深层的内涵在以后的篇章中，将慢慢展开论述。

本章的要点还是承接上一章，在讲一个"度"，在讲"中庸"之道，在讲恰当、合宜。信是可贵的品质，但需要近于义，符合义的要求，才可能实现，即信的底线是义；谦恭是好的品德，但只有合于礼，只有在礼制的范围之内，才不至于招致耻辱，即恭的底线是礼；任用人也不必刻意避亲，只要合于义，也是可以尊崇的，做事依靠人的底线是"亲"，了知的人，值得信任的人。

信不违义，恭不违礼，因不失亲，儒家思想告诉我们，"中庸之为德也，其至矣乎！"（《雍也篇》6.29）

## 1.14

子曰："君子食无求饱，居无求安❶，敏于事而慎于言❷，就有道而正焉❸，可谓好学也已。"

### 译文

孔子说："君子不追求饮食的饱足，不追求居住的安逸舒适，做事勤勉敏捷，说话谨慎持重，接近有道之人以不断修正自己，能做到这些，就可以说是好学了。"

【释读】

❶ **食无求饱，居无求安**　即吃饭不追求饱足，居住不追求安逸舒适。

❷ **敏**　勤勉敏捷。

❸ **就**　动词，接近，靠近，走近。
**有道**　即有道之人、德才兼备之人。
**正**　动词，匡正，修正，纠正，校正，端正。

【读后】

　　孔子并不排斥、拒绝富贵荣华和舒适安逸，而是排斥安处于不义而来的富贵荣华、安逸舒适。在《里仁篇》4.5，孔子说："富与贵，是人之所欲也，不以其道得之，不处也。"在《述而篇》7.12，孔子说："富而可求也，虽执鞭之士，吾亦为之。如不可求，从吾所好。"在同一篇的7.16，孔子又说："饭疏食，饮水，曲肱而枕之，乐亦在其中矣。不义而富且贵，于我如浮云。"

　　孔子所主张的，是不能一味追求饱足安适、贪图享乐，而要深刻内修，塑造自我，不断提升自我，是向内求。正如皇侃《论语义疏》："既所慕在形骸之内，故无暇复在形骸之外，所以不求安饱也。"当一个人胸怀大志，追求大道，便不会对外在的物质条件有过分的要求或追求，相反，一心追求舒适安逸生活、享受荣华富贵，会妨碍人们对道德境界的追求、对精神丰满的向往、对提升自身内涵的渴望。就像网络上曾经流行的那句话："生活不仅有当下，还有诗和远方。"我们不排斥物质基础，但我们不仅仅食求饱、居求安，还要有崇高的理想，还要有深刻的自我修养。不然，何谈齐家治国平天下？

## 1.15

　　子贡曰："贫而无谄，富而无骄❶，何如？"子曰："可也。未若贫而乐，富而好礼者也❷。"
　　子贡曰："《诗》云：'如切如磋，如琢如磨❸'，其斯之谓与［yú］❹？"子曰："赐也❺，始可与言《诗》已矣，告诸往而知来者❻。"

【译文】

子贡说:"贫穷却不巴结谄媚,富贵却不骄矜傲慢,怎么样?"孔子说:"可以。但还不如虽然贫穷却安贫乐道,虽然富贵却谦逊好礼。"

子贡说:"《诗经》上说:'如切如磋,如琢如磨',大概就是说的这个道理吧?"孔子说:"子贡啊,现在可以和你一起讨论《诗经》了,告诉你过去,你就知道将来了。"

【释读】

❶ **谄** 谄媚,巴结奉承。
**骄** 骄横,放纵。

❷ **未若** 不如,比不上。
**者也** 语气词连用。

❸ **如切如磋,如琢如磨** 此句出自《诗经·卫风·淇奥》:"瞻彼淇奥,绿竹猗猗。有匪君子,如切如磋,如琢如磨。"(远望那淇河弯弯,绿竹茂密而青苍。有一个儒雅的君子,文质彬彬,高贵风雅,如精雕细琢的玉石象牙。)这里是说修身治学精益求精,不断精进。在这里,子贡说的不只是治学的功夫,还在强调修身的功夫、追求完美人生的功夫、追求君子之德的功夫。

❹ **其斯之谓与** 即"其谓斯与"。其,表示推测的语气,大概,或者。斯,代词,此,这,代指孔子说的话。与[yú],即"欤",句末疑问语气词。

❺ **赐** 子贡的名。古人一般有名有字,"名以正体,字以表德"。长辈称呼晚辈或自谦,则称其名。平辈之间或晚辈对长辈,则称呼其字。

❻ **诸** 一般为"之乎""之于"合音,此处当"之"用,代子贡。
**往** 过去,过去的事,已知的事。
**来** 将来,未来,未来的事,未发生的事。

【读后】

这一章有三个层次：

第一，"贫而无谄，富而无骄"。贫穷却不谄媚巴结，不奴颜婢膝，不以自尊去换取利益，保持"穷且益坚，不坠青云之志"的高尚品格。富贵却不骄矜傲慢、骄横放纵，保持一颗平常心，谦逊好礼，慈悲为怀，仁爱天下。"不以物喜，不以己悲"，无论贫富，坚守高贵的灵魂与品德。这是人之为人的根基所在，有了这个根基，人就活得像个真正的"大写的人"了，人也就有了底线。一个高贵的灵魂是不可战胜的。

第二，"贫而乐，富而好礼"。这是更为高贵的境界。贫而无谄、富而不骄是一种被动的道德自律与坚守。但是，贫而乐、富而好礼却是一种主动的追求，在贫与富冰火两重天中，完成自我的涅槃。贫而乐道，在困境中修身求道、砥砺前行，在修身求道、砥砺前行中享受快乐；富而好礼，检束自身，谦逊待人，自觉践行礼制，用礼制来约束自我灵魂，约束容易暴躁的心性。这就是修身养性、自我完善，不断臻于完美的仁德之境，而这，才是道德的高度所在。

第三，"如切如磋，如琢如磨"。人格的塑造、道德的修炼与培养有一个艰苦复杂的过程。因此，要达到仁德的至高境界，需要一种工匠精神，用切磋琢磨的工匠精神打磨自身、锤炼自己、驯化自己，而后破茧化蝶，臻于至善。这是一个艰苦的过程，更是一个深刻而痛苦的过程、一个孤独漫长的过程，是修炼人生与提升自我的必由之路。

孔子并没有告诉子贡怎么样去达到仁德的至高境界，而子贡却在《诗经》中找到了答案与途径。难怪孔子几乎是惊喜万分，激动之情溢于言表。这既是孔子的率真，也是子贡的学之觉悟。

子曰："不患人之不己知，患不知人也❶。"  1.16

【译文】

孔子说："不担心别人不了解我，担心的是我不了解别人。"

【释读】

❶ **患** 害怕，担心。
**不己知** 即"不知己"，倒装句。古代汉语中，当否定句中代词作宾语，宾语提前。"己"为代词，故提前。
**不知人** 不了解别人。"人"为名词，故不提前。

【读后】

这一章与本篇第一章最后一句"人不知而不愠，不亦君子乎？"相呼应。孔子在《论语》中反复说"不患人之不己知"，到底是想表达什么？

天地之间，人是渺小的。人要能立于天地之间，必须强大自身。强大不是身体的强大，而是学识的渊博、道德的崇高、人格的伟大、思想的深邃，这就是，要修养自我、完善自身，让自己的身体、生命、灵魂、思想融合而为伟大。这就需要我们不断学习，日益精进。从孝、悌开始，逐渐进入仁、义、礼、智、信，温、良、恭、俭、让，用工匠精神去切磋琢磨、打造自己，完善自身，至于至善。这个过程注定是孤独的、痛苦的，甚至不容于天下。正如颜渊说的那样，如果我们的思想学说不够完善，那是我们的耻辱，但如果我们的思想学说足够完善而不被接纳，那是一国之君的耻辱。不被接纳有什么可怕的呢？不被接纳，才更显出君子风范。

不害怕别人不了解自己的底气就在这里。但是，要有这种底气，是需要我们去不断修身立德而日益精进的。修身齐家治国平天下，最后达到完美的人格与至高道德之境。"莫愁前路无知己，天下谁人不识君。"能有如此豪气，说到底，还是要回归本篇的主旨——"学而时习之"。

孝子曰無違樊遲御子告之曰孟孫問孝
於我我對曰無違樊遲曰何謂也子曰生事
之以禮死葬之以禮祭之禮孟武伯問孝
子曰父母唯其疾之憂子游問孝子曰今之
孝者是謂能養至於犬馬皆能有養不
敬何以別乎子夏問孝子曰色難有事

# 为政篇第二

子曰:"为政以德①,譬[pì]如北辰居其所而众星共[gǒng]之②。" 2.1

**【译文】**

孔子说:"用道德的力量来治理国家,这就像北极星那样,北极星静处于它自己的位置,而群星环绕着它。"

**【释读】**

❶ **为** 动词,实施,管理,治理。"为"的繁体字是"爲"。甲骨文"爲",从手,从象,意为手牵大象,为牧象之意,或说为手牵大象以助劳之形。(图2.1-1)

图2.1-1

**政** 国家政务。

**德** "德"的甲骨文,从彳(彳为街道,路口,道路之形),从丨,从目,表示行走时目视前方,心不二焉,行为正直。加上左边的彳,道路,意思是,一个人目视前方,紧盯住自己的目标,心无旁骛,行走在路上。(图2.1-2)人生最美最感人的状态其实就是:在路上。《诗经·大雅·抑》:"有觉德行,四国顺之。"(有正直的德行,四方之国都会归顺。)这正是本章之意。

图2.1-2

❷ **譬如** 譬,比喻,比方。譬如,如同,好像。

**北辰** 北极星。古人认为是天的中心。《尔雅·释天》曰:"北极谓之北辰。"(天上的北极星就叫作北辰。)

**居其所** 居,居于,处在。其,指示代词,代指北极星。所,位置,处所。

**共** "拱"的古字。"共"的甲骨文,从两手相对上举,即"拱"本字,意为环绕、环抱。(图2.1-3)

图2.1-3

**【读后】**

关于道德与法治的问题,从古至今,一直争论不休。有人说,有德的动机引领我们作出长期的"正确选择"。作出"正确的选择",坚持有德的行为,不把谋利摆在高于其他人生目标的位置，这也要靠人内在的驱动力，而不是外力强迫。虽然物质利益也是一种动机，但正如德鲁克所言，利润是创造价值带来的结果，不是企业的主要动机或唯一宗旨。当年的"三鹿奶粉事件"就是惨痛的教训，它告诫组织要以价值观为主导，而不能以利益为先。

在德鲁克看来，组织通过持续地提供价值来获取充足的利润，那是"道德的"、对社会负责的。但如果为了自身利润最大化而向消费者提价，或使用劣质原材料压低成本，这种行为按照儒家的原则就是"不道德"的，应受到谴责。

孔子时期，一个叫邓析的在郑国办了一所法律培训学校兼律师速成班。他自己就是一个名声赫赫、对法律问题很有研究并写过法律学著作的律师。邓析跟有狱讼的人约定，大的狱讼送一件上衣，小的狱讼送短衣下衣。于是，老百姓中给邓析送衣物的人不计其数。邓析教人把错的辩为对的，把对的辩为错的。没有对错的标准与底线，能与不能每天在变。

《吕氏春秋·审应览·离谓》上记载了这么一件事：一个富人掉到水里淹死了，被某人捞了上来。捞尸人一看是个有钱的主，要的报酬特别多，想趁机敲诈一把。富人的家人觉得要价太高，很不服气。怎么办？找邓析。邓析说："他捞上来的尸体，除了卖给你又不能卖给别人，别着急，等着。"富家一听，有道理，就不着急，沉住气在家等。捞尸人一看这家人怎么不要尸体了，也着急，也来找邓析。邓析说："这个尸体他到别的地方买不到，你别急，等着。"这就叫"两可之说"。这样没有原则、只有权术，玩弄聪明、操纵他人，结果就是自己玩死了自己。

《吕氏春秋·审应览·离谓》载："所欲胜因胜，所欲罪因罪。郑国大乱，民口喧哗。子产患之，于是杀邓析而戮之。"（想让人胜诉就让人胜诉，想让人获罪就让人获罪，郑国一片混乱，舆论哗然。子产对此深感忧虑，于是杀了邓析。）只要邓析愿意，有罪也能弄个无罪释放，无罪他也能让人把牢底坐穿。结果就是邓析搞乱了国家，自己也触犯了法律、触怒了郑国执政，被杀了。不过，杀他的不是《吕氏春秋》所说的子产，子产那时早已死了，杀他的是继子产、子大叔而任郑国执政的姬驷歂［chuán］。

以钻法律漏洞为己任，那是非常可怕的。也正因为此，道德成了社会正常运转不可或缺的力量。管理国家不应该只是依靠法治而轻视德治。

《子路篇》13.18：叶公语孔子曰："吾党有直躬者，其父攘羊，而子证之。"孔子曰："吾党之直者异于是：父为子隐，子为父隐。直在其中矣。"这是孔子对法与德的很好的阐释。

孔子为什么要倡导"为政以德""导之以德，齐之以礼"？原来，孔子知道，有邓析这样的人会钻法律的空子；同时，当触及自身利益的时候，有位有权之人很容易借助手中的权力，无视法治精神、藐视法律尊严、操纵法律、践踏法律。如果出现这样的情况，法律也就形同虚设，甚至成为部分有权之人的帮凶。因此，最重要的是要从根本上提升人类整体的道德水平。而仁是最高的道德境界，提高道德修养，增强道德约束力，逐步走上仁德之路，达于仁德之境，这就是根本所在。

## 2.2

子曰："《诗》三百❶，一言以蔽之❷，曰：'思无邪❸。'"

**【译文】**

孔子说："《诗经》三百篇，用一句话来概括，就是：'思想纯正。'"

**【释读】**

❶ **《诗》** 特指《诗经》。《诗经》实有305篇，"三百"只是取其整数。《诗经》是中国古代诗歌的开端、中国历史上最早的诗歌总集，收集了西周初年至春秋中叶（前11世纪至前6世纪）的诗歌，共311篇（其中6篇只有标题，没有内容，6篇分别是《南陔[gāi]》《白华》《华黍[shǔ]》《由庚》《崇丘》《由仪》），反映了周初至周晚期约五百年间的社会面貌。

❷ **一言** 有两个含意，一是一句话，此处即是；一是一个字，如五言诗、七言诗。
**蔽** 遮蔽，遮盖，此处引申为概括之意。

❸ **思无邪** 意为思想纯正、没有邪念。"思无邪"原为《诗经·鲁颂·駉[jiōng]》中诗句，意为思想纯正无邪。原诗内容为歌颂鲁僖公养马众多，注重国家长远利益。全诗共有四章，四章分别有"思无疆""思无期""思无斁[yì]""思无邪"句，"思"都是思虑、思想义。杨伯峻《论语译注》认为："思字在《駉篇》本是无义的语首词，孔子引用它却当思想解，自是断章取义。"杨伯峻把"思"解为"无义的语首词"，并认为孔子在此是断章取义。不从。

【读后】

诗歌是艺术体裁之一，《诗经》是中国最早的诗歌总集，是中国诗歌第一座高峰。曲黎敏说："中国有《诗经》，中国就另有一片天空，干净、温润，仿佛从未脏过。连痛苦都干干净净，没有呐喊，没有血拼，一切战栗，只在血脉中隐秘流淌。然后，人坐在生命的河床边，看夕照下的河滩，一切都大，而且宽广，在黑暗的另一面，永远有一个——明天。"这是对"思无邪"最好的诠释。

但是，仅从审美角度去理解《诗经》显然是不够的，这在后面的章节中还有论述。在孔子眼里，《诗经》除了艺术审美价值，更有着重要的社会价值。程树德《论语集释·别解》："夫子盖言《诗》三百篇，无论孝子、忠臣、怨男、愁女皆出于至情流溢，直写衷曲，毫无伪托虚徐之意，即所谓'诗言志'者，此三百篇之所同也，故曰一言以蔽之。"（孔夫子概括《诗经》三百篇，不管是孝子、忠臣、怨男、愁女，都是真情流露，直抒胸臆，表达真情实感，毫无虚饰矫情，也就是人们所说的"诗言志"。这即是三百篇共同的地方，因此说"一言以蔽之"。）

真情流露，直抒胸臆，表达真情实感，毫无虚饰矫情，这就是"思无邪"。朱熹《论语集注》引程子（程颐）说："思无邪者，诚也。"

思无邪，就是诚。

## 2.3

子曰："道之以政❶，齐之以刑❷，民免而无耻❸；道之以德，齐之以礼，有耻且格❹。"

【译文】

孔子说："用政令法规去引导百姓，用刑法去整治处罚犯罪，老百姓即使能免于刑罚，却不会有羞耻之心；用道德去引导百姓，用礼制去规范百姓的行为，百姓就会有羞耻之心，从而归顺于你。"

【释读】

❶ **道之以政** 即"以政道之"，用法制律令去引导老百姓。道，通"导"，引

导。动词。

❷ **齐之以刑**　即"以刑齐之",用刑罚去整治规范老百姓。齐,统一,规范。动词。

❸ **免**　特指免刑、免罪、免祸。
**无耻**　不知羞耻,没有羞耻之心。

❹ **格**　至,来,此处有归顺之意。甲骨文"格",即各,从止,从口,口形表示处所,字象脚向处所走来。本义"来",与"出"相对。(图2.3-1"各";图2.3-2"出")

图2.3-1

图2.3-2

**【读后】**

本章是对第一章的补充。两章参阅,我们能更加深刻地理解孔子为什么要提出"为政以德"的主张,这是进入儒家思想体系的一条路径。

孔子在做大司寇时,曾经有一个父亲告儿子不孝的案子。孔子一直把这案子压着不判。几个月后,父亲撤案了,孔子也不再追究做儿子的法律责任。当时鲁国执政的季桓子很不高兴,找到孔子兴师问罪,说,你这司法部长当得有问题啊,我们现在就是要通过这种典型案例,倡导老百姓孝顺,有这么好的案例你为什么不好好利用,反而让这个案子不了了之呢?

孔子说,如果一个国家的当政者,自己的德行不好,却动不动就去杀老百姓,这不符合公理,也不符合道义。如果一个国家的当政者平时没有好好教育人民去孝顺父母,等到他们不孝顺的时候,就给他们定罪,这就相当于把一个无辜的人给杀了。我们不能做这样的事。

《孔子家语·五刑解》:"圣人之设防,贵其不犯也,制五刑而不用,所以为至治也。是以上有制度则民知所止,民知所止则不犯。"(圣人建立防止犯罪的机制,最重要的是预防犯罪,制定针对五种犯罪的刑法[盗窃、不孝、犯上、斗殴、男女淫乱]却不使用,这才是最好的治理。因此,统治者建立起法制法规,那么百姓便知道什么事不该做,百姓知道了什么事不该做,也就不会去犯法了。)

孔子的结论是,制定刑法,目的不是惩罚人,而是告诫人,让人知道是非礼仪。所制定的法律如果没地方用,才是最好的治理。

孔子在做大司寇的时候,提出"慎刑""无讼""仁道",是司法的一种伟大的人道传统，这一传统穿越历史的时空，至今依然熠熠生辉。

《孔子家语》记载，孔子做了大司寇之后，对每件案子都非常慎重地处理。虽高居司寇，但并不把老百姓看成寇，即便是犯了法的人。关于治理国家，孔子有自己独特的主张。他认为，如果用法制律令去引导老百姓，用刑罚去惩治老百姓，即使他们暂时幸免于罪罚，但也并没有心生羞耻之心。反之，如果用道德的力量去感化他们、引导他们，用礼制去教化他们、约束他们，老百姓没有抵触情绪，没有反感情绪，就会生出羞耻之心，就会归顺于你，就会心向往之，你的德政也就会"居其所而众星共之"。

老子说过一句话："民不畏死，奈何以死惧之？"（老百姓一旦不怕死，你用死去威吓他们又能把他们怎样？）因此，杀戮、刑罚，终究只是辅助手段，而根本的还在"为政以德"。

## 2.4

子曰："吾十有五而志于学❶，三十而立❷，四十而不惑❸，五十而知天命❹，六十而耳顺❺，七十而从心所欲，不逾［yú］矩❻。"

**【译文】**

孔子说："我十五岁立志学习，三十而立，四十岁不再疑惑，五十岁明白了天命是什么，六十岁能听什么话都淡定不惊，七十岁随心而为，却不逾越规矩法度。"

**【释读】**

❶ **十有五** 有，即"又"。上古汉语整数和小一位的数字之间常用"有"字。十有五，即十五。

**志** 志向，理想，追求的目标。此处用作动词，立志，立下志向，确立目标。

❷ **立** 甲骨文"立"从人，从一。"一"字，在甲骨文中，置于上代表天，置于下代表地。字象一正立之人立于大地之上。《说文》："立，住也（住，站立）。"（图2.4-1）《泰伯篇》8.8：子曰："兴于《诗》，立于礼，成于乐。"《季氏篇》16.13：（孔子）曰："不学礼，无以立。"《尧曰篇》

图2.4-1

为政篇第二　041

20.3："不知礼，无以立也。"可见，孔子之"立"，是立于礼，即只有懂得礼制、遵守礼制、践行礼制，才能立身于社会、立足于社会。

程树德《论语集释·别解》引清人宋翔凤《论语发微》语：《曲礼》曰："三十曰壮，有室。"立也者，立于礼也。君子惟明礼，而后可以居室。不然，风俗之衰与人伦之变，未有不自居室始者。故曰人有礼则安，无礼则危也。（《曲礼》说："三十岁叫壮年，娶妻成家的时候。"君子只有懂得礼制，之后才能够娶妻成家。不然世风衰退，人伦混乱，无一不是从家室开始的。所以说，人有礼就能安稳，无礼就危机四伏。）

❸ **惑** 疑惑，迷惑。《子罕篇》9.29："知者不惑。"

❹ **命** 天命。甲骨文"命"字，字上为口的变体，其下为一跪坐之人，象口对下之人发布命令之形。本义是命令。许慎《说文》："命，使也。（命，就是使唤。）"（图2.4-2）余秋雨《北大授课·中华文化四十七讲》说："所谓知天命，就是知道了上天让他来做什么。一个人要明白自己的人生使命是很难的，因为这里交错着'应该做什么'和'能够做什么'这两个互相制约的命题。'应该'的事很多，但有很大一部分自己不'能够'；'能够'的事也很多，但有很大一部分自知不'应该'。两者交合处，便是'天命'。"余秋雨进一步说："其实孔子所谓的知天命，就是不断地领会现实对自己的容忍程度，也就是自己能够在现实中的发挥程度。这也可以说是对自己生命行为的'边界触摸'。触摸的结果，知道了自己，也知道了'天'的意思，因此也知道了'命'。"余秋雨的诠释更强调"天命"中的主观能动性一面，似更接近孔子本意。从整部《论语》看，孔子的天命观，并非只是承受上天的安排，而是在承认天命不可违的同时，依然"明知不可而为之"。

图2.4-2

❺ **耳顺** 听什么话都淡定不惊。

❻ **逾** 越出，逾越，超越。
**矩** 曲尺，引申为规矩、规则法度。

**【读后】**

这是孔子的自述，也是为后人所立下的人生标杆。孔子在这里告诉我们，在人生的每一个重要节点，我们该干什么，我们该有什么样的生命状态。

15岁时，应立志于学，有明确的人生目标。朱熹《论语集注》说："古者十五而入大学。心之所之谓之志。此所谓学，即大学之道也。志乎此，则念念在此而为之不厌矣。"（古代的人15岁入大学。人的理想或人心所追求、向往的叫作"志"。这里所说的"学"，就是大学之道。人的志向在这里，就会心心念念于此，而坚持不懈，不断努力。）我们在理解"十有五而志于学"的"学"时，不宜过于偏狭。学，学问，是穷理、正心、修己、治人之学，而非仅仅指一般意义上的书本知识。

三十而立，孔子之"立"，是立于礼，即懂得礼制、遵守礼制、践行礼制，如此，才能立身于社会、立足于社会。

人到40岁时，不再迷茫。俗话说，三穷三富不到老。人生如梦，变幻莫测，风起云涌，顺逆难料，当面对种种不确定性时，我们常常疑惑、迷茫。不惑，一是对自己的人生不再疑惑，对自己的人生方向不再动摇；二是对世间林林总总、光怪陆离的现象能作出正确的价值判断，判断其是非、善恶、美丑，在大是大非面前不再迷惑。孔子说，智者不惑。努力学习，努力探究人生真谛，也就少一些迷惑、少一些迷茫。

50岁时，便能知天命了。知天命，就是知道了上天让他来做什么。余秋雨说一个人要明白自己的人生使命是很难的，因为这里交错着"应该做什么"和"能够做什么"，两者交合处，便是"天命"。知天命就是对自己生命行为的"边界触摸"。触摸的结果，知道了自己，也知道了"天"的意思，因此也知道了"命"。

60岁时便到耳顺之年。耳顺，就是对所有进入耳朵的话语，不再会感到有什么不顺耳的，知道外界所有的相反相异或相抵触的东西所产生的根源在哪里，能够明了产生这一切的根源，也就是，不仅能明白自己，也能明白他人。不仅明白对在何处，也能明白错在何处。听到逆耳之言不再大惊小怪——尊重别人的意见；听到顺耳的话不会沾沾自喜——明白自己的斤两；听完以后仍然坚持自己的立场，走自己的路——明白自己的方向。耳顺是一个生命体在经风历雨之后的一份自信与镇定，是丰厚阅历所带来的强大的内心世界，是看破红尘之后的淡定与超脱。

到了70岁，饱经风霜雨雪，看透了社会，悟透了人生，便得大自在。社会的最高境界是和谐，心灵的最高境界是安详。心灵和社会之间的完美融合，就是——从心所欲不逾矩。

有人说，人生的最高境界是自由的境界，又是道德的境界，是自由与道德融为一体的境界。达到这种境界的人是宽松的、从容的、愉悦的、自由的,又是合乎道德的,体面而高贵。这就是人生的化境。至化境,人即是神,神就是道,道就是规律,规律如来,容不得你思议,也无须思虑,举手投足,尽在法度之中,尽在天道之中。

## 2.5

孟懿[yì]子问孝❶。子曰:"无违❷。"
樊迟御❸,子告之曰:"孟孙问孝于我,我对曰,无违。"樊迟曰:"何谓也❹?"子曰:"生,事之以礼;死,葬之以礼,祭之以礼❺。"

### 【译文】

孟懿子向孔子询问怎么做才算是孝。孔子说:"不违礼。"

樊迟替孔子驾车,孔子告诉樊迟说:"孟懿子向我询问怎么做才算是孝,我回答说,不违礼。"樊迟说:"这话是什么意思?"孔子说:"父母活着的时候,按照礼制来侍奉他们;父母去世了,按照礼制来安葬他们,按照礼制来祭祀他们。"

### 【释读】

❶ **孟懿子** 鲁国大夫,姓仲孙,名何忌,"懿"是他的谥号。与季孙、孟孙并称"三家",其父为孟僖[xī]子仲孙貜[jué]。《左传·昭公七年》载,孟僖子临终前,嘱孟懿子向孔子学礼。
**问孝** 请教怎么做才算是孝。

❷ **违** 古人凡背礼者谓之"违",因此理解为"无违礼",不要违背礼制。

❸ **樊迟** 孔子学生,名须,字子迟,小孔子46岁(一说36岁)。
**御** 驾车,给孔子驾车。

❹ **何谓** 动词"谓"和疑问代词"何"组成的动宾词组,意为"什么意思""指的是什么而言"等。此处意为,老师说的无违礼是什么意思呢?

❺ **生** 活着的时候，父母活着的时候，父母健在的时候。

**事之以礼** 事，侍奉，按照礼制去侍奉他们。

**死** 死了以后，去世之后，离世之后。

**葬之以礼** 以礼葬之，按照礼制安葬父母。

**祭之以礼** 以礼祭之，按照礼制祭祀父母。

在古代社会，礼不下庶人，刑不上大夫。孔子强调，身为贵族，要懂礼守礼。值得注意的是，孔子提出以"礼"事父母，以"礼"行"葬、祭"，就是按照"礼"的要求来做。孔子在此提"礼"，其实是针对"三桓"的无"礼"，"三桓"时常有僭越君礼的现象，只是没有明说。

**[读后]**

这是《论语》第一次讨论有关"孝"的话题，孔子的观点是"无违"——孝不能有违礼制。"礼"是什么？规矩，制度，合宜合规合度。这就给"孝"画了一条红线。孔子告诉你，不管怎样行孝，你不能越过这条红线。礼是孝的红线，不可穿越这条红线去行孝。

关于"老""孝"。

甲骨文"老"，独体字，会意，象人老佝偻着背、头戴斗笠，手拄拐杖，踽踽（踽[jǔ]踽，孤独的样子）而行的样子。许慎《说文》："老，考也。七十曰老，从人毛匕，言须发变白也。"（《说文》："考，老也。七十叫老，从人，毛，匕，是说人的须发变白。"）（图2.5-1）

图2.5-1

有一个谜语，说，早上四条腿，中午两条腿，晚上三条腿，问这是啥。谜底是人。看到甲骨文"老"，你便知道谜底了，你会顿感人生苦短，也就一刹那之间的事。

甲骨文"孝"，字从"老"之省，从子，象一小子侍奉老人之形。本义是孝顺。许慎《说文》："孝，善事父母者，从老省，从子，子承老也。"（图2.5-2）

图2.5-2

## 2.6 孟武伯问孝❶。子曰："父母唯其疾之忧❷。"

**[译文]**

孟武伯向孔子询问怎样才算是孝。孔子说："使父母只担心子女的疾病

（身体健康问题）。"

### 释读

❶ **孟武伯** 鲁国大夫，仲孙彘［zhì］，孟懿子的儿子，"武"是他的谥号。

❷ **父母唯其疾之忧** 这句话的语序应该是：父母唯忧其疾。唯，表范围的副词，只是，仅仅。其，代词，他，他的，他们的，指代子女。疾，疾病，泛指身体健康。之，宾语提前标志，无义。把"疾"提前，是为了强调"疾"，也就是说，只是担忧"疾"这一方面。类似的句型如"唯马首是瞻"，原意是指作战时，士兵只看主将马头行事，后比喻服从指挥或依附某人，这里就是把"马首"提前，用以强调。这叫宾语前置句。

### 读后

做父母的，总是操心自己的子女。小时候操心孩子热了冷了，饿了饱了，大一点操心子女的学业，毕业了又担心子女的工作、成家的事，再后来，又担心子女的下一代，一辈子操不完的心。

但是，如果是真正的孝，我们是不是该尽量少让父母担心呢，要担心，最多也就让父母担心你的身体怎么样，而不是其他的事情。父母担心儿女是免不了的，但如果我们能做到只让父母担心我们的身体健康问题，这也就算是孝。

还记得唐代孟郊那首有名的《游子吟》吗？

慈母手中线，游子身上衣。
临行密密缝，意恐迟迟归。
谁言寸草心，报得三春晖。

这就是父母之爱，也是做儿女的最应该在意的、最应该珍惜的。

## 2.7

子游问孝❶。子曰："今之孝者，是谓能养❷。至于犬马，皆能有养❸；不敬，何以别乎❹？"

**【译文】**

　　子游问孔子如何是孝。孔子说:"今天所谓的孝,只是讲能够供养父母。至于说到狗马之类的动物,也都能够喂养。如果没有敬爱之心,那供养父母和喂养狗马牲畜有什么区别呢?"

**【释读】**

❶ **子游**　孔子学生,姓言,名偃[yǎn],字子游,吴人,小孔子45岁。

❷ **今之孝者**　即如今的所谓孝。者,此处为表停顿语助词。
**是谓能养**　是,指示代词,这,这是。这便是指能供养父母。

❸ **至于**　此处作连词,承前而另提一事或一种情况,仍可译作"至于",或"至于说到……"。
**有养**　得到奉养、供养、喂养、饲养。

❹ **敬**　从文字演化来看,"敬"的本义为严肃、肃敬、恭敬、敬畏之义。"不敬"即如果没有恭敬之心、如果没有敬爱之情。
**何以别乎**　即"以何别乎",拿什么去把二者(奉养父母与喂养牲畜、动物)区别开来呢,依据什么把两者区别开来呢。《孟子·尽心上》:孟子曰:"食而弗爱,豕交之也;爱而不敬,兽畜之也。"(只是喂养而不关爱,你跟他的关系就如同养猪一样;给予关爱而无恭敬之情,那也就跟畜养动物一样。)以《孟子》解《论语》,直接可信。

**【读后】**

本章言"什么不是孝"。

上一章,在关于"孝"的问题中,孔子提出一个"礼"字,为孝画出了一条红线;这一章,在关于"孝"的问题中,孔子又提出一个"敬"字来,从另一个角度提出"孝"的重要原则——敬。敬,就是要有诚意,要有敬爱、敬重之心,而不是做表面文章,不能流于形式而把"孝"的本质抛在一边。这对于我们现代人,意义尤其重大。

子夏问孝❶。子曰:"色难❷。有事,弟子服其劳❸;有酒食,先生馔[zhuàn]❹,曾[zēng]是以为孝乎❺?"

2.8

**|译文|**

子夏问如何是孝。孔子说:"在父母面前一直保持和颜悦色最难。有事情时,年轻人尽心去操劳;有酒食,让长辈先吃,难道做到这些,就能叫作孝了吗?"

**|释读|**

❶ **子夏** 即卜商,首见于《学而篇》1.7章。

❷ **色** 脸色,表情。《礼记·祭义》:"孝子之有深爱者必有和气,有和气者必有愉色,有愉色者必有婉容(和顺的仪容。婉,貌美的样子,柔顺,委婉,曲折。)。"(孝子有深爱,一定有平和之气,有平和之气,一定有愉悦的面色,有愉悦的面色,一定就有和顺的仪容。)这是对本章精妙的诠释!

❸ **弟子** 一指学生、门徒;在此指年轻人、儿女。
**服其劳** 尽心操劳,替父母操劳。服,承担。其,指示代词,指代父母。

❹ **先生** 长辈,师长。
**馔** 饭食,菜肴,这里名词用作动词,吃喝。

❺ **曾** 副词,竟,竟然,岂,难道。
**是以为孝** 即"以是为孝"。以,把,认为。是,这。为,当作,作为。

**|读后|**

有一副绝对,据称这是最短的绝对,上下联各两个字,上联是:色难;下联是:容易。(图2.8-1:色难)

一个人要保持一种面容、一种和颜悦色的态度,其实是一件容易的事。有

048　细读论语·上册

时候，哪怕是伪装，也能装出一副和蔼可亲的表情来。但是，要长期做到由内而外的和颜悦色，尤其在父母面前，要能一直恭顺和气，不给脸色看，这是很难做到的。所以，这副对联，看似简单无奇，实则对仗工整，含义深刻，让人回味不尽。

上一章强调"敬"——恭敬，敬重，敬爱，发自内心的敬爱。但如果做到了"敬"，却脸色难看，也不算是真正的"孝"。我们经常听到这样的话："他这个人心好，有孝心，重情，就是脾气不好，有什么事就挂在脸上。"孔子讲，孝敬父母，要发自内心的敬爱，还要有一个好脸色。无敬爱之心，和喂养动物无异，还不能算真正的"孝"。

这一章，用反问句式来讲什么不是"孝"，上一章则用类比发问，讲什么不是"孝"。儒学倡导"礼乐"，主张以孝治天下，所以才有"求忠臣必于孝子之门""圣人以孝治天下"之说，其深厚的历史文化背景，在《学而篇》1.2曾经讲到，可以重温。连续四章集中讲"孝"，前面已有涉及（1.2，1.6，1.11），而后面还会有涉及。在这四章中，前两章正面讲怎样做才是孝，后两章讲，不怎么做就不是孝。

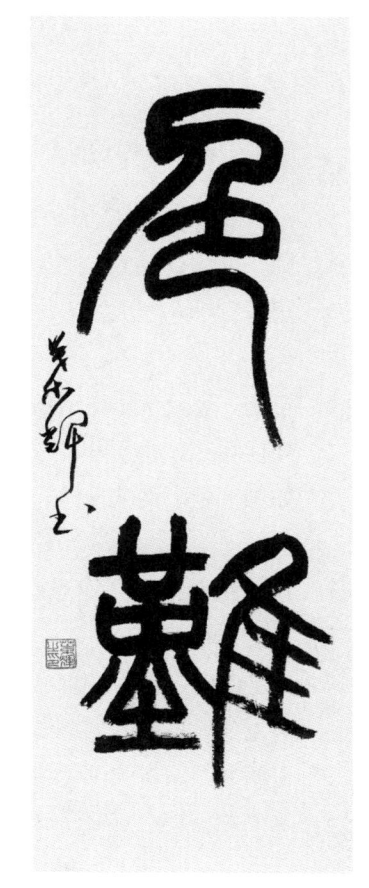

图2.8-1

需要注意的是，孔子针对不同的人，对"孝"有不同的说法、不同的角度。这就是孔子典型的因材施教。

## 2.9

子曰："吾与回❶言终日，不违，如愚❷。退而省［xǐng］其私，亦足以发，回也不愚❸。"

**译文**

孔子说："我给颜回整天讲学，他从不提问或有反对意见，像一个愚笨的人。等到他独处的时候，再仔细观察，发现他能把所学的知识融会贯通，举一反三，还能有所生发，运用于实践。颜回啊，其实并不愚笨。"

### 【释读】

❶ **回** 颜回，姓颜，名回，字子渊，又称颜渊，孔子最得意的学生，春秋时鲁国人，小孔子30岁，一说小40岁。孔门十哲之一，人称"复圣"。

❷ **不违** 不违背，指不提出不同意见，完全接受、认同。不提问题，也没有异议。
**如愚** 像个傻瓜一样，像很愚笨的样子。

❸ **省其私** 省，此指观察，察看，即观察颜回在日常生活的举手投足、言谈举止。
**亦足以发** 发，发挥，阐发，融会贯通而举一反三，这里指牢记并能在实践中充分发挥所学到的知识。"亦足以发"应该是从孔子眼里看过去的，而不宜解为颜回自我感觉或自我评价，颜回还不至于自恋到如此浅薄的程度。认为"省"是颜回自己反思、思考或自我评价，有些突兀不解。

### 【读后】

颜回所表现的不是机敏过人或善于展露自我聪明，而是大智若愚，深藏不露。所学到的知识，能默记于心，并能融会贯通，由此生发开去，运用于实践，这是很了不起的就学之道。四川人有一句话：半罐水响叮当。但凡是有真才实学之人，总是默默学习，并牢记于心，融会贯通。

《子路篇》13.27：子曰："刚、毅、木、讷近仁。"其中，木是强调朴实无华，去除虚华的外表；讷是表达方式，说话谨慎，因此有"人贵语迟"之说。孔子一直强调敏于行而慎于言，先行后言，就是这个意思。话多，就是一种"病"。

## 2.10

子曰："视其所以❶，观其所由❷，察其所安❸，人焉廋［sōu］哉❹？人焉廋哉？"

## 【译文】

孔子说:"看一个人做事的动机,关注一个人为达到目的所采用的方式、手段,仔细察看一个人的志趣爱好。能这样去观察一个人,这个人哪儿还能隐藏得住呢?哪儿还能隐藏得住呢?"

## 【释读】

❶ **视**　看,近距离看,观察,察看。

**所以**　指缘由,原因,出发点,动机。

　　杨伯峻《论语译注》:"'以'字可以当'用'讲,也可以当'与'讲。如果解释为'用',便和下句'所由'的意思重复,因此我把它解释为'与'。和《微子篇》第十八'而谁以易之'的'以'同义。有人说'以犹为也'。'视其所以'即《大戴礼·文王官人篇》的'考其所为',也通。"并把"视其所以"释为"考查一个人所结交的朋友"。杨伯峻看到了把"以"当"用"讲跟下文"观其所由"重复这一问题,但又认为"所以"的"以"字跟《微子篇》18.6中的"而谁以易之"中的"以"相同,释为"与"。这又出现了新的问题。

　　我们考察《微子篇》此句及其上下文,"谁以易之"应为"以谁易之",宾语前置。以,凭,依靠。易,改变,变革。"谁以易之"即靠谁的力量能够改变它呢?言下之意,这么混乱的世道,凭你孔丘一己之力就能改变吗?简直是不自量力。

　　杨逢彬《论语新注新译》释"谁以易之":"凭谁之力可以改变呢。以,介词,表凭借。诸家注此'以'为'与',不可据。"

　　杨伯峻将"以"释为"与",将本句释为"和谁一起去改变它呢",显然不妥。又把本就欠妥的注释用到"视其所以"中来,把"视其所以"释为"视其所与",显然更欠妥。

❷ **观**　仔细看,观看,观察。

**所由**　即表示从何而来,经由,途径,手段,方式,方法。

　　钱穆《论语新解》:"由,经由义。同一事,取径不同,或喜捷径,或冒险路,或由平坦大道。此指其行为之趋向与心术言。"

　　《雍也篇》6.14"有澹台灭明者,行不由径,非公事,未尝至于偃之室也"，此句中的"由"即"经由"义。有人做事循规蹈矩，有人做事不择手段，有人做事脚踏实地，有人做事投机取巧。为达到某种目的，采用什么方式，用什么方法，走什么途径，可以看出一个人的品德。

❸ 察　仔细观察，深入研究，分析，探究。
　安　甲骨文"安"，为一女子安适跪坐于屋内，本意为平安。许慎《说文》："安，静也。"（图2.10-1）

图2.10-1

　　安，安于，乐于。此句意为通过仔细的观察分析，看一个人的志趣所在，对什么感兴趣，从一个人的爱好，兴趣，可以判断这个人的品性，志向，品味，人格。

❹ 焉　哪儿，哪里，何处，怎么。
　廋　隐藏，藏匿。

## 读后

小时候，父辈告诉我们，画虎画皮难画骨，知人知面不知心。感觉识人是件很难的事。读了孔子这段话，仿佛有点开窍了。至少，知道了该从哪个方向去考察人。

司马迁《史记·魏世家》："李克曰：'居视其所亲，富视其所与，达视其所举，穷视其所不为，贫视其所不取。'"（平常时看他所亲近的是谁，富贵时看他如何帮助别人，显达时看他如何提携别人，走投无路时看他什么事情不做，贫困潦倒时看他什么东西不要。）

孟子说："存乎人者，莫良于眸子。眸子不能掩其恶。胸中正，则眸子瞭［liǎo］焉。胸中不正，则眸子眊［mào］焉。听其言，观其眸子，人焉廋哉？"观察一个人，最好的办法就是看他的眼睛。眼睛不能掩藏一个人的内心。心中光明正大，眼睛就会明亮有神。心地阴暗邪恶，眼睛就灰暗不明，听一个人说话，看一个人的眼神，这人还有什么能掩藏的呢？

据称，人的视觉，占据人类采集外部信息的80%左右。通过"视""观"，我们可以捕捉到赖以作出判断的信息。《史记》《孟子》中的这两段话，可以作为理解本章的切入点。做事看动机、初心动念；看过程，做事过程中所使用的手段、方式，或途径；看志趣，对什么感兴趣，看处之泰然的状态。

我欣赏苏东坡的一句词："试问岭南应不好，却道，此心安处是吾乡。"哪儿是我的家乡？此心安处，便是吾乡。白居易也曾写过类似的诗句。《种桃杏》开篇两句就是："无论海角与天涯，大抵心安即是家。"

所以，心安，就是心之所在，志之所在，爱之所在。就像甲骨文那个"安"字，安详、宁静地端坐于家，无忧无虑，无牵无挂，静雅，温婉，温馨。（图2.10-2：此心安处，便是吾乡）

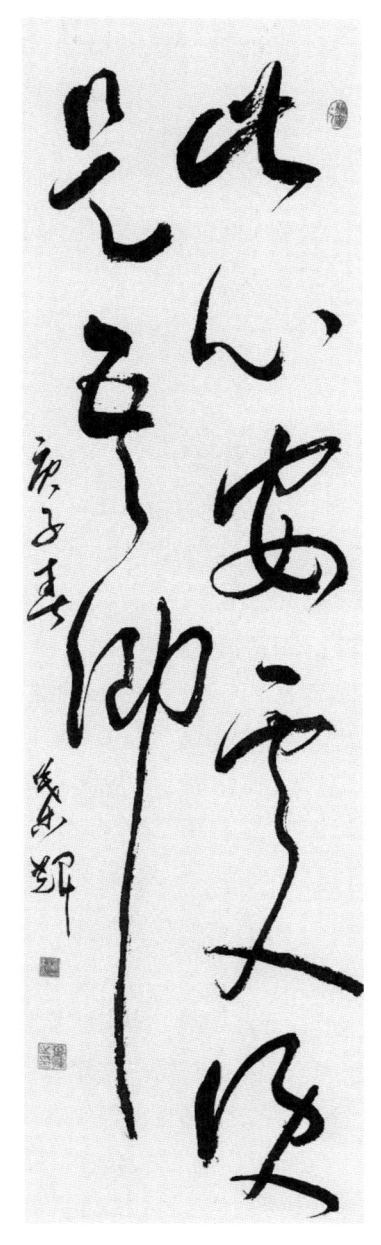

图2.10-2

子曰："温故而知新，可以为师矣❶。"  2.11

**【译文】**

孔子说："能从温习所学的知识中不断思考、领悟而获得新知，便可以成为人师了。"

**【释读】**

❶ **温** 温习，复习。故，就是已经学过的知识学问。新，新的知识，新的发现，新的体会、领悟。

**【读后】**

任何知识学问，如果只是学了就放下，不去温习、领悟，以求得新的理解与参悟，那么，这种知识学问，就是死的知识学问。而人如果只是满足于不断学习，却不去时时领悟，那你可能慢慢就变成书架了，看似满腹经纶，实则知识不为己用，更不能与己融为一体，最后成为一个迂腐的书呆子。

孔子这里讲的其实是怎么读书的问题。

按一般理解，老师就是掌握了大量的知识，并把它传授给学生的人。但在孔子看来，这还只是"温故"。作为老师，如果只有读书的能力，而没有领悟能力，不能从"温故"中获得新的知识、体会、启发、感悟，就不可能成为真正的老师。

这就要求我们，要善于从旧的知识中学到新的东西，获得新的感悟、启迪。所以，有人认为，所谓"师"，是指"温故而知新"这种治学途径或读书方法，而不是说去做别人的老师。孟子曾说，人之患在好为人师，孔夫子更不可能执着地去把为人师当成自己追求的目标。老师，要帮助学生增长知识，让学生不断提升自我；老师还要教会学生温故知新，在所学的知识中，不断获取营养，得到新的启迪而不只是在学校听老师讲课，老师也不仅仅是课堂上讲课的那个人，这正如孟子说的"子归而求之，有余师"（你回去自己寻求吧，老师多的是）。

《五柳先生传》是陶渊明仿照史传体，以第三人称口吻写的一篇人物传记。在这篇不足两百字的传记体文章里，陶渊明写出了一个率直旷达、不贪慕富贵名利、安贫乐道的士人形象。因文中有"宅边有五柳树，因以为号焉"的文字，陶渊明又被称作"五柳先生"。

在这篇传记体文章中，陶渊明写道："好读书，不求甚解，每有会意，便欣然忘食。"意思是，喜欢读书，却只了解个大概，而不去深入探求，每当书中内容对自己有所启发，内心有所感悟，便会高兴得忘了吃饭。

陶渊明此语一出，便成为人们津津乐道的佳句，流传至今。人们似乎在欣赏五柳先生的洒脱率性之外，更喜欢他的"不求甚解"的读书态度。但是，读了孔子这一章之后，我突然发现，陶渊明这段话，除了"不求甚解"的洒脱与旷达，还有"每有会意，便欣然忘食"的快乐。"会意"，触动，感悟，启示。"会意"之时，其乐无穷。虽然五柳先生已经家徒四壁，衣不遮体，食不果腹，箪瓢屡空，却居然"欣然忘食"，这极大的快乐，便来自"会意"，从书中获得感悟、启迪。

这才是陶渊明的本意。试想，如果仅仅是不求甚解，无得于心，陶渊明能"欣然忘食"么？

温故而知新，快乐之源。

## 2.12 子曰："君子不器❶。"

**【译文】**

孔子说："君子不仅仅成为一专之器。"

**【释读】**

❶ **器** 器物，器具，器皿。不器，不仅仅是一专之器，不仅仅是一种功能一种用途的器具。

孔子所说，大体近于我们所说的"通才"，博学多知之人，而非一专一技。所以有"一物不知，儒者之耻"的说法。朱熹《论语集注》："器者，各适其用而不能相通。成德之士，体无不具，故用无不周，非特为一材一艺而已。"（器，各自适合于某一用途而不能通用。德才兼备的人，自身具备各种才能，所以没有不能胜任的，不只是具备一种技能或一种才艺而已。）

**【读后】**

　　孔子说的器，就是器皿，就是工具，有一定之用的工具，如锅碗盘盏，杯子盆子，汽车飞机轮船。君子不能只像一个具体器物一样，只有特定的用途，而要不断修炼自己，丰富自己，完善自己，最终，突破自己。

　　有人说，人的教育分三个层次：

　　人才，人格，人文。

　　人才，就是有专长，特长。所谓手握千金，不如一技傍身。有了专长，你才能跟别人有所区隔，才能突显出来你的优势，也才有竞争力。

　　人格，人自身的内在修为，涵养，胸怀，品格。我们现在的人在教育子女时，往往注重学识特长，却忽略了性格、人格的塑造、培养。很多孩子性格孤僻，自私，攻击性强而柔韧不足，不能吃苦，不能吃亏。

　　人文，简单说，就是艺术，审美，历史文化，宗教信仰，生命，理想。只有专长专业，如果没有人格教育、人文教育，人的知识结构是不完整的、有缺陷的。

　　所以，我们要把"君子不器"理解为，在有一定专长的基础上，博学多能，丰富自己，完善自己，而不是只在某一方面有所专长。比如书法，有人是写字，有人却是艺术；摄影，大多数人是照相，而不是摄影。

　　君子不器，一方面要求我们有区别于他人的长项，同时更要求我们要博学多才，要融会贯通，要完善自己的知识文化结构，要有人文情怀和涵养。

　　那么，强调君子不器，是不是会让人变成"万金油"呢？不是，正好相反，强调君子不器，更强调知识结构的合理完善，这就是不仅强调其深度，更强调人的综合修养的广度。

　　请记住一个词——"突破"，对自己作为有一定之用的"器"的突破。

　　不囿于现状，不安于现状，突破自己，丰富自己，改变已有的自己，让固定之用的"器"不断地向更高的层级提升，最终，"无器之器"，是为神器！

　　孔子说，五十而知天命，人总是在不断尝试触摸自己命运的边界。那么，触摸之后呢，能不能不认天命，试着突破自己，扩展自己的边界，让自己有更大的回旋余地？不能与天斗，但我们可以通过对自身"器"的突破，对天命有一个积极的拓展、改变。

　　老子说："大音希声，大象无形，大方无隅，大器晚成。"越好的音乐越是悠远飘渺，越是宏大的体量越是不见其形。这，或许才是"君子不器"的真实意义所在！（图2.12-1：君子不器）

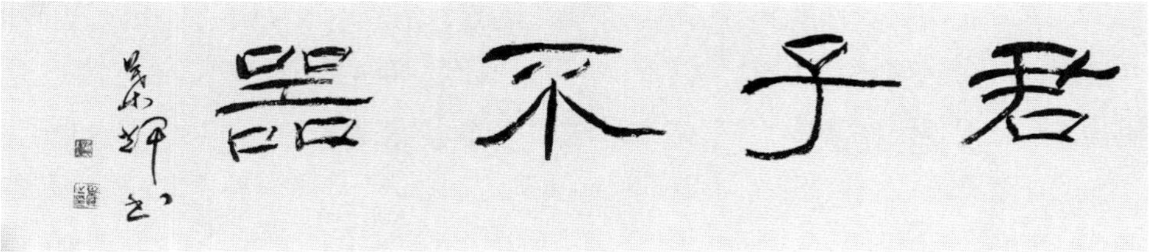

图2.12-1

## 2.13  子贡问君子❶。子曰:"先行其言而后从之❷。"

**[译文]**

子贡问怎么样才能成为君子。孔子说:"先践行你要说的,做到以后再说出来。"

**[释读]**

❶ **问君子**　询问怎么样才能做一个君子。

❷ **先行其言而后从之**　即,先做,后说。朱熹《论语集注》引周氏(周孚先,字伯忱,程颐弟子)曰:"先行其言者,行之于未言之前。而后从之者,言之于既行之后。"(先行其言,就是行动在语言之前;而后从之,就是语言在行动之后。)《尚书·说命》:"非知之艰,行之惟艰。"(求知不难,行动才难。)

**[读后]**

子贡请教老师,怎么样才算是君子?孔子回答说,先去实践自己要说的吧。孔子这个回答,我们要好好想一想,他到底在说什么呢?先去实践,先去践行自己要说的话,行在言之前。一个人很聪明,口才好,话说得好听、漂亮,说得还多,但他不见得做得到。子贡是孔门中脑子反应快、口才又好的学生,不像颜回,听一整天的课都不发言,不提问。所以,在回答怎么样才是君子这个问题的时候，孔子是有针对性的。对子贡这个学生而言，很简单，先做，后说。这正如孔子在回答怎么做才是"孝"这个问题一样，针对不同的人，有不同的回答。这不是油滑，而是因材施教，有针对性。这才是高明的老师。

关于怎么样才是君子，前面我们已经讲到过。君子一般指有德之人，德才兼备之人，这也算那个时代的"成功人士"标准和社会风向标，是人皆向往之的楷模。

孔子很重视言和行，因为一个人的外在表现就是说话做事。常言说，病从口入，祸从口出。言语最容易招致麻烦。一句话好端端的，一旦被误解、误读，那就会产生意想不到的后果。所以有一句话："水深流缓，人贵语迟。"为什么通常天子或重臣说话都总是那么慢腾腾的？不是他们非要装成老练持重，故意拿腔拿调，更不是人老了说话不利索，而是他们的每一句话都有可能牵动大局，因此，说话非常谨慎。

## 2.14

子曰："君子周而不比，小人比而不周❶。"

【译文】

孔子说："君子团结而不勾结；小人勾结而不团结。"

【释读】

❶ 周　指人们相互之间关系紧密，团结一致。
　比　勾结。

在《论语》中，君子小人经常相对出现。但我们要明白一点，孔子所说的小人并不是指坏人、恶人，而是指心胸狭隘、目光短浅、无格局、无胸怀的人。这种人只关注自己的眼前利益，只为自己着想。小人往往缺乏足够的自信，也没有强大的底气，所以容易拉帮结派，以壮大自己的力量。

【读后】

这个世界都在忙着拉圈子，大到国家之间的各种组织，小到人与人之间的各种圈层，同学群、战友群、家人群、家长群，等等，各种各样大大小小的群。似乎没有圈子就无法生存，而不进入某一个圈子，也就说明你不是自己人，被某一圈层边缘化了。

也许，我们已进入到一个圈层时代，一个群时代。我们在各种群中穿梭、流连，乐此不疲。也许，这不是孔子所说的周与比的问题，但我们总也避不开这样那样的或周或比。

我们并没有认真思考过这个问题，已经习以为常。当我们游走于各种圈层之中时，时时记住孔子这句话吧："君子周而不比，小人比而不周。"

## 2.15　子曰："学而不思则罔［wǎng］，思而不学则殆［dài］❶。"

【译文】

孔子说："学习却不思考，就会迷茫；思考却不学习，就会怠惰。"

【释读】

❶ **学而不思**　只学习而不思考。
**罔**　在本章中，"罔"通"惘"，迷惑不解，迷惘。学而不思，则迷茫无所得。
**思而不学**　只思考而不学习。
**殆**　在本章中，"殆"通"怠"，疲惫，懈怠，怠惰。思而无据，故疑而不决，终将陷入怠惰之中。

【读后】

很多人从小就背诵《三字经》《千字文》《论语》，甚至我一个学生的孩子还能背《石鼓文》里的诗句。我们说，让孩子从小背诵古诗文是对的，但是，我们不能仅仅满足于此，要不断跟进，尽量让孩子慢慢理解，而不是只用来在世人面前炫耀。

而另一方面，如果只是成天在那儿想啊想啊，却不去认真学习，那会怎样呢？殆，殆的本义是危险，当然这里不能理解成危险，你成天待在家里胡思乱想，也没啥好危险的，大不了就是荒废人生，不危及生命。但是，要立志成才，做一个有用之人，做一个君子，那就不行了。只思考而不学习，思想上的巨人，行动上的矮子，不仅会变成夸夸其谈、华而不实的人，还会陷于迷惑，会越来越怠惰疲困。

说到行动起来，认真学习，其实对我们每一个人来说都是要警醒的。当代社会，节奏快，每个人都在忙乱的旋涡之中而不能自拔。获取知识的工具越来越便捷，手机上的电子书随时可以看，仿佛学习的成本越来越低了。但是，真实的情况是这样吗？

白岩松说："有朋友圈却没朋友，天天聊天却没有谈心，天天在获取知识，却没智慧，什么都知道，却其实什么都不知道。"余秋雨说："我们也许逃不过这样的荒诞：阅读极其泛滥却极其荒凉，文化极其拥塞又极其贫乏。"现代社会，你感觉每个人都在学习，但是，你问问，大家真正捧起书本来读书，有计划地读书，一年能读几本书？

我曾经跟学生讲，我们经常讲"书卷气"，那份由内而外的儒雅、知性，从哪儿得来？你一年都看不完一本书，你的书卷气怎么出得来？有人说："我也看书啊，经常看手机上的电子书，手机上的信息经常关注，天南地北、世界各地的信息都能及时了解，有什么不懂的问题，手机上一查便知。"这也算是学习吧。但是，这并不是真正的学习，这只是碎片化的信息获取，不足以支撑你的学养需求。

我们越来越注重外在的修饰，注重待人接物的礼节，注重语言的温文尔雅、态度的彬彬有礼，但没有温度，没有厚度，这是没有知识滋养造成的。所以，白岩松和余秋雨不约而同发出那样的感叹。

还是用孔子曾经说过的一句话来解决这个问题。孔子说："吾尝终日不食，终夜不寝，以思，无益，不如学也。"（我曾经整天不吃饭，整夜不睡觉，冥思苦想，却没有一点益处。还是不如去学习。）如果只是不停地学习，勤奋地学习，而不认真思考、领会，只能成为书呆子，或者走马观花，浮光掠影。而如果只是成天思考，而不读书，不学习，思想会越来越空虚，慢慢地，人就会懈怠、懒惰，最后，只能成为梦想家，成为夸夸其谈、华而不实的虚浮之人。

2.16 子曰："攻乎异端，斯害也已[1]。"

【译文】

孔子说:"攻击不同于你的思想学说,这是有害无益的啊。"

【释读】

① **攻** 攻击,进攻,引申为抨击、指责、反对。
**乎** 语助词,无实际意义。
**异端** 不同的思想学说,不同的思想主张,非指异端邪说。
**斯** 代词,复指上文,表示主体完成了上文所指,即将有如下结果,释为:这样,这就。
**害** 有害,有害无益,没有好处的。
**也已** 感叹词。一说"已"为"止"。不从。

把两句话连起来就是说,所谓异端,就是与自己观点不同者,不应与"邪说"并论。现今统称异端邪说,只言其与正统思想不一致的、有害的邪说一意。

【读后】

春秋战国时期,曾一度出现"百家争鸣"的局面。春秋战国是思想和文化最为辉煌灿烂、群星闪烁的时代。这一时期出现了诸子百家彼此诘难、相互争鸣、盛况空前的学术局面,在中国思想发展史上占有重要的地位。据《汉书·艺文志》记载,这个时期,数得上名字的一共有189家,4324篇著作。春秋战国时期,各种思想学术流派的成就,与同期古希腊文明交相辉映。至汉武帝时,推行"罢黜百家,独尊儒术",于是以孔子、孟子为代表的儒家思想一家独大,成为统治阶级思想正统。

春秋战国时期的"百家争鸣"是中国历史上第一次思想解放,为中国后世思想发展奠定了基础,在很大程度上构成了中华民族传统文化的基本精神,对后世影响很大,直至今天仍影响着人们的思想。

了解这样的时代背景,我们再来理解孔子这段话,也就不再困难了。

在这一章里,历代注家对"异端"二字的释读分歧很大。其实,异端就是不同的思想主张,不同的观点。天底之下,跟自己不同的观点很多,但都应该是平等并行的。遇到跟自己观点不同的就视为异端邪说,那是不正常的学术态度。

所以，孔子曾说："我则异于是，无可无不可。"李泽厚《论语今读》说："这可以表现出儒学的宽容精神：主张求同存异，不搞排斥异己。"

我很欣赏这样一句话："当世界只剩下一种声音或社会只允许一种声音存在时，那一定是谎言。"孔子不会这样做，甚至也不会这样想。而几千年后的我们，还有什么理由这样想，这样做？

## 2.17

子曰："由❶！诲女［rǔ］知之乎❷！知之为知之，不知为不知，是知也❸。"

**【译文】**

孔子说："仲由，我教你的东西你都懂了吗？知道就是知道，不知道就是不知道，这才是真正的知。"

**【释读】**

❶ 由，仲由，字子路，孔子学生，卞（故城在今山东平邑县东北仲村）人，小孔子9岁。仲由和孔子是同乡，年轻时候是个侠客，经常头上插着野公鸡毛，身上披着野猪皮，身佩长剑四处游荡，路见不平就拔刀相助，是个行侠仗义之人。

❷ **诲女知之乎** 诲，教，教导，教诲。女，音、义同"汝"，你。知，明白，了解。之，代词，代"诲女"的知识学问。

❸ **为** 是，就是。
**是** 这是，这才是。

**【读后】**

有人把人群划分为四种层次，并划了一个百分比：
95%的人：不知道自己不知道；

4%的人：知道自己不知道；

0.9%的人：知道自己知道；

0.1%的人：不知道自己知道。

孔子这几句话，是在强调学习的态度。孔子和儒学特征之一，是否认自己是天才，承认有不知道不懂得的东西，"知"永远有限。其实，坦率地承认自己不知，并不是一件容易的事，这需要勇气和坦荡。人的坦荡在于把真实的自己展示于人，不必在意别人的看法。

现实中有一些人，不懂装懂，懂五十装一百，仿佛什么都懂，却什么都只是表面功夫。很难听得到他们一句实实在在的话——"这个，我真不懂。"

2005年，乔布斯在斯坦福大学演讲时，反反复复说：

Stay hungry, stay foolish!

什么意思？

有人翻译："保持饥饿，保持愚蠢。"（停留在饥饿和愚蠢中。）有人翻译："我傻我知道，我穷我努力。"有人翻译："有一点饿，有一点呆。"有人翻译："自知无知，虚怀若谷。"

前半句是苏格拉底名言。自知无知乃一切真知之始；而自以为是，却把人推向深渊……（图2.17-1：自知无知，虚怀若谷）

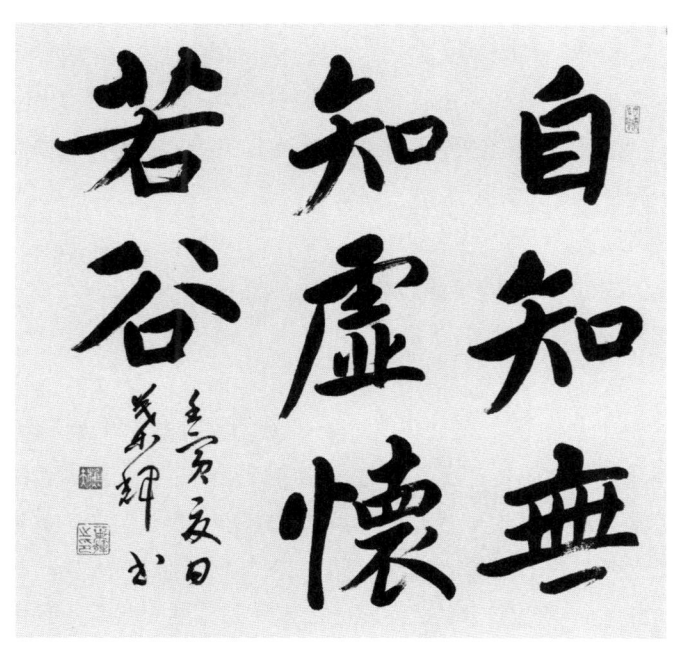

图2.17-1

子张学干禄❶。子曰："多闻阙疑，慎言其余，则寡尤❷；多见阙殆，慎行其余，则寡悔❸。言寡尤，行寡悔，禄在其中矣。"

2.18

### 译文

子张向孔子请教求职做官的事。孔子说："多听，保留有疑惑的地方，谨慎地说出你可以肯定的那部分话，就能减少错误；多看，保留有疑惑的地方，谨慎地去做有把握的那部分事，就可以避免后悔。说话少犯错，行事少后悔，官职俸禄也就在其中了。"

### 释读

❶ **子张** 孔子学生颛［zhuān］孙师，字子张，陈国人，小孔子48岁。
**学** 问，询问，请教。
**干禄** 干，音［gān］，求，谋求。禄，旧指官吏的薪水，俸禄。干禄指求仕，谋求官职，谋求得到官职。

❷ **闻** 听。甲骨文"闻"，从人，从耳，突出其耳，以示听闻，象人竖起耳朵听。本义是知闻。许慎《说文》："闻，知闻也。"（图2.18-1）
**阙** 多音字，此处读作［quē］，空缺。用作动词，意为留出空缺。阙疑，对有怀疑的地方、疑惑的地方，则保留而不言。《王力古汉语字典》："阙疑，对于有怀疑的地方则空阙（保留）而不言。"并以本章为例。
**慎言** 谨慎地说出。
**其余** 其他的部分，其他有把握的部分。
**寡尤** 寡，少。尤，过错，过失。

图2.18-1

❸ **殆** 此处与上文"疑"互文见义，疑、殆同义，故"疑殆"可连用。《史记·扁鹊仓公列传》："良工取之，拙者疑殆。"（医术高明的医生能消除病患，医术拙劣的医生疑惑无解。）清王念孙《读书杂志·史记五》对此按曰："此'殆'字非危殆之殆，'殆'亦'疑'也。古人自有复语耳。言唯良工为能取之，若拙工，则疑而不能治也。"（这个殆字不是危殆的殆，也是疑的意思。古人也有重复用语的习惯用法。是说只有医术高明的医生可以

去除病患，而医术拙劣的医生却疑惑无治了。）

**寡悔**　减少错误，避免后悔、懊悔。

**[读后]**

钱穆说："孔子不喜其门弟子汲汲（急切、匆忙——引者注）于谋禄仕，其告子张，只在自己学问上求多闻多见，又能阙疑阙殆，再继之以慎行，而达于寡过寡悔，如此则谋职求禄之道即在其中。"（钱穆《论语新解》）

孔子的学生子夏曾说："仕而优则学，学而优则仕。"（《子张篇》19.13）从政有一定精力就去学习，学习后有精力就去从政。也可以说，官做得好了，要注重学习，不断修养自身；学习到一定程度，可以去从政实践。

儒学思想，是一种入世思想，不脱离社会，不排斥从政，只是，孔子并不把从政当成学习的目标或理想，淡然看待学与仕的问题。同时，在孔子的思想主张里，不一定要进到官场才能从政，做学问，有时也是从政，也会"禄在其中"。关于这点，后面我们还会讲到。在这里，孔子教育子张，要谨言慎行，说有把握的话，做有把握的事，以免将来后悔。"言寡尤，行寡悔"，这六个字，可以用来时刻警醒自己。

子张比孔子小48岁，在《论语》里是最小的学生了。子张虽然年轻，但志向很高。因此，他向孔子问及从政的问题。面对一个有志向的小年轻，孔子并不去打击学生的积极性，而是很具体地讲了几个原则。这些原则便是，多听，有疑问不要放过，保留下来，存疑，而说自己有把握的话；多看，有疑问存疑，去做自己有把握的事。其原则是，说话尽量减少过错，做事尽量减少后悔。

有人说，上天让人长两只眼睛、两只耳朵、一张嘴，就是要人们多看、多听、少说话。别不懂装懂，不懂还瞎说，不懂还乱干。

说自己有把握的话，做自己有把握的事。

## 2.19

哀公❶问曰："何为则民服❷？"孔子对曰❸："举直错诸枉，则民服❹；举枉错诸直，则民不服。"

**[译文]**

鲁哀公问孔子："怎么做才能让老百姓服从？"孔子回答说："把正直

为政篇第二　065

的人提拔到奸邪之人的上面，老百姓就会服从；而把奸邪之人提拔到正直的人上面，老百姓就不会服从。"

## 【释读】

❶ **哀公**　鲁君，姓姬，名蒋，定公之子。继定公而即位，在位二十七年（公元前494—前466，一说为前468）。"哀"是谥号。

❷ **何为则民服**　何为，即"为何"，做什么，怎么做。则，连词，就，才。服，服从。

❸ **对曰**　凡下对上，回答用"对曰"，如臣下回答君上的问话，学生回答老师的问话，均用"对曰"，以示对对方的尊敬。《论语》行文体例也是如此。此处孔子回答鲁君的问题，自然是用"孔子对曰"，译为"孔子回答说"。

❹ **举直错诸枉**　举，推举，提拔。直，正直，正直之人。错，同"措"，安置，放置，安放。诸，"之于"合音。枉，不正直，不正派，奸邪之人，心术不正之人。

## 【读后】

诸葛亮《出师表》："亲贤臣，远小人，此先汉所以兴隆也；亲小人，远贤臣，此后汉所以倾颓也。"（亲近贤臣，远离小人，这是汉朝前期能够兴盛的原因；亲近小人，远离贤臣，这是汉朝后期衰败的原因。）

如何用人，用什么样的人，一直是一个重要的课题。任人唯贤，这是我们都明白的道理。但是，在现实生活或在治国理政之中，小人当道、用人不当的情况却时时发生。

大到国家，小到公司，如果用错了人，把心术不正之人放到了重要岗位，老百姓或员工要么抵触，要么效仿。当小人当道，民怨升腾，那就是崩溃之时。

用人必须知人，而知人又是一门大学问。所以，孔子讲，不患人之不己知，患不知人也，所以孔子要"视其所以，观其所由，察其所安"，以深入地了解人，所以我们才会说"知人善任"。

用人是一门大学问，用人也是风向标。你用什么样的人，也就是在倡导一种什么样的文化。孟子说："上有所好，下必甚焉者矣。君子之德，风也；小人之德，草也。草上之风，必偃。"（按，孔子《论语·颜渊篇》12.19："君子之德风，小人之德草。草上之风，必偃。"孟子此处借用孔子之言。）（上面的人爱好什么，下面的人就会跟风效仿甚至超过上面所好。君子的德行像风，小人的德行像草。风往哪边吹，草就一定往哪边倒。）

**2.20** 季康子❶问："使民敬、忠以劝，如之何❷？"子曰："临之以庄，则敬❸；孝慈，则忠❹；举善而教不能，则劝❺。"

**【译文】**

季康子问孔子说："要使老百姓敬重、忠心，又勤勉努力，该怎么做？"孔子说："你用恭谨严肃的态度去对待他们，老百姓就会敬重你；你能倡导孝敬父母、慈爱幼小之风，老百姓也就能忠于你；你举用优秀的人，教化无能的人，老百姓就会勤勉努力。"

**【释读】**

❶ **季康子** 姓季孙，名肥，鲁哀公时正卿，当时政治上最有权力的人。"康"是谥号。

❷ **敬、忠以劝** 敬，恭敬，严肃，认真。许慎《说文》："敬，肃也。"敬就是恭谨严肃。忠，尽心竭力。以，此为表并列结构的连词，而。劝，勤勉，努力。

❸ **临之以庄** 即"以庄临之"。
**临** 上对下为临，《诗经·大雅·大明》："上帝临女［rǔ］，无贰尔心。"（天帝在上看着你们，你们不要有二心。）引申为（居高位者）统治（下民）。此处释为对待。
**庄** 恭谨严肃，端庄稳重。

**敬**　尊敬，敬重。此处指民敬，即老百姓就会敬重你，尊敬你。

❹ **孝慈**　孝，孝敬父母。慈，慈爱幼小。是指在位之人能崇尚孝慈美德，倡导孝慈美德，百姓就能忠实于你，对你忠心。其中既包含了自己对父母孝敬，对下属、幼小慈爱，也包含以身作则，倡导孝慈美德。

❺ **举善**　举，推举，提拔。善，指德善之人，优秀的人。
　**能**　指才，"不能"即能力不够的人，能力差的人，无能之人。

## 【读后】

此章是《为政篇》第一章的更细化的表述或注脚，也是上一章的另一个角度的施政原则。

孔子言政，一直提倡君王以表率为先，上行下效，所谓上梁不正则下梁歪。比如，他和齐景公的一次对话。齐景公喜欢声色犬马，生活奢靡。孔子觉得这个国君做得实在不像国君的样子，缺少国君应该有的庄重威严，缺少国君相应的道德品质，所以，当齐景公问孔子，好的政治应该是怎样的呢，孔子就说了八个字："君君，臣臣，父父，子子。"孔子的意思是，国君首先要有国君的样子，然后才有资格要求臣子有臣子的样子，国君做好在前，臣子做好在后；父亲首先尽到做父亲的责任，然后才能有资格得到子女的孝顺。

孔子在很多地方一直强调强者的道德，而不强调弱者的道德，认为在上者应该先做好，然后才有资格要求下面的人做好。但是，就像我们很多人理解的一样，作为国君的齐景公，理解的却和孔子所表达的思想有区别。齐景公说："善哉！信如君不君，臣不臣，父不父，子不子，虽有粟，吾得而食诸？"他这话的意思，是站在他的立场，考虑的更多的却是，"如果臣不臣，纵使五谷丰登，我还能吃到么？"这话是在强调臣必须像臣，把孔子的话领会偏了。

各司其职，各自遵守自己角色所要求的道德规范，履行相应的道德义务，才能在这一体系之中获得尊重和相应的权利。

孟子说："君之视臣如手足，则臣视君如腹心；君之视臣如犬马，则臣视君如国人；君之视臣如土芥，则臣视君如寇仇。"（君王对大臣情同手足，大臣就会把君王看成自己最知心的人；君王把大臣当成犬马一样驱使，那大臣就会把君王当路人；君王把大臣当泥土草芥，那么大臣就会把君王当成仇敌。）

《孔子家语·王言》："凡上者，民之表也，表正则何物不正？是故人君先立仁于己，然后大夫忠而士信，民敦俗璞。"（上位之人是百姓的标杆，标杆正，还有什么不正的？所以君王要首先自己树立仁德之心，而后才有大臣们的忠心、士人们的信赖，民风敦厚淳朴。）

总之一句话，想要下属怎么样，先自己做到；想要别人怎么样，自己先做好。

## 2.21

或谓孔子曰❶："子奚不为政❷？"子曰："《书》云❸：'孝乎惟孝，友于兄弟，施[yì]于有政❹。'是亦为政，奚其为为政❺？"

【译文】

有人对孔子说："你为什么不去参与政治呢？"孔子答道："《尚书》上说：'孝啊，只有孝敬父母，友爱兄弟，把这种风气带到（延伸到）政治中去。'这也就是参与政治了，怎么做才算是参与政治呢？"

【释读】

❶ **或** 代词，有人，有的人。
**谓……曰** 即，对……说。

❷ **子** 对对方的尊称，略同"您"。
**奚** 怎么，为什么。
**为政** 从政，为官从政，参与政治。为，动词，做，搞，此处为从事，参与。

❸ **《书》** 特指《尚书》。

❹ **孝乎惟孝** 惟，只有。孝啊，只有孝顺父母。
**友于兄弟** 对兄弟友爱。
**施于有政** 施，意为移，延，延及，影响到，作用于。有政，即"政"。"有"字无意义，常常加于名词之前，叫"词头"，是古代汉语构词法的一种形态，如"有唐""有宋"。施于有政，即把这种风尚带到政治中去，把这种风气带入（推广）到政治中去。

❺ **奚其** 《论语》中包括此处在内，一共有三处用到"奚其"。一是此处，"奚其为为政？"二是《子路篇》13.3："子路曰：'有是哉，子之迂也！奚其正？'"三是《宪问篇》14.19："子言卫灵公之无道也，康子曰：'夫如是，奚而不丧？'孔子曰：'仲叔圉治宾客，祝鮀治宗庙，王孙贾治军旅。夫如是，奚其丧？'"

"奚其"为复合虚词，由副词"奚"和助词"其"复合而成。一、作副词，用在谓语前，表示反诘或感叹，可译作"怎么""干吗"等，如上述"奚其正""奚其丧"句。二、副词，表示感叹，可译作"多么"。本章"奚其"按上述第一义释读，译为"怎么""怎么做"。

**为为政** 第一个"为"，判断词，是，算是，才是。"为政"的"为"，意为参与，从事，做。动词。为政即从政，参与政治。

# 读后

孔子有很多治国理政的言论，也有很好的政治主张，但是，在他51岁做中都宰之前，一直致力于教育。所以世人，包括他的学生，都不理解他，觉得他应该在政治上一展拳脚。但是，孔子并不急于进入政治圈，而是全身心于教育，而且是有教无类，还能因材施教。关于这一点，我们前面已讲到过。

在这里，孔子用《尚书》里的一句话来回答别人问他为何不从政。孔子说，《尚书》上就说过，孝顺父母，友爱兄弟，推而广之到政治上去。这不也就是从政了吗？如果这不算从政，还能怎么做才叫从政呢？

儒家主张"以孝治天下"，"孝弟也者，其为仁之本与？"由一家之孝悌推及乡里，再到社会、国家，这是一种积极的入世态度与关怀，但这种入世，不是热衷于功名利禄，热衷于权力。

所以，孔子虽然在权力之外，却时时在政治之中。

**2.22** 子曰："人而无信，不知其可也❶。大车无輗［ní］，小车无軏［yuè］❷，其何以行之哉❸？"

【译文】

孔子说:"一个人要是不守诚信,不知道这怎么可以。正如大车没有輗,小车没有軏,靠什么行进呢?"

【释读】

❶ **而** 却。用在主语、谓语之间,表示强调或转折的语气,它所在的句子常用作表条件或假设的分句,根据文义可译为"如果""如果都""却"等。同"我有子弟,子产诲之;我有田畴,子产殖之。子产而死,谁其嗣之?""管氏而知礼,孰不知礼?"中之"而"字用法。

**不知其可也** 其,指示代词,指代前文"人而无信"。其可,这(人而无信)怎么可以。

程树德《论语集释·发明》引《反身录》语:"千虚不博一实,言一有不实,后虽有诚实之言,亦无人信矣。"(博,换取。一千个虚假也比不过一个真实。是说一旦有不信实之举,以后即使有诚实的话,也没有人相信了。)

南宋哲学家陆九渊《陆象山语录》也说:"千虚不博一实。吾平生学问无他,只是一实。"(一千个虚抵不过一个实,我一辈子的学问没有别的,就只是一个实在而已。)

"信"的本义:诚实不欺,可靠守信。

在《论语》1.4、1.6、1.7、1.13章都谈到"信",包括这一章,我们已经第五次接触到孔子讨论"信"的话题了。整部《论语》,出现了38次"信",频率很高。这是儒学思想的核心之一,是"仁、义、礼、智、信"核心思想的重要组成部分。

❷ **輗、軏** 輗,大车上套马用的横木的关键,也就是活销;軏,小车上套马用的横木的关键(活销)。古代牛拉的车叫"大车",马拉的车叫"小车"。牲口套在车上,车辕前面有一道横木,套在牲口的脖子上。那横木,套牛的叫"鬲[gé]",套马的叫"衡"。鬲、衡两头都有关键(插销),"輗"是鬲的关键,"軏"是衡的关键。关键虽小,却不可或缺。

❸ **其**　指示代词，指代上文的大车、小车。
**何以行之哉**　即以何行之哉，靠什么行进呢？

**读后**

"人而无信，不知其可"，孔子这句话几乎已深入到每一个中国人的灵魂之中。虽然并非每一个人都能践行此言，但是，每一个人都熟悉这句话以及这句话的深刻含义。

人类社会，到底要怎样运行、发展？孔子一直在思考这个问题，并提出了自己的主张。在《述而篇》7.25，"子以四教：文，行，忠，信"。这是说，孔子从四个方面教育学生：文献典籍、诗书六艺等人类文化，将所学运用于实践，尽心忠诚，遵守规则而信实可靠。其中，"信"作为孔子教学的主要内容之一，成为儒家学说的核心思想组成部分。在《阳货篇》17.6，学生子张请教怎样做才算得上仁。孔子说："恭，宽，信，敏，惠。"恭谨庄重，宽厚包容，信实可靠，勤敏努力，慈惠仁爱。能够在天底之下做好这五件事，便可算是仁德之人了。正如本章所比喻的那样，信，虽不是社会的全部内容，却是社会运行的关键所在。没有信，社会将无法正常运行，正如大车无輗、小车无軏，无法行进。

一个毫无诚信的社会，是可怕的社会。

## 2.23

子张问："十世可知也❶？"子曰："殷因于夏礼，所损益，可知也❷；周因于殷礼，所损益，可知也❸。其或继周者，虽百世，可知也❹。"

**译文**

子张问孔子："往后十代的礼仪制度可以预知吗？"孔子说："殷代因袭夏代的礼制，有增有减，是可以知道的。周代承继殷代的礼制，有增有减，是可以知道的。将来如果有继承周礼的，即使一百世之久，也是可以预知的。"

【释读】

❶ **十世** 即十代。上古汉语称父子相继为一世,称"世"而不称代。自唐人避太宗李世民的名讳,才改"世"为"代"。

❷ **殷** 殷朝。此处指殷朝的礼仪制度。
**夏** 夏朝。此处指夏朝的礼仪制度。
**因** 因袭,沿袭。
**礼** 礼仪制度,礼法制度,政治制度,规范社会行为的法则、规范、仪式等社会、政治制度的总称。
**损益** 损,减损,废止;益,增加,补充。对前代礼仪制度的删减或增补。

❸ **周** 周朝。此处指周朝的礼仪制度。

❹ **其或** 复合虚词,由两个近义副词"其"和"或"复合而成,副词,用于谓语或小句前,表示对所述事实的不敢肯定,可译为"或许""大概"等。
**虽** 即使。即使一百代之远,也可以顺此推知了。

【读后】

纵观人类发展历史,没有哪一个民族、国家是白手起家、完全摧毁前代的政治文化而另起炉灶的。国家的建立、民族的发展总是在继承中发展,在发展中变革。继承、变革、创新是一个国家、一个民族兴起、发展、壮大的必经之路。

## 2.24

子曰:"非其鬼而祭之,谄也❶。见义不为,无勇也❷。"

【译文】

孔子说:"不是你应当祭祀的祖先却去祭祀,这是谄媚;遇见你应当挺身而出的事却不去做,这是怯懦无勇。"

【释读】

❶ **鬼** 甲骨文"鬼",从田,从人,或从示,字象人戴有奇异面具以示非人而似鬼。许慎《说文》:"鬼,人所归为鬼。从人象鬼头,鬼阴气贼害。"(鬼,人死之后变为鬼,从人,象鬼头,鬼的阴气会祸害人。)

徐中舒《甲骨文字典》:"象人身而巨首之异物,以表示与生人有异之鬼。"徐中舒认为:"殷人神鬼观念已相当发展,鬼从人身,明其皆从生人迁化,故许慎所释与殷人观念近似。"本文指已死的祖先。(图2.24-1)

**祭** 甲骨文"祭",从肉,从又(即手),或从示(后加之意符),象手持肉并有血滴,献于神主之前,以表祭祀。本义祭祀。许慎《说文》:"祭,祭祀也,从示,以手持肉。"(图2.24-2)《礼记·曲礼下》:"非其所祭而祭之,名曰淫祀,淫祀无福。"〔不当祭祀的却去祭祀,这就叫淫祀(不合礼制的祭祀),淫祀不能得到福佑。〕

图2.24-1

图2.24-2

❷ **义** 义者宜也。合宜,恰当,合理,正义,合乎礼义要求,公正合宜的道德行为。

【读后】

在古代社会,祭祀与战争是国家最大的两件事情。这一章提到鬼神与祭祀,反映了孔子的宗教态度。不属于自己应该祭祀的鬼神,如果去祭祀,就是谄媚。这表示,如果是属于自己应该祭祀的,就是正确的作为。古人所说的鬼神就是祖先,先人死而为鬼,所以要祭祀他们。孔子赞成正确的宗教态度,该祭祀就祭祀。祭祀自己的祖先,要以自己的祖先为荣,要记得光宗耀祖是每个人最基本的愿望。生命的长河是随着过去的祖先、现在的我们、将来的子孙而一路发展下去的。一个人活在世上,生命当然有限,我们持续地祭祀祖先,将来子孙也会同样把我们当祖先祭祀。所以,在这个环节,我们一定要尽好自己的责任,一方面要祭祀我们的祖先,一方面要保持我们的传承,延续我们的血脉和文化。这是一个宗族的大事,推而广之,也是民族的大事。

另一方面,除了祭祀我们的祖先,我们还要关注现实之中的人。见义勇为,便是从这儿出。义,宜也,当做之事。当做不做,便是无勇。这也就是钱穆所说的:"义者人之所当为,见当为而不为,是为无勇。"一个人要有担当,要有起码的正义感,否则,就不是一个完整的人。

本章为全篇末章。有人说，孔子绝不会以这种不知所云的东西当作结尾，而有可能"大车小车"章就是原来的结尾。其实，这一章有可能是开启下一篇主题的序章。这个序章是在告诉我们，一切的德行，都是建立在"祀"之上的。正如"非其鬼而祭之"，这是不合祀制的"淫祀"；见义而不为，这是"无勇"。这里，可能暗含了下一篇将要探讨的内容。

曰不能子嗚呼曾謂泰山不如林放乎子
曰君子無所爭必也射乎揖讓而升下而飲
其爭也君子子夏問曰巧笑倩兮美目盼兮
素以為絢兮何謂也子曰繪事後素曰禮
後乎子曰起子者商也始可與言詩已矣子
曰夏禮吾能言之杞不足徵也殷禮吾能言

# 八佾篇第三

**孔子谓季氏❶,"八佾[yì]舞于庭❷,是可忍也,孰[shú]不可忍也❸?"** 3.1

**|译文|**

孔子谈论季氏,"季氏用八佾的规格在自家庭院中举行乐舞活动,这样的事都可以容忍,还有什么事不能容忍的?"

**|释读|**

❶ **谓** 说,评论。
**季氏** "三桓"之一,鲁国当时的权臣。一说此处指季平子,即季孙意如;一说为季康子;一说为季桓子,皆不足信。

❷ **八佾** 佾,古代乐舞行列,一佾即一列,一列八人,八佾即八列,六十四人。周制对乐舞规模有严格的规定:天子八佾,诸侯六佾,大夫四佾,士二佾。按照周礼,季氏为大夫一级,只能用四佾规格,却以八佾的规格举行乐舞,这是僭[jiàn]越礼制的行为。
**庭** 堂前的庭院。

❸ **是** 这,这样。
**忍** 容忍,忍受,忍耐,接受。一说,忍,忍心,狠心,按此理解,则主体为季氏,也即,季氏连这样的事都忍心做出来。不从。
**孰** 疑问代词,谁,什么。

**|读后|**

按照鲁昭公年代推算,孔子在说这句话的时候,在35岁左右,那时,他在教书,还没有从政。从孔子这一句比较激烈的话里,我们能感受到,孔子其实是透过"三桓"的这种行为,隐隐感到"三桓"会变本加厉,越走越远,甚至有更坏的结果。所以,孔子后来在当上司寇时,就想尽快削弱"三桓"的势力。结果,因为"三桓"势力根深蒂固,以孔子一己之力,很难撼动。

然而孔子就是孔子，面对礼崩乐坏的社会，他忍无可忍，发出了千古之怒。世上总有触碰到我们底线而让我们忍无可忍的事，当忍无可忍，就无须再忍。

## 3.2

三家者以《雍》彻❶。子曰："'相［xiàng］维辟［bì］公，天子穆穆❷'，奚取于三家之堂❸？"

**【译文】**

"三桓"家族在祭祀撤下祭品的时候，采用天子祭祀撤下祭品时才演唱的《雍》诗。孔子说："'四方诸侯来助祭，天子端庄又肃穆。'为什么在'三桓'家族的厅堂上采用这样的诗来演唱呢？"

**【释读】**

❶ **三家** 即"三桓"，鲁国当政的三卿孟孙（仲孙）、叔孙、季孙。三家中，以季孙氏势力最大，他们自恃有政治经济的实力，所以经常有僭越周礼的行为，多次受到孔子的批判。

**《雍》** 《诗经·周颂·雍》，雍，也作"雝"。

**彻** 同"撤"，撤除，在此为撤除祭品。《雍》诗为周天子在宗庙祭祀后撤除祭品时所唱的歌。

❷ **相维辟公，天子穆穆** 两句为《雍》诗中的诗句。相，本指协助、帮助，此处指助祭的人。维，句中语助词，无义。辟公，即诸侯。穆穆，庄严肃穆。

❸ **奚** 疑问代词，为什么，怎么。

**取** 甲骨文"取"，从耳，从又，字象手取耳形。本义是取耳。上古灭敌以取耳计数。（图3.2-1）许慎《说文》："取，捕取也。从又从耳。周礼：获者取左耳。"捕取；拿来，拿到手，与"舍"相对，引申为采取，择取。本章释为采用、使用。

图3.2-1

【读后】

　　这一章，同前一章一样，是在讥讽鲁国三家的僭越礼制。孔子反对和厌恶僭礼行为。醉心于权术，反映出的是一种不安分的思想，一种野心，而野心是会慢慢膨胀的，一旦膨胀到极限，就极有可能发生更严重的行为。所以，僭越，不仅仅是行为出格那么简单，不可掉以轻心。

子曰："人而不仁，如礼何❶？人而不仁，如乐［yuè］何❷？" 3.3

【译文】

　　孔子说："作为一个人却没有仁德，礼又有什么用？作为一个人却没有仁德，乐又有什么用？"

【释读】

❶ **人而不仁**　作为一个人却没有仁德，"而"为转折连词。仁，《论语》中前后总共有109次言仁。许慎《说文》："仁，亲也。"仁就是对人亲善，仁爱。《庄子·天地》："爱人利物之谓仁。"《孟子·离娄》："仁者爱人。"由博爱转为同情，怜悯，再引为有恩于万物生育者。总括起来，"仁"大体有以下几点：一、慈爱之心；二、博爱之心；三、同情之心；四、真诚之心。

　　**如礼何**　如……何，这是古汉语的一种固定句式。"如"与"何"之间插入成分一般为名词、名词性词组或代词，整个格式表示处置，意思是"把……怎么样""对……怎么办""怎么对待……"等（"如……何"之前有否定词"无"时，整个格式不再有疑问意义，可译为"对……没有办法""不能把……怎么样"等）。"如礼何"直译即是"能拿礼仪制度怎么办""能把礼仪制度怎么样"，也就是，礼又有何用。下句"如乐何"，同理可理解为"乐又有何用"。

❷ **乐**　音乐。《礼记·乐记》："礼节民心，乐和民心，政以行之，刑以防

之。礼乐刑政，四达而不悖，则王道备矣。"（用礼来节制民心，用乐来调和民心，用政令来推行实施，用刑罚来防止犯罪。礼乐刑政并行不悖，那么君王的治国之道也就完备了。）

**【读后】**

电视连续剧《天道》里，主人公丁元英评价穆特、弗雷德曼、海菲兹三位小提琴演奏大师演奏萨拉萨蒂的《流浪者之歌》时说：穆特演奏给人感觉是悲凉、悲伤、悲戚，多了点宫廷贵妇的哀怨，少了吉卜赛人流浪不屈的精神。弗雷德曼演奏给人的感觉是悲愤、悲壮、悲怆，展现了吉卜赛人坚强不屈的流浪精神。海菲兹是伟大的小提琴大师，但是单就《流浪者之歌》这首曲子，他的诠释也不一定是最高境界。也许他太在乎技艺精湛了，反而多了一丝匠气，淡了一丝虔诚。

以他们三人各自演奏的《流浪者之歌》相比，穆特是心到手没到，海菲兹是手到心没到，只有弗雷德曼是手到心到。

"手到心到"，这才是艺术。

礼乐是周公创制的社会生活规范，不过，这种规范是外在的，情感才是内涵。如果只有形式，而没有内涵和内容，恐怕只是做样子而已。"仁"强调的是真诚的心意，只有真诚，才能由内心生发出力量（仁者无敌），对自己严格要求。儒家一再强调真诚的重要性，因为人是所有动物中唯一可能不真诚的，因为人会计较利害关系。一旦开始计较，就不真诚了。

孔子最担心的就是礼崩坏乐。而礼崩乐坏的前兆，就是人因缺乏真诚使得礼乐成为纯粹的形式而已。一个社会，如果所有人都行礼如仪，却没有任何真情实感，好像在做游戏，这不就是礼崩乐坏吗？儒家特别强调真诚的原因就在这里。

## 3.4

林放问礼之本❶。子曰："大哉问❷！礼，与其奢也，宁俭❸；丧，与其易也❹，宁戚。"

**【译文】**

林放问孔子礼的根本是什么。孔子说："好大的问题啊！礼节，与其铺张浪费，宁可朴素节俭；丧礼，与其礼节完备，宁可内心哀伤。"

**【释读】**

❶ **林放** 鲁人。
**礼之本** 礼的根本，礼的本质。

❷ **大哉** "大哉"置于"问"之前，是强调其问题深刻。

❸ **礼** 礼节仪式。
**奢** 奢侈铺张。
**俭** 简陋，朴实节俭。
**与其……宁……** 古汉语固定格式，由连词"与其"与副词"宁"前后搭配构成。"与其"用于复句的前一分句，"宁"用于后一分句，表示经过比较之后，在二者之间选择后者。可译为"与其……宁愿（宁肯）……"。

❹ **易** 除了常用义交易、交换、改变、容易之外，还有和悦义，有治理、整治田亩、芟［shān］除草秽义。《孟子·尽心上》："易其田畴。"意为治理，治理好农田。用在本文，"易"释读为严格按照礼制周到完备地治办丧事。

**【读后】**

据司马迁《史记·孔子世家》记载，齐国宰相晏婴曾对齐景公说，孔子这些儒者"崇尚遂哀，破产厚葬"，意思是孔子推崇办丧事的礼仪而不节制哀伤，倾家荡产也要追求厚葬。实际上，孔子恰恰反对的就是这些铺张而不节俭，虚假而无真诚的东西。《子张篇》19.14"子游曰：'丧致乎哀而止'。"也是孔子思想的延续。

孔子此处回答林放，礼节还是朴素节俭比较好，不要太注重外表。至于丧礼，这是礼仪中最重要的，因为人死为大。所以，举办丧礼的时候，与其面面俱到，周全完备，还不如真心诚意地哀悼悲伤，表达真诚的情感。所以，礼这个话题虽然很大，说穿了，也很简单，礼的根本就是真情，真实的情感。这就是孔子对礼的最根本的认知和主张。

子曰："夷狄［dí］之有君❶，不如诸夏之亡［wú］也❷。" 3.5

### 【译文】

孔子说:"夷狄这样的野蛮部落虽有国君,还不如中原大地上诸侯国没有国君。"

### 【释读】

❶ **夷狄** 夷,我国古代居住在东方的少数民族。狄,我国古代居住在北方的少数民族。此处泛指中原华夏文明以外的少数民族。

❷ **诸夏** 指我国古代黄河流域中原各诸侯国。邢昺《论语注疏》:"诸夏,中国也。"

**亡** 音义同"无"。鲁国的昭公、哀公都曾逃往国外,形成某一时期内鲁国无国君的局面。由此,孔子发出这样的感叹。

### 【读后】

夷狄,也就是中原之外的边疆少数民族。孔子时代,被称为东夷、西戎、南蛮、北狄的边地少数民族,被中原人认为仍处于蒙昧状态。而中国则称中夏、中原,文化发展已经到了相当的程度。所以孔子说,那些边远落后地区,虽然有君主,但光有形式,没有形成民族文化,没有文明社会的形态,那就谈不上文明社会,不如中原大地偶尔没有国君的状态。这意思很明确,国家不怕亡国,亡国可以重建,一个政权消亡,新的政权还可以出现。但是,如果文化消亡了,则从此不得翻身。

纵观人类文明发展历史,在四大文明古国中,时间上中国并不靠前。古巴比伦、古埃及,跨越文化门槛的时间比古印度和中国早了一千年以上,但是,古巴比伦、古埃及、古印度文化却相继消亡,而且,消亡的不是一个族群、一个人种,而是一种文化、一种文明,最终留下的唯有源远流长的中华文明。这是值得庆幸的,也是值得自豪的。所以说,文化不是个小事情,这是一个关系到千秋万代的大事。文化一旦出了问题,这可能就是一个种族、一个民族的灭顶之灾。从世界文化史到中国历史,我们能清楚地看到,一个民族、一个国家,文化是决定其命运的最根本的因素。

按照余秋雨的定义,文化,是一种成为习惯的精神价值和生活方式,它的最终成果，是集体人格。一个国家，一个民族，没有文化传承，将是很危险的。一个公司，要走得远，甚至成为百年老店，作为一种"集体人格"，文化，是唯一的生长之根。老总可以换，但公司文化必须延续下去。

我们回过头来读孔子这句话，不得不再次佩服这位伟大的圣人，在两千多年前，就能清楚地看到文化的重要性。

## 3.6

季氏旅于泰山❶。子谓冉有曰❷："女［rǔ］弗能救与［yú］❸？"对曰："不能。"子曰："呜呼❹！曾［zēng］谓泰山不如林放乎❺？"

**【译文】**

季氏要去泰山祭祀。孔子问学生冉有说："你不能劝阻这件事吗？"冉有回答说："不能。"孔子说："唉！难道说泰山之神还不如林放么？"

**【释读】**

❶ **旅** 甲骨文"旅"，从众人，其左旁象旗帜形，字象众人集于军旗之下，以示军队远征。本义是军旅。许慎《说文》："旅，军之五百人为旅。"（图3.6-1）旅，也是古代的祭名。在此用为动词，指祭祀山川。旅于泰山，即到泰山去祭祀。在古代，天子祭天下名山大川，诸侯祭领地内的山川，大夫祭家庙。季氏为鲁国大夫身份，却祭祀泰山，这是僭礼行为。

图3.6-1

❷ **冉有** 孔子学生冉求，字子有，鲁国人，小孔子29岁。当时正好在季氏家做家臣。

❸ **女弗能救与** 女，同"汝"，你。弗，不，不能。救，挽救，阻止，劝阻。与，同"欤"。

❹ **呜呼** 感叹词，在此有无奈的意味，唉。

❺ **曾** 副词，意为竟，竟然，岂，难道。曾谓，在此释为"难道说"。

084　细读论语·上册

## 读后

《孟子·尽心上》：孟子曰："孔子登东山而小鲁，登泰山而小天下。"（孔子登上东山，便觉得鲁国变小了；登上泰山，便觉得整个天下变小了。东山，有人认为即今山东蒙阴县南的蒙山。）

泰山，又叫岱[dài]山、岱宗、岱岳、东岳、泰岳，因居五岳之首，故尊为岱宗。位于山东中部，主峰玉皇顶海拔1532.7米。是新中国第一批国家级风景名胜区之一，国家5A级旅游景区，被联合国教科文组织批准列为中国第一个世界文化与自然双重遗产。

唐代诗圣杜甫的《望岳》诗，至今依然深深吸引着我们。

岱宗夫如何？齐鲁青未了。造化钟神秀，阴阳割昏晓。
荡胸生层云，决眦[zì]入归鸟。会当凌绝顶，一览众山小。

翻译过来就是：巍峨的泰山啊到底有多雄伟？远远望去，横卧齐鲁之间，郁郁苍苍，扑面而来。神奇的大自然把瑰丽的美景全都聚在了这里，山南山北分割出清晨与黄昏。云遮雾罩，云气缭绕，让人心胸为之荡漾；归鸟还巢，暮色苍茫，却总是看不够眼前的美景，以至眼眶都要裂开。总有一天，定要登上泰山之巅，俯瞰万方，把天下群山尽收于眼底。

泰山在春秋时期是齐、鲁两国的交界之地。孔子曾登泰山，考察封禅[shàn]制度。泰山处于我国东部，称东岳。在原始宗教信仰中，东方主生，所以泰山主生死交代，后来又扩大为帝王朝代嬗[shàn]递的"禅代"之意。历代帝王在改朝换代后，都要封禅泰山，以示受命于天，四海率从。《管子·封禅篇》中有"古者封泰山禅梁父者七十二家"的记载。封禅的内容，就是在泰山极顶筑土为坛来祭天，以报答天功，叫封；在泰山脚下梁父山祭地，以报地功，称禅。这种隆重庄严的封禅大典有一套神圣而严格的仪式，这对十分重视礼乐制度的孔子有极大的吸引力。孔子一生以周公为榜样，以恢复周朝政治和礼乐制度为己任，准备随时辅助国君实现这一主张，则封禅大典是必须掌握的重要国礼。经过多次实地考察，反复对照，孔子发现历代封禅的具体仪式差异很大，为他掌握封禅礼仪提供了丰富的材料。当时的封禅与祭山活动都要由国君举行，诸侯以下举办是不合礼制的。如此重要的泰山，在孔子心目中，一定有着极其特殊的地位。因此，当知道季氏要祭泰山，孔子急忙去问在季氏家任职的学生冉有，不能阻止吗？冉有很干脆地回答说不能。孔子有些无奈，失望，也有几分坚定，说，难道说泰山之神还不如林放，会不懂礼仪，接受这不合礼制的祭祀吗？

明代《泰山志》："泰山胜迹，孔子称首。"意思是，泰山之中最好的风景名胜，"孔子"首当第一位，是最亮丽的风景线。这句话，说得极为到位。

## 3.7

子曰："君子无所争❶。必也射乎❷！揖［yī］让而升，下而饮❸。其争也君子❹。"

【译文】

孔子说："君子没有什么可争的。如果一定要争的话，那一定就是比赛射箭吧。相互拱手行礼，登台比赛，比赛结束后退下来，再施礼饮酒。这样的争，是君子之争。"

【释读】

❶ 争　甲骨文"争"，为上下两手争夺绳索之类的东西之形，本义为争夺。（图3.7-1）

图3.7-1

❷ 必也……乎　《论语》中的这一固定句式，都是假设句，表示"如果一定要……的话，那一定是……"。如"何事于仁！必也圣乎！"（《雍也篇》6.30）"听讼，吾犹人也；必也使无讼乎！"（《颜渊篇》12.13），等等。这一假设有时实际上是表示谦虚。

射　甲骨文"射"，从弓，从矢，张弓发矢为射。本义射箭。此处指射礼，即周礼规定的射箭比赛。（图3.7-2）我们要了解的是，孔子在这里所说的射，其实是礼射，主张的是"射不主皮"，而当时还有一种军射，那就是专门为打仗进行的射击训练，这在后面会讲到。古代教育内容有"六艺"之说，即，"礼、乐、射、御、书、数"。射为"六艺"之一，是贵族士子们必修的功课。

图3.7-2

❸ 揖让　相互拱手作揖行礼，表示谦让。

升　登台，登阶入堂，进入比赛场地。

**下而饮**　比赛结束退下台来饮酒。饮，甲骨文"饮"，象人俯首伸舌于酒尊饮酒之形。（图3.7-3）"下"与"饮"属连续动作，连词"而"连接两个相序的谓语动词。古礼，在比赛射箭时，先互相作揖谦让，然后走上台比赛射箭，故曰"揖让而升"；射箭结束，走下台来，作揖礼让，然后饮酒，故曰"下而饮"。

图3.7-3

❹　**其**　指示代词，这，那。

**[读后]**

程树德《论语集释·余论》引陈埴［zhí］《木钟集》："孔子言射曰：'其争也君子。'孟子言射曰：'不怨胜己者，反求诸己。'惟其不怨胜己者，其争也乃君子之争，则虽争犹不争矣。君子之争者礼仪，小人之争者血气。"（孔子谈射箭时说："这样的争，是君子之争。"孟子谈射箭时说："不埋怨比自己射得好的人，反过来从自己身上找原因。"正因为不埋怨比自己射得好的人，这样的争才是君子之争，那么即使是争也如同不争了。君子之争，争的是礼仪，小人之争，争的是好斗之气。）

老子《道德经》："上善若水。水利万物而不争，处众人之所恶，故几于道。"上善若水，最高境界就像水的品性一样泽被万物而不争名夺利。在道家学说里，水为至善至柔，水性绵绵密密，微则无声，巨则汹涌；与人无争而容纳万物。水滋养万物，而不与万物发生矛盾冲突。

比赛不是争强斗胜，而是提升自我的一种途径。这正如跆拳道精神的核心：以礼始，以礼终。选手进场，首先向裁判敬鞠躬礼，比赛开始，对手相互敬礼，比赛结束后，再次相互敬礼。

奥林匹克运动会的宗旨：通过没有歧视、具有奥林匹克精神——友谊、团结和公平竞争、相互理解的体育活动来教育青年，从而为建立一个和平的更美好的世界做出贡献。口号：和平、友谊、进步。奥运会的目的就是使体育运动为人类的和谐发展服务，以提高人类尊严；以友谊、团结和公平竞赛的精神，促进青年之间的相互理解，从而有助于建立一个更加美好的和平世界。

争？还是不争？什么可以争？什么无须争？要好好思考一下。

子夏问曰:"'巧笑倩兮,美目盼兮,素以为绚兮❶。'何谓也❷?" 3.8
子曰:"绘事后素❸。"

曰:"礼后乎?❹"子曰:"起予者商也❺!始可与言《诗》已矣。"

【译文】

子夏问孔子道:"'迷人的笑容酒窝轻漾,闪亮的眼眸顾盼生辉,像在纯洁的底色上描绘出绚丽的纹彩。'这是什么意思呢?"孔子说:"先有白色的底子,再画上绚丽的彩图。"

子夏说:"那照这意思讲,礼也在后?"孔子说:"能启发我的就是你子夏啊!从现在起,我可以和你一起谈论《诗经》了。"

【释读】

❶ **巧笑倩兮,美目盼兮,素以为绚兮** 这三句诗中的前两句出自《诗经·卫风·硕人》;"素以为绚兮"不见于《诗经》原文,疑为逸句。

硕人,春秋战国时期有名的美人庄姜,春秋卫国卫庄公夫人,据称是中国历史上第一位女诗人。《诗经》里相应的诗句是这样:"手如柔荑〔tí〕,肤如凝脂,领如蝤蛴〔qiú qí〕,齿如瓠犀〔hù xī〕,螓〔qín〕首蛾眉。巧笑倩〔qiàn〕兮,美目盼兮。"(纤纤手指如荑草,白皙的皮肤似凝脂,长长的脖子像蝤蛴,洁白的牙齿似瓠犀,方正的额头弯弯的眉。迷人的笑容酒窝轻漾,闪亮的眼眸顾盼生辉。)

素以为绚,即"以素为绚"。素,白色的底子(未染色的白丝绢),本色,作介词"以"的宾语,宾语提前。以,介词,把,拿,用。在白色的底子上描画出多彩的图画,在《诗经》中,形容美人肤白貌美,气质高贵,光彩照人。

❷ **何谓也** 这是什么意思呢?这是说的什么呢?

❸ **绘事后素** 先有白色的底子,然后作画。意为,白底是本质的东西,先有本质的东西,才能画出美丽绚烂的图画,用以比喻美丽的女子,那美丽迷人的容貌其实是先有内在之美(素),然后由内而外所散发出来。推而广之,仁

义在先，而礼在后，仁义即是"素"，是底色，是本色，礼即是"文"，美丽的图画。

《礼记·礼器》："先王之立礼也，有本有文。忠信，礼之本也；义理，礼之文也。无本不立，无文不行。"（先王制定的礼，有内在的本质，也有外在的形式。忠信，是礼的内在本质；义理，是礼的外在形式、文的形式。没有内在的本质，礼就不能成立；没有外在的文的形式，礼就不能施行。）在甲骨文里，"文"象人身有花纹，本义文身，文采，花纹，后引申为装饰，修饰，绚烂多彩。（图3.8-1）

图3.8-1

❹ **礼后乎**　子夏在前一句的基础上，突然悟到一个道理，那就是本质与文饰的关系。按"绘事后于素"的思路，仁德与礼的关系就是先有仁德的素底，然后才有礼之文饰。仁德是本质，是底色，礼是文饰，是巧笑倩兮、美目盼兮，是美丽绚烂的图画，仁德在先，礼在后。所以，子夏说："礼后乎？"

❺ **起予者商也**　起，启发。予，我。孔子显然被子夏的聪明和悟性惊呆了，所以几乎是脱口而出地夸起子夏来。这可是很高的表扬了。孔子讲礼乐，估计也没想到过仁与礼的关系和画画或美人有什么联系。结果，子夏这一讲，启发了孔子。所以，孔子接着讲，"始可与言《诗》已矣"。我们可以开始谈论《诗经》啦。

**【读后】**

关于"绘事后素"，一直有两解，一是"绘事后于素"，一是"后素"。其实，无论以哪一个理解为正解，都说明一个道理，"素"是最本质的东西，是根本之所在。一件产品，如果你本来的品质不过关，无论你后期把广告做得多好，包装做得多精致，终究走不远；一个人，无论你穿上再华贵的衣服，打扮得再花枝招展，无论你使用功能多强大的美颜工具，最终，决定你高度的仍然是你的学养、教养、涵养，你的思想深度。反之，便可能只是一个"花瓶"而已。我们经常听到这样的话：这个人不说话看起来还可以，但一说话就很糟糕。

《论语·雍也篇》6.18："质胜文则野，文胜质则史。文质彬彬，然后君子。"（内在的品质胜过外在的文采，就免不了粗野朴拙；外在的文采胜过内在的品质，就免不了虚浮不实。文质相融而恰到好处，那才是君子之风。）这段话可作为本章的补充。

子曰："夏礼，吾能言之，杞［qǐ］不足征也❶；殷礼，吾能言之，宋不足征也❷。文献不足故也❸。足，则吾能征之矣。"

3.9

**【译文】**

孔子说："夏代的礼制，我能说出来，但作为夏朝后代的杞国却找不到足够的依据了；殷代的礼制，我能说出来，但宋国所延续的殷商之礼就没有足够的依据了，原因都是没有足够的文史资料和掌握历史掌故的贤人。如果历史文献和熟知历史掌故的贤人足够多，我便可以引以为证了。"

**【释读】**

❶ **夏礼** 夏代的礼制。

**杞** 杞国，西周时分封的诸侯国，夏禹的后代，故城在今河南杞县。因国家弱小，依赖别国的力量来延长国命，屡经迁移。

**征** 甲骨文"征"，从正，从彳，本义远行之路，义为远行。古"正""征"同字，军队远行谓远征。（图3.9-1）"征"在此意为验证，引以为证。与"征"相关的字："此"，甲骨文"此"从止，从人，意为人脚踏之处。许慎《说文》："此，止也，从止从匕。"（图3.9-2）"正"，甲骨文"正"从止，从口，字形为脚前进方向，表示朝向要去的地方。（图3.9-3）

图3.9-1

图3.9-2

图3.9-3

❷ **殷礼** 殷代的礼制。

**宋** 宋国，商汤的后代建立，故城在今河南商丘南。战国时为齐、魏、楚三国所灭。宋为微子所建，是孔子世家之先祖国。这也是孔子认为宋国是他的祖国的原因。

商汤灭夏后，把夏朝的王公贵族流放到杞国；殷商被周灭掉后，把殷人流放到宋国。孔子家族祖先微子最早便是流放到宋国，是宋国开国之君。因此，杞国和宋国有一个重要的功能，延续他们的祖先夏人和商人的文化和生活方式。

❸ **文献** 文，指当时的历史典籍。献，指熟知历史掌故的贤人。汉郑玄："献，犹贤也。"朱熹《论语集注》："文，典籍也。献，贤也。"（文，

典籍。献，贤人。）

**〖读后〗**

治学需要严谨，道听途说，主观臆想，断章取义，合则用、不合则弃等治学中的弊端，是当今学界经常见到的现象。

孔子站在历史的高度去求证礼制的渊源，小心翼翼地在现实考据中去甄别真伪，把不足以为证的地方明确指出来。这是不是史学界应奉为至宝的法典？

## 3.10  子曰："禘［dì］自既灌而往者❶，吾不欲观之矣。"

**〖译文〗**

孔子说："举行禘祭仪式，待第一次献酒之后，我便不想再看下去了。"

**〖释读〗**

❶ **禘** 一种隆重的大祭之礼。许慎《说文》："禘，祭也。周礼五岁一禘。"《尔雅》："禘，大祭也。"杨伯峻《论语译注》："这一禘礼是指古代一种极为隆重的大祭之礼，只有天子才能举行。不过周成王曾因为周公旦对周朝有过莫大的功勋，特许他举行禘祭。以后鲁国之君都沿此惯例，'僭'用这一禘礼，因此孔子不想看。"

**既** 甲骨文"既"，从一跪坐之人，从食器。字象人在食器前转过头去，以示食毕。本义吃尽。（图3.10-1）既，表示什么事结束后，"既往不咎"，就是已经过去的事不再追究。在甲骨文里，"即"这个字意思正好相反，甲骨文"即"，表示人在食器前就食之形，本义就食。意为正在进行之中。引申为立即，即刻，即时。（图3.10-2）

图3.10-1

图3.10-2

**灌** 古代祭祀祖先，一般用活人坐在灵位前象征受祭者，这就是所谓的"尸"。再用"郁鬯"［yù chàng］献于"尸"前，使其闻一闻酒的香气，然后将酒浇在地上。这整个过程就叫"灌"。

禘祭共向尸献酒九次，祭祀开始第一次献酒叫作祼［guàn］（灌）。

"既灌"即指第一次禘祭祭酒之后。

### 【读后】

孔子不想再看下去，一是鲁国的僭礼，前文有论述；二是感叹周礼之衰；三是对恢复周礼的忧虑与任重道远的使命感。

孔子以一己之力，试图挽救礼崩乐坏的社会，明知不可而为之，奔走呼号，死而后已。一个坚韧不拔的布道者！

**3.11** 或问禘之说❶。子曰："不知也❷；知其说者之于天下也❸，其如示诸斯乎❹！"指其掌。

### 【译文】

有人问孔子有关禘祭的事。孔子回答："我不知道。懂得禘祭的人，对于治理天下，大概也就像展示在这里一样明了吧。"说完，孔子指着他自己的手掌。

### 【释读】

❶ **或** 有人，有的人。
**禘之说** 此处解为有关禘祭方面的规矩，程序，规则，也即有关禘祭方面的事。

❷ **不知也** 不知道。孔子是真不知吗？其实，在本章中，孔子对禘祭装作不知而又强调了解它的重要性，这是对鲁君僭用禘礼的讳言和不满。

❸ **知其说者** 知道有关禘祭之事的人。懂得禘祭道理、规则的人。
**于天下** 对于治理天下。

❹ **其如** 大概就像。其，表示推测，大概，也许。

示　展示，显示，展现。其于天下事，将如看清楚自己手掌般，一切易明。

诸　"之于"合音。其中，"之"为代词，代上文"于天下"。

斯　这，这里。

**[读后]**

《中庸》："郊社之礼，所以事上帝也；宗庙之礼，所以祀乎其先也。明乎郊社之礼，禘尝之义，治国其如示诸掌乎！"（郊礼和社礼，是用来祭祀上天的；宗庙的礼节，是用来祭祀祖先的。懂得了郊社的礼制，宗庙中四时祭祀的意义，那么治理天下国家，也就像放在自己手掌上一样，可以了如指掌，很容易看清楚了！）

郊社之礼：祭祀上帝和春夏秋冬四时迎气都叫郊礼，祭祀水土神叫社礼。周代在冬至时，在南郊举行祀天的仪式，称为"郊"；夏至时，在北郊举行祭地的仪式，称为"社"。禘尝：《礼记·王制》："天子诸侯宗庙之祭，春日礿 [yuè]，夏日禘，秋日尝，冬日烝 [zhēng]。"

明白禘祭之理，也就明白治理天下之理。禘祭须上下有别，不可僭越，不可懈怠，不可不诚，治理天下也如此，所以孔子所言，是要我们看清楚、理清楚这些关系，处理好这些关系。把这些关系理清楚了，治理天下也就容易了，而为什么孔子如此重视理清各种礼制关系，也就明白了。

《孔子家语·问礼》中孔子曰："丘闻之，民之所以生者，礼为大。非礼则无以节事天地之神焉；非礼则无明辨君臣、上下、长幼之位焉；非礼则无以别男女、父子、兄弟、婚姻、亲族疏数之交焉。"（孔子说："我听说，人们赖以生存的事物中，礼制是最重要的。没有礼，就无法按照礼制规定的仪节祭祀天地神灵；没有礼，就无法区分君臣、上下、长幼的地位差别；没有礼，就无法区别男女、父子、兄弟、婚姻、亲族之间的亲疏远近关系。"）《孔子家语》这一段话，更是详细指出，要理清各种关系，把各种关系理清楚，关系到老百姓的生死存亡。这可以作为本章的旁证。

显然，面对鲁国上下僭礼乱象，孔子很生气。

**3.12**　祭如在❶，祭神如神在❷。子曰："吾不与祭，如不祭❸。"

**【译文】**

祭祀祖先,如同祖先就在眼前,祭祀神灵,如同神灵就在眼前。孔子说:"如果我不是亲自去参与祭祀,那就如同没有祭祀一样。"

**【释读】**

❶ **祭** 一般特指祭祀祖先。
**如在** 如在眼前,如在目前。祭如在,即祭祀祖先,就如祖先就在眼前。皇侃《论语义疏》引孔安国曰:"言事死如事生也。"(是说事奉死者如同事奉活着的人一样。)也就是,祭祀的原则是,事死如事生,要恭敬虔诚,如在目前。

❷ **祭神** 祭祀神灵。

❸ **与** 此处指参与,参加。

**【读后】**

《左传·成公十三年》:"国之大事,在祀与戎。"(国家的大事,就在祭祀和战争。)祭祀排第一,是说一个国家,必须知道自己的祖先是谁,必须明确自己的文化传统,也就是要明白"我是谁,我从哪里来"的问题,这样,才能对老百姓产生凝聚力,才能延续、传承民族精神,发扬光大文化传统。政权可以亡,民族精神、民族文化不可以亡。

无论如何理解本章,其实需要把握一个原则,这就是祭祀须恭敬虔诚而不轻漫随意,这就是要保持一种态度——"如在",如在目前,与神灵祖先心灵相通,真心对待祖先和神灵。这才符合孔子的一贯主张。

"如在"是一种态度,它是虔诚,是真心,是恭敬,是敬畏。而这一态度,又岂止仅仅在祭祀之中?在我们的生活中、工作中、家庭中,哪里又不需要呢?

也鉴于此,我们可以从一个新的角度去理解"祭如在"。根据孔子及当时对祭礼的重视,孔子对祭祀有相当的原则性,而这个原则即是"如在",如在目前,"事死如事生"。要达到"如在",须有诚心。无真诚之心,在也是不在,视而不见,心不在焉。所以,"祭如在,祭神如神在",我们是不是可以这样去理解：祭祀的原则是"如在"，进一步说，祭祀神灵就如同神灵就在眼前，我们必须恭敬真诚。先说祭祀的原则，接着进一步说明，这个原则的意思就是"祭神如神在"。这样理解，前后文意似乎更为通顺合理。

德国哲学家雅斯贝尔斯认为，公元前800年至公元前200年这一时期是人类文明的"轴心时代"。在"轴心时代"，世界各地不约而同出现了一批智者。中国的孔子、老子、庄子、墨子等，印度的释迦牟尼，古希腊的苏格拉底、柏拉图、德谟克利特等等。有趣的是，古印度的释迦牟尼，叫"如来"。"如来"是什么？在佛教经典《金刚经》里是这样说的："如来者，无所从来，亦无所去，故名如来。""如来"字面意思是就像来了，但是又说就像，就是没来。所以"如来"即在一切处，又不在一切处，即在一切时，又不在一切时，即在一切物，又不在一切物。在佛法里，"如"是真如，是代表实相空性，因为没有文字可以描述实相状态，就用一个"如"字来表示，不知从何而来，也不知去向何方，无可名，不可道，来无踪，去无影。

我们经常讲"逃不出如来的手掌心"，如来广大无形而又无所不在，你怎么逃得出去呢？而孔子说的"如在"，"如"也是好像，是与不是，是一种如在目前的感知，看不见，摸不着，所以便是"如"，好像，宛如，似在非在；而"在"，又即是实实在在的存在，有点像佛法里的"实相"之意。这是一种宗教般的精神，要求我们真诚，虔诚，敬畏，恭敬。所以，我把"如在"理解为一种"宗教般的祭祀原则"，即"如在"的原则，如在目前的原则。

释迦牟尼和孔子都是东方圣人，也许他们在看待宇宙万物时的眼光是相似的。也许，他们之间，在冥冥之中就心意相通。"如来""如在"，是不是也可以作如是观呢？

遍观各种版本的解注，似乎都在努力把文意理顺，为此，大多学者把祭与祀分开来解，即，祭为祭祖先，祀为祭神灵，把"与"理解为"参与"或者"赞同"，但整体看，通篇译注下来，总觉缺少文意的顺畅，显得生硬、牵强、艰涩。但如果从我们的角度来看，"祭如在，祭神如神在"这一句话，就好理解了。（图3.12-1：如在）

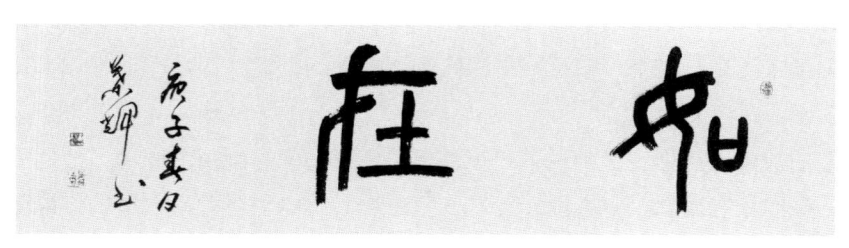

图3.12-1

**3.13** 王孙贾❶问曰："与其媚于奥，宁媚于灶❷，何谓也？"子曰："不然；获罪于天，无所祷也。"

[译文]

王孙贾问孔子："与其向奥神献媚，宁可向灶神献媚，这话是什么意思呢？"孔子说："不是这样。如果你得罪了上天，那祈祷什么神也没有用。"

[释读]

❶ **王孙贾** 卫灵公的大臣。《太平御览》引郑玄注："王孙贾自周出仕于卫。"《宪问篇》14.19："王孙贾治军旅。"

❷ **媚** 奉承，谄媚，巴结。
**奥** 屋内西南角叫奥，为室内尊位，是一家尊者所居，古人认为此处有神，是祭神的方位。这里是指屋内西南角的神位。
**灶** 炉灶，用来烹煮食物或烧水。从夏代就以灶为神，称"灶君"，为"五祀"之一，即老百姓所说的"灶王爷"。旧俗，阴历腊月二十三（或二十四），烧纸马，供奉饴糖，送灶神上天，谓之"送灶"；腊月三十（除夕），又迎回来，谓之"迎灶"。灶神地位虽较低，但上可通天，决定人的祸福，故当时人们的俗话才说"宁媚于灶"：祭祀神明时首先要奉承巴结的是灶神。

[读后]

这一段话是孔子周游列国，在卫国发生的事。孔子到卫国后，卫国的君王是卫灵公，卫灵公的夫人南子，是一个漂亮却名声不太好的女人，她要求和孔子见面。孔子当时左右为难，颇有一番挣扎（在后面的6.28、15.1、15.7、15.12，我们陆续会讲到相关的事情）。

杨伯峻《论语译注》中说："王孙贾和孔子的问答都用的比喻，他们的正意何在，我们只能揣想。有人说，奥是一室之主，比喻卫君；又在室内，也可以比喻卫灵公的宠姬南子；灶是王孙贾自比。这是王孙贾暗示孔子，"你与其巴结卫公或者南子，不如巴结我"。因此孔子答复他："我若做了坏事，巴结也没有用处；我若不做坏事，谁都不巴结。"又有人说，这不是王孙贾暗示孔子的话，而是请教孔子的话。奥指卫君，灶指南子、弥子瑕，位职虽低，却有权有势。意思是说："有人告诉我，与其巴结卫君，不如巴结有势力的左右像南子、弥子瑕。你以为怎样？"孔子却告诉他："这话不对；得罪了上天，那无所用其祈祷，巴结谁都不行。"我以为后一说比较近情理。

其实，不管出于什么原因，王孙贾都是给孔子出了一个两难选题。但孔子没有跳进王孙贾的套路，因为，无论是媚奥神，还是媚灶神，都是"媚"。"媚"是奴性，是无法主宰自己的命运的人对强势者的卑贱的屈从与逢迎，是社会地位卑下者人格与道德的堕落。在孔子看来，君子之所以能坦荡，就是因为他仰无愧于天，俯不怍（zuò，愧对，惭愧）于人。所以孔子直言"不然"。这也暗示孔子无愧于天，所以不必祷的态度。

## 3.14 子曰："周监［jiàn］于二代❶，郁郁乎文哉❷！吾从周❸。"

### 译文

孔子说："周代的礼乐制度是借鉴了夏、商两代制度而制定出来的，多么丰富多彩，蔚为大观啊！我遵从周朝的礼乐制度。"

### 释读

❶ **监** 在此音义通"鉴"。甲骨文"监"，从人，从目，从皿，字象一人跪坐于皿中之水前，俯视照面形。本义俯视。朱熹《论语集注》："监，视也。"通"鉴"，照镜子，引申为借鉴，总结历史上的经验教训。本章即用此义。（图3.14-1）

图3.14-1

**二代** 即夏、商两个朝代。朱熹《论语集注》："言其视二代之礼而损益之。"（是说周朝根据夏、商两个朝代的礼制，或增补，或删减，用以作为周代的礼制。）

❷ **郁郁乎** 本指草木茂盛的样子，也指香气浓郁，在此指文采繁盛、文采斑

斓、丰富多彩的样子，形容内容丰富，蔚为大观。乎，在形容词后，加强形象化色彩，表示"……的样子"。

**文** 文采，在此指周代的礼制内容丰富多彩。

❸ **从** 甲骨文"从"，有两种写法，我们前面已有了解。从、從，字象二人在路上行走，有跟从之义，本义是随行。许慎《说文》："從，随行也。"在此指遵从，推崇，崇尚。（图3.14-2）

图3.14-2

**【读后】**

本章是孔子对周代文化的一个整体认识和评价。孔子认为，夏、商、周三代的文化是在有增有减的过程中继承、延续、发展的，周代礼乐文明并非全然新创，而是在夏、商两代的基础上有所增减、有所借鉴之后的集大成，也正因为如此，所以周代的礼乐制度才能"郁郁乎文哉"，一派繁荣昌盛、欣欣向荣的气象。所以，孔子极为向往之。

传承，创新，是一个千古话题。没有传承，就是无源之水，无本之木；没有创新，就会因循守旧，墨守成规，缺少生命力，终将被时代淘汰，所以需要与时俱进。

## 3.15

子入太庙，每事问❶。或曰❷："孰谓鄹［zōu］人之子知礼乎❸？入太庙，每事问。"子闻之，曰："是礼也❹。"

**【译文】**

孔子进入周公庙助祭，遇到每一件事都要弄清楚。有人说："谁说鄹人叔梁纥［hé］的儿子懂礼呢？他进入太庙，每件事都要问。"孔子听到这话，说："这就是礼啊。"

**【释读】**

❶ **太庙** 古代开国的君主叫太祖，太祖的庙叫太庙。周公（姬旦）是鲁国最初

受封的君主，鲁国的太庙也就是周公庙。

❷ **或** 不定代词，有人，有的人。

❸ **鄹** 也写为陬，地名，今山东曲阜市东南一带，孔子的出生地。《史记·孔子世家》："孔子生鲁昌平乡陬邑。"孔子父亲叔梁纥曾在鄹邑做过大夫，"鄹人"便借指叔梁纥。

**[读后]**

孙钦善《论语本解》说："孔子素以知礼闻名，故入太庙每事问引起人们的怀疑，其实这是对周公庙祭礼敬重的表现……孔子之所以对周公庙的祭礼敬重之至，是因为这里的礼最为纯正，而鲁国的群公庙则多僭礼，不足为法。"这段话可以大体解释孔子为何要"每事问"。

当有人质疑孔子"每事问"时，孔子只回答了三个字"是礼也"，孔子言下之意，知之为知之，不知为不知，不以不知为耻，不懂就问，这就是礼啊。为什么说到太庙每事问就是不知礼？显然，孔子的回答是站在另一个高度。人们一般认为，你进入太庙，什么都要问，这哪是懂祭礼呢？但孔子的看法却不同，懂礼，不仅仅是明白祭礼的每一个环节，包括祭祀的每一个器物，不懂就问，知之为知之，承认自己不懂的，而且虚心请教，弄懂每一件事，这也正是"懂礼"的表现。大胆承认自己不懂，虚心向人请教，这是需要一个人的坦诚和勇气的。

《吕氏春秋·孟夏纪》："无丑不能，无恶不知。"（不要把"不能"看作羞耻，不要把"不知"当成耻辱。就是不要把不会做看作羞耻，也不要把不知道当成耻辱。）"多问"，这是一个大学问。现在，我们已经很难遇到"多问"的人了，现代人不少自以为是，把碎片信息当文化。

有人认为，把这一章用到企业管理中去，正好契合"不要信任要确认"的管理理念。他们认为，孔子入太庙，每事问就是事事确认不错的头脑风暴。

## 3.16

子曰："射不主皮❶，为[wèi]力不同科❷，古之道也❸。"

【译文】

孔子说:"射箭不以能否穿透箭靶为主,因为射箭的人力气不在同一个级别,这是自古以来的射礼规则。"

【释读】

❶ 射  古代"射"分两种,一为礼射,一为军射。孔子此处所言为礼射。"射"为六艺之一,即礼、乐、射、御、书、数"六艺"之一。

主  以为主,着重。《学而篇》:"主忠信。"又《八佾篇》:"射不主皮。"《孙子·九地》:"兵之情主速。"

皮  箭靶。古代箭靶叫"侯",有用布做的,也有用皮做的,当中画着各种猛兽或者别的东西,最中心叫作"正"或者"鹄"。孔子所讲的射应该是演习礼乐的射,而不是军中的武射,因此以中不中为主,不以穿破皮侯与否为主。

❷ 为  因为。

同科  同等,同类。不同科即不同等,不同级别。每个人的力量不在同一级别,每个人的力量不同等。

❸ 道  此处指规矩,规则。自古以来的比箭规则。

【读后】

相传孔子孔武有力,但孔子却不主张使用武力,他是一个尚德不尚力的人。春秋时代,各国诸侯打来打去,恰恰是尚力不尚德。孔子很不以为然,所以说这话是有言外之意。(参见3.7)

《荀子·富国》:"君子以德,小人以力。"君子靠的是德行,小人靠的是拳头。荀子这句话,是最完美的注脚。

## 3.17

子贡欲去告朔[shuò]之饩[xì]羊❶。子曰:"赐也❷!尔爱其羊,我爱其礼❸。"

### 【译文】

子贡想取消每月初一告朔仪式宰杀活羊这一礼仪环节。孔子说:"子贡啊!你舍不得那只羊,我舍不得那个礼。"

### 【释读】

❶ **去** 舍去,取消,免除;离开(某地)。与今天"来去"的"去"的意义有别。

**朔** 阴历的每月初一日;另指拂晓,天刚亮时,又指北方。告朔,是当时的一种制度。按杨伯峻《论语译注》之说,"告朔饩羊"是古代的一种制度。每年秋冬之交,周天子把第二年的历书颁给诸侯。这历书包括那年有无闰月,每月初一是哪一天,因此叫"颁告朔"。各国诸侯接受这一历书,藏于祖庙,每逢初一,便杀一只活羊祭于祖庙,然后回到朝廷听政。这祭庙叫作"告朔",听政叫"视朔",或"听朔"。到子贡的时候,每月初一,鲁君不但不亲临祖庙,而且也不听政,只是杀一只活羊"虚应故事"罢了,告朔之礼流于形式,所以子贡认为不必要留此形式,不如干脆连羊也不杀了。孔子却认为,尽管这是残存的形式,也比什么也不留好。

**饩羊** 饩,贡献,赠予。饩羊即祭祀时宰杀的活羊。

❷ **赐** 端木赐。

❸ **尔** 你。

**爱** 爱惜,心疼,可惜,吝惜。

### 【读后】

在礼崩乐坏的时代,鲁国国君已经不再亲自去祖庙举行告朔之礼。子贡的想法是,既然一切都只剩下一个有名无实的空洞形式,那还不如简单些,干脆取消这种仪式,还可以少杀一只羊。但孔子显然看到的是更深层次的另一面,那就是,看似可有可无的空洞形式,其实代表的是一种传统礼制和文化,虽然现在已经名存实亡,失去了原本的意义,但是,作为一种文化遗存,一种周朝留存下来的礼制,还是有必要保留下来的。如果连这一形式都取消了,那这种礼制就真的消亡殆尽，不复存在了。在孔子看来，如果连这空洞形式都没有了，礼制也就没有了，而礼制所承载的民族精神和文化也就消亡了。所以，孔子说，子贡看到的是一只羊，而我看到的是一种礼——文化和精神传承。

显然，孔子所见，深透而悠远，而子贡所见，只是表面和眼前。这同时，也透出孔子对礼崩乐坏的一丝失望和隐忧。

3.18

子曰："事君尽礼❶，人以为谄也❷。"

【译文】

孔子说："事奉国君，一切按照礼制尽心尽力去做，世人却认为这是谄媚之举。"

【释读】

❶ **事** 事奉，服务于。
**尽礼** 尽，竭尽，竭力。礼，礼制。即按照礼制尽心尽力去做，遵照礼制的要求去尽力做好。

❷ **以为** 以（之）为，认为这样做是谄媚之举。
**谄** 谄媚。

【读后】

本篇前面几章，集中反映当时鲁国礼崩乐坏的混乱局面，"三家"事事僭越，以天子自居，目中已无国君存在，行为无礼。也正因为此，所以，在这些人眼里，孔子还事事处处尽礼事奉国君，这是谄媚之举。

尽礼不是谄，过礼才是谄。尊重他人，并非就是巴结他人，而不巴结他人，更不是一定要处处与他人对着干。《礼记》中有一句话："卑己而尊人，小心而畏义。"谦卑地尊重他人，谨慎地维护道义，一切按照礼制行事，便会多一分谦卑，少一分傲慢。

## 3.19

定公❶问:"君使臣,臣事君,如之何❷?"孔子对曰:"君使臣以礼,臣事君以忠❸。"

**【译文】**

鲁定公问孔子:"国君任用下臣,下臣侍奉国君,应该怎么做?"孔子回答说:"国君按照礼制任用下臣,下臣以尽忠职守来事奉国君。"

**【释读】**

❶ **定公** 鲁国国君,姬姓,名宋,鲁襄公之子,昭公之弟,继昭公而立,在位十五年(公元前509年—前495年),"定"是其谥号。孔子约在定公九年至十二年期间担任过司寇并协助处理国相事务。当时下臣僭礼,礼崩乐坏,鲁定公深感忧虑和憎恶,所以问孔子。

❷ **使** 使用,使唤,任用,差使。
**事** 侍奉,服务。
**如之何** 怎么办,怎么做,怎么样。

❸ **忠** 尽职尽责,尽心竭力。

**【读后】**

此章并非提倡臣下的愚忠,孔子恰恰是偏重于对君王有所要求,这就是"使臣以礼",这是"臣事君以忠"的前提条件,这也是孔子一贯的政治主张。

"君使臣以礼,臣事君以忠",这是孔子心目中理想的君臣关系。孔子从来没有提倡君王可以随便对待臣下、臣下盲目服从君王。"君君,臣臣,父父,子子",也是说君要有君的样子,臣要有臣的样子。孟子更是明确提出:"君之视臣如手足,则臣视君如腹心;君之视臣如犬马,则臣视君如国人;君之视臣如土芥,则臣视君如寇仇。"(君主如果把臣下当作手足,臣下就会把君主当作心腹;君主如果把臣下当作犬马,臣下就会把君主当作路人;君主如果把臣下当作尘土草芥,臣下就会把君主当作仇敌。)

在这一章里，孔子把君臣关系说得很明白，这就是，国君对下臣要以礼制来任用，而不是感情用事，任人唯亲；而下臣待君，要尽到忠心，尽忠职守，不能僭越礼制。这就在告诉我们，君臣之间，其实就是一个礼制关系，各自把握好这种关系，才能治理好国家，而不会君不君，臣不臣，礼崩乐坏。孔子在上一章说了半句话，在这里，孔子其实是在补充说明，国君以礼事臣，做臣子的，也当以忠相报，这是相互的关系。如果做下臣的，只是要求国君以礼相待，而你却不报之以忠，这就是无礼，这就是乱臣。君王要做好，下臣也要做好，所以，不是谄媚与否的问题，而是君臣双方有没有做好自己，有没有做到"君使臣以礼，臣事君以忠"。

所以，尽礼事君，不是谄，而是在做自己应该做的。孔子言下之意，说尽礼事君是谄媚的人，你们是在按礼制做好下臣吗？

子曰："《关雎〔jū〕》❶，乐〔lè〕而不淫，哀而不伤❷。"   3.20

【译文】

孔子说："《关雎》诗，快乐而不放纵，哀伤而有节制。"

【释读】

❶ **《关雎》**　《关雎》为《诗经》开篇第一首诗，主题是描写青年男女爱情。因首句为"关关雎鸠，在河之洲"，故名。雎鸠是一种水鸟，"关关"是形容雎鸠的鸣叫声。

❷ **乐而不淫**　即快乐而不放纵。乐，快乐，欢乐。淫，泛滥，过度，无节制，过分而失当。

**哀而不伤**　哀，悲伤，哀愁。伤，悲痛欲绝而伤及身体。哀而不伤，即哀伤而有节制。《子张篇》19.14：子游曰："丧致乎哀而止。"皇侃《论语义疏》引孔安国曰："乐而不至淫，哀而不至伤，言其和也。"（快乐却不放纵，哀伤却不悲痛欲绝，这是指它的中庸原则。）什么是和？《中庸》曰："喜怒哀乐之未发谓之中，发而皆中节谓之和。"就是我们常说的，过犹不及。朱熹《论语集注》："淫者，乐之过而失其正者也；伤者，哀之过而害于和者也。"（淫，就是快乐过度而失于恰当；伤，就是哀痛过度而有损中和。）

【读后】

乐而不淫，哀而不伤，怨而不怒，构成了中国人性格中温和中庸、温柔敦厚的底色。余秋雨说："君子之道和中庸之道，是儒学的灵魂所在，也是中华文化的灵魂所在。"

有一个词叫"毁不灭性"，或者"毁不危身"。怎么悲哀也不能悲哀到死去，或者说，怎么哀伤也不能毁掉你的本性。

我们来看一首诗，唐代孟郊《登科后》诗：

昔日龌龊不足夸，今朝放荡思无涯。
春风得意马蹄疾，一日看尽长安花。

意思是：过去的卑贱肮脏，命运蹉跎不足以拿来炫耀，而今金榜题名，扬眉吐气，可以尽情欢畅，自由放荡。春风如此温暖和畅，连马儿也欢快无比，此时正是长安花团锦簇的时候，快马扬鞭，我且一口气赏遍长安的美景。

诗人扬扬得意，心花怒放，神采飞扬，仿佛一张得意的脸就在我们眼前晃悠。孟郊曾两次落第，好不容易，在他46岁时进士及第，所以是按捺不住的狂喜之情，几乎近于疯狂的地步。这反映了科举制度下的文人，一旦及第，那就一步登天，人也就无法做到斯文。清朝吴敬梓《儒林外史》中有名的"范进中举"，更是把这种心态写到极致。我们来看看：

范进不看便罢，看了一遍，又念一遍，自己把两手拍了一下，笑了一声，道："噫！好了！我中了！"说着，往后一跤跌倒，牙关咬紧，不省人事。老太太慌了，慌将几口开水灌了过来。他爬将起来，又拍着手大笑道："噫！好！我中了！"笑着，不由分说，就往门外飞跑，把报录人和邻居都吓了一跳。走出大门不多路，一脚踹在塘里，挣起来，头发都跌散了，两手黄泥，淋淋漓漓一身的水。众人拉他不住，拍着笑着，一直走到集上去了。

这就不符合孔子的"乐而不淫"，快乐得过度了。

## 3.21

哀公问社于宰我❶。宰我对曰:"夏后氏以松❷,殷人以柏,周人以栗,曰,使民战栗❸。"子闻之,曰:"成事不说,遂事不谏,既往不咎[jiù]❹。"

**【译文】**

鲁哀公向宰我询问有关社主牌位的事。宰我回答说:"夏代是用松木,殷代用柏木,周代用栗木,用栗木的含义就是让老百姓畏惧。"孔子听说后,说:"已经做了的事不再评说,已经做成的事不再劝阻,已经过去的事不再追究。"

**【释读】**

❶ **宰我** 名予,字子我,孔子早年弟子。
**社** 哀公所问的"社",是指给土地神设立的木头牌位。按杨伯峻《论语译注》注解,土神叫社,不过鲁哀公所问的社,从宰我的答话中可以推知是指社主而言。古代祭祀土神,要替他立一个木质的牌位,这牌位叫主,而这一木主,便是神灵之所凭依。如果国家有对外战争,还必须载着这一木主而行。

❷ **夏后氏** 本是部落名,相传禹是部落领袖。后世指夏朝的人,就称"夏后氏"。
**以** 用。

❸ **战栗** 因恐惧、紧张而颤抖。

❹ **成事** 已经做了的事。
**说** 评说,评论,解释,批评,评判。
**遂事** 已经做成的事。今有"未遂"一词,即指没有达成、达到。
**谏** 劝阻,挽救。
**既往** 已经过去的事。
**咎** 追究,归罪,责怪。

[读后]

　　宰我在回答鲁哀公的话时，对夏代、殷商都是客观陈述，未加评说，唯独在说到周代时，却加了一句，"使民战栗"。有人说这是暗中鼓励鲁哀公启杀伐之举，干掉他的心腹大患"三桓"之家，以使老百姓心生恐惧。宰我是一个聪明绝顶的人，被列为孔子弟子"孔门十哲"之一，"孔门十三贤"之一。但是，宰我的毛病也不少，多次被孔子责骂，而且骂得很难听。后面我们会学到孔子骂他的一章。鲁哀公作为一国之君，不可能不知道社主牌位是怎么回事，之所以问，只是"托于社者，有意于诛也"，而宰我以他的聪明，一听就明白，所以也用隐晦的话回答鲁哀公，他们看似都在说暗语。但问题是，孔子听到这件事之后，却连说了三句话，用语干脆简短，直截了当，从中能感觉到对宰我的不满。孔子为什么会对宰我的话不满？

　　我们仔细读孔子的三句短语：已经做了的事不再评说，已经做成的事不再劝阻，已经过去的事不再追究。注意，三句话里面，没有一句是批评宰我说的话不正确，相反，孔子其实是赞同宰我所说的话的，但是，过了的事情，既成的事实，不要再去评说，追究。言下之意，你说的都对，但不应该你去说。孔子批评宰我，其实是批评他在一国之君面前"失言"。

　　孔子对周代集大成所形成的各种制度是非常景仰崇拜的，前面我们学过。孔子明确赞美周代的成就，"郁郁乎文哉！吾从周。"孔子在礼崩乐坏的当下，一直努力教导人们回归周制，遵循周礼，几乎到了苦口婆心的地步。但是，孔子对周武王又并非全然赞同。我们在下面马上会学到，孔子对两支乐舞的评说中，便透露了孔子对武王举讨伐之师而取天下是有看法的。在孔子心目中，不动杀伐而平天下是最理想的。

　　但是，纵然如此，由于栗树是周武王所选，宰我对鲁国国君直说武王选栗之意是要"使民战栗"，等于当着鲁哀公的面批评武王，明显带有政治立场或观点，而且，你一个小书生，居然不知时，不知势，暗示一国之君启杀伐之心，这危及社稷的话，简直就是胡言乱语，不知天高地厚。所以，这是严重的"失言"。《卫灵公篇》15.8：子曰："可与言而不与之言，失人；不可与言而与之言，失言。知者不失人，亦不失言。"看来，宰我是没听到老师这句话。

## 3.22

子曰："管仲之器小哉❶！"
或曰："管仲俭乎❷？"曰："管氏有三归，官事不摄，焉得俭❸？"

"然则管仲知礼乎？"曰："邦君树塞［sè］门，管氏亦树塞门。邦君为两君之好［hǎo］，有反坫［diàn］，管氏亦有反坫❹。管氏而知礼，孰不知礼❺？"

**【译文】**

孔子说："管仲的器量很狭小啊！"

有人问："管仲节俭吗？"孔子说："管仲有三处府第，家臣一人一职，怎么算得上节俭呢？"

"那么，管仲是个知礼的人吗？"孔子说："国君在大门外立有照壁，管仲也立有照壁。国君为了跟友邦国君宴饮，筑有放置酒具的土台子，管仲也建有这样的土台子。像管仲这样如果都叫知礼，还有谁不知礼？"

**【释读】**

❶ **管仲** 约公元前723年—公元前645年，姓管，名夷吾，字仲，谥敬，故又名管敬仲。春秋初期有名的政治家、经济学家、哲学家、军事家，春秋时期法家代表人物，周穆王的后代。帮助齐桓公成就春秋五霸第一霸主。齐僖公三十三年（公元前698年），开始辅佐公子纠。齐桓公元年（公元前685年），得到鲍叔牙推荐，担任国相，并被尊称为"仲父"。任职期间，对内大兴改革、富国强兵，对外尊王攘夷，九合诸侯，一匡天下，最终辅佐齐桓公成为春秋五霸之首。后世尊称为"管子"，誉为"法家先驱""圣人之师""华夏文明保护者""华夏第一相"。孔子对管仲有褒有贬，一分为二。在这里，他对管仲的一些做法提出了批评。

**器** 器量，气量，度量，胸襟。钱穆说："识深则量大，识浅则量小。故人之胸襟度量在其识……管仲器小，由其识浅，观下文可知。"

❷ **俭** "俭"大体有以下几个含义：1.节省，不浪费，与"奢"对应；2.约束，不放纵；3.贫乏，歉收。"俭"从表层意义上是节俭，不浪费。但我们往往忽略另一深层含义，这就是欲望之"俭"、贪念之"俭"。不要有太多欲望，不要有太多的贪念。老子说他有三宝：曰慈，曰俭，曰不敢为天

108　细读论语·上册

下先。诸葛亮《诫子书》："静以修身,俭以养德。"茶有四德:清、静、俭、和。许慎《说文》:"俭,约也。"孔子在本篇3.4说:"礼,与其奢也,宁俭。"奢与俭对应。《周易·否卦》《象》曰:"君子以俭德辟难,不可荣以禄。"(君子应该含藏收敛以避危难,不可荣显而贪于禄位。)

❸ **三归**　关于"三归",众说纷纭,五花八门。

第一种解释:娶了三国之女。古礼,诸侯国国君一娶三国九女,大夫婚不越境,管仲是齐国大夫,却也娶三国之女。——所指应为僭礼。

第二种解释:"市租"(收税),把十分之三的税收归为己有,虽是君王所赐,合法。——所指应为贪或富。

第三种解释:三处藏钱的府库(金库)。——所指为富有。

第四种解释:"归"同"馈",古礼天子四荐(无牲而祭曰荐,荐而加牲曰祭),诸侯三荐,桓公许管仲家祭用三牲之献,于是管仲成为特权阶层。——所指为僭礼。

第五种解释:三处府第,即三处房产,三个家。——所指为奢。

以上五种说法,是"三归"的五种解注,但是在这一章里,到底应该取哪一义呢?杨伯峻《论语译注》取"市租",就是收税之义,并用了很长的文字来佐证他的观点。那么,到底是不是该取"市租"之义呢?

根据这一章的具体语境来看,孔子是要回答"管仲俭乎",就是管仲是不是节俭,是不是俭朴。我们说,"俭"基本的对立面是"奢"。那么"三归"的含义里,第一条指向的是僭礼;第二条指向的是贪或富;第三条指向的是富有;第四条指向的和第一条相同,是僭礼;而第五条指向的是奢,三处府第,也就是有三处府第可归,三个可归之家。在今天,我们说有几套房,可能其指向的是富,但在这一章的语境中,房产之多,指向的是"奢"。而"奢"与"俭"相对立,正好回答了管仲是不是俭的问题。所以,在这里,"三归"之义宜取"三处府第"之义而不是"市租"。

我们还可以举出其他例子。《韩非子·外储说左下》:"管仲相齐,曰:'臣贵矣,然而臣贫。'桓公曰:'使子有三归之家。'"(管仲任齐国的宰相,他说:"我地位显贵了,但很贫穷。"齐桓公说:"让你有三归之家吧。")清代俞樾《群经平议》引《韩非子》此句后说:"《韩非子》先秦古书,足可依据。先云'置鼓而归',后云'家有三归',是所谓归者,即以管仲言,谓管仲自朝而归,其家有三处也。"(《韩非子》是先秦时期的书籍,足以作为依据。文中先说"置鼓而归",后说"家有三归",

这个所谓的"归",就是指管仲从朝中回家,而他的家有三个地方。)综上,"三归"之义也就明白无误了。

**官事不摄** 官事,官府的行政事务。摄,兼职,兼任。比如我们曾讲到孔子56岁做大司寇的时候,"行摄相事"——兼任国相之职的事务。当时,大夫的家臣,都是一人兼数事,既不浪费人才,也节省了开支。但管仲却设置众多职能部门,而且一人一职一事,这就是浪费。

**焉得俭** 焉,哪里,怎么。哪里能谈得上是俭,怎么能说得上是俭。有三处可归之家,可谓奢侈,家臣众多而一人一职一事,可谓浪费。如此,管仲何俭之有!

❹ **邦君** 国君。

　**树** 树立,建立,建造。

　**塞门** 即照壁。塞,间隔,阻挡视线。

　**好** 友好,亲善。两君之好,两国君王的友好往来。

　**有** 设置,此处为筑有。

　**反** 通"返",放回。

　**坫** 放置酒具的土台子,类似今天的吧台,便于喝酒之后放回酒杯。春秋时代有一种酒杯叫爵,这么大的杯子,是要有一个专门的吧台才方便放置酒杯。(图3.22-1)

❺ **而** 表假设的连词,假使,假如,如果。

图3.22-1

**▎读后▎**

　　其实,孔子对管仲的评价主要还是赞许,这从后面相关章节中可以看出。但是,纵有丰功伟绩,也不能功高盖主,逾越礼制,不讲规则。在这一章中,孔子对管仲的批评集中在两点:不知俭;不知礼。这两点,切中为官者的要害之处。

　　不知俭,便不知收敛,正如《周易》中所言:"君子以俭德辟难,不可荣以禄。"追求浮华奢靡,贪图享乐,是腐败的温床。孔子一语中的,切中要害。

　　不知礼,便不能守规则,不能按原则行事,尤其是有一定功绩的人,往往居功自傲,为所欲为,置国家集体利益于不顾,成为祸国殃民的害群之马。

## 3.23

子语鲁大[tài]师乐[yuè]❶，曰："乐[yuè]其可知也❷：始作，翕[xī]如也❸；从之，纯如也❹，皦[jiǎo]如也❺，绎[yì]如也❻，以成❼。"

**【译文】**

孔子给鲁国太师讲音乐演奏的规律，孔子说："音乐演奏的规律是可以知道的。开始演奏时，激越昂扬，热烈宏大，令人振奋；接下来，和谐而婉转，悠扬而纯粹，如泣如诉，如歌如慕；再接下来，主题进一步展现，乐调明快清晰，酣畅淋漓，如朗月凌空，如清风拂面，如波涛滚滚，如山峦起伏，一切都如此壮阔而明晰。最后，经过高山峡谷而进入一马平川，天朗气清，惠风和畅，悠扬的乐曲袅袅不断，缠缠绵绵，不绝如缕。这样，一首乐曲便演奏完成。"

**【释读】**

图3.23-1

❶ **语** 对……说，告诉。

**大师** 即太师，主管音乐的官员。

**乐** 音乐，此处指音乐的原理，道理。"太师""乐"为双宾语——直接宾语和间接宾语。甲骨文"乐"，从丝，从木，丝为弦，字象木上之弦，为古乐器，琴瑟之形。本义为琴。（图3.23-1）

❷ **其** 表估量、推测的副词。大概，或许，大约，似乎，恐怕。

❸ **作** 这里指演奏。

**翕如** 翕，许慎《说文》："翕，起也。"《广韵·缉韵》："翕，盛貌。"如，同"然"，……的样子。翕如，激越昂扬，场面热烈，令人为之一振，先声夺人。——乐曲的引子，前奏。

❹ **纯如** 和谐而婉转，悠扬而纯粹，如泣如诉，如歌如慕。如画卷缓缓展开，如云团舒卷自如。——如奏鸣曲的呈示部。《王力古汉语字典》释"纯"前两义项，一为蚕丝；二为精，无杂质的。并引用《周易·乾卦》："刚健正

中，纯粹精也。"《周易·乾卦·文言》原文为："大哉乾乎，刚健中正，纯粹精也。"（陈鼓应、赵建伟《周易今注今译》注释此句为："伟大的乾天，刚强劲健适度信实，纯阳不杂精妙至极。"）

❺ **皦如** 皦，清晰明了。乐曲层次分明，主题明了，依次呈现，酣畅淋漓，如朗月凌空，如清风拂面，如波涛滚滚，如山峦起伏，一切都如此壮阔而宏大，直逼眼前。——如奏鸣曲的展开部。

❻ **绎如** 绎，仿佛在抚今追昔，又仿佛甜蜜的回忆，缠缠绵绵，余音袅袅，不绝如缕。——如奏鸣曲的再现部。

❼ **以成** 即乃成，而成。成，此处指完成，演奏完毕——奏鸣曲的尾声。

[读后]

孔子所描述的，完全是音乐的一个曲式——奏鸣曲的结构形式。

奏鸣曲为三段式结构，即呈示部、展开部、再现部。呈示部前可以有一个引子，再现部后可以有一个尾声。我们熟悉的小提琴协奏曲《梁山伯与祝英台》就是典型的奏鸣曲式结构，分别以"草桥结拜""英台抗婚""坟前化蝶"三个主要情节作为乐曲的呈示部，展开部，再现部内容。音乐和文章一样，不能平铺直叙，而要一唱三叹，一波三折，曲径通幽。所以，孔子所言，是音乐演奏的一般原则，也是我们写文章、讲故事的一般原则。

王夫之，又叫王船山，是明清时期有名的思想家，他在《读四书大全说》里曾说："孟子七篇不言乐，自其不逮处，故大而未化。唯其无得于乐，是以为书亦尔。"王夫之觉得，孟子在他的所有论述里面，没有谈到过音乐，所以终究不能胜于孔子，虽鸿篇巨制，却未臻于化境，终是一大憾事。在所有研究孔子的后代巨子之中，王夫之此一说，简直是一个大大的亮点，值得关注，玩味。

艺术不是小资情调，审美不是怡情悦性，而是生命的质量，灵魂的高贵。德国哲学家海德格尔说："人当诗意地栖居。"木心说："没有审美力是绝症，知识也救不了。"余秋雨说："美，不是外在点缀，而是人性、人情的精选形式。在社会上，政治和经济是在争取生命的强大和自尊，而美，则在争取生命的品质和等级。"德国18世纪著名的诗人、哲学家、启蒙文学代表人物席勒说："只有打开美的曙光之门，你才能领略认识的自由王国。"本章看似在谈音乐的结构，其实，这是在谈音乐的审美。《述而篇》7.14：子在齐闻《韶》，三月不知肉味，曰："不图为乐之至于斯也。"这是最好的印证。

## 3.24

仪封人请见❶，曰："君子之至于斯也，吾未尝不得见也❷。"从者见之❸。出曰："二三子何患于丧［sàng］乎❹？天下之无道也久矣❺，天将以夫子为木铎［duó］❻。"

**译文**

仪地的封疆长官请求拜见孔子，他说："凡是君子来到这里，我没有不去拜见的。"于是，孔子的随行弟子领着他去拜见孔子。这个长官与孔子见面之后，出来对孔子的弟子们说："你们为什么还担忧世道沦丧呢？如今，天下之道已沦丧很久了，上天将要把你们老师作为木铎，来警醒世人、教化世人啊！"

**释读**

❶ **仪** 地名，卫国城邑，在今河南兰考县境内。
**封人** 封，边地，边界。封人指镇守边地的官员，姓名不详。
**请见** 即请求孔子接见他。一说读为[xiàn]。请见，不是请求看见，更不是请你看我，而是请允许我出现在你面前，能够看到你，也就是现在说的"请求接见"。请+动词结构，在文言文和白话文中意思有很大的不同，白话文表示请对方做什么事，但古汉语中却表示请对方允许我做什么事。因此，此处解为"请求（希望）前去拜见孔子"更妥，即"见"解为"拜见"。

❷ **君子** 此处指有道德学问的人。
**至于斯** 斯，这，此，这里。至于斯，即到这里。

❸ **从者** 指跟随孔子的学生，跟随在孔子身边的人（学生）。
**见之** 见，使动用法，使之见（孔子），带他去拜见孔子，让他去拜见孔子。

❹ 二三子　即各位弟子，诸位弟子，"二三"为不定数，即诸位，各位。
　　丧　丧亡，消亡。但因"丧"字后未带宾语，故释读的分歧较大。我们把这里的"丧"释为"世道沦丧"。

❺ 无道　政治黑暗，礼崩乐坏，世道沦丧。

❻ 木铎　《周礼·天官·小宰》："徇［xùn］以木铎。"郑玄注："古者将有新令，必奋木铎以警众，使明听也……文事奋木铎，武事奋金铎。"（《周礼·天官·小宰》说："配备木铎巡行。"郑玄注：古时候假如发布新的政令，一定要摇动木铎来提醒大家，使大家能够听明白政令的内容……一般的行政命令摇动木铎，如果是战事命令，就摇动金铎。）木铎在本章中是比喻宣扬教化的人。

【读后】

"天将以夫子为木铎"，仪地这位边地官员的这句话，无疑成了一句精准的预言。事实上，不仅在孔子当世，两千多年后的今天，孔子这个木铎，依然在召唤着我们，警醒着我们。孔子之后，中国文化的主脉就是孔子开创的儒家学说。《论语》所揭示的人本情怀、民族精神、伦理观念等依然是今天中国人的核心价值和普世价值。

**3.25**　子谓《韶［sháo］》❶，"尽美矣，又尽善也❷。"谓《武》，"尽美矣，未尽善也❸。"

【译文】

　　孔子谈到《韶》乐时说："艺术形式完美无缺，思想内容完善至极。"谈到《武》乐时说："艺术形式完美至极，思想内容略逊一筹。"

[释读]

① **谓** 此处意为评论,谈论。

《**韶**》 传说上古舜时的一组乐舞,也叫"大韶"。舜是通过禅让得到帝位,所以孔子认为这是"尽善"。

② **尽** 用在形容词谓语前,表示谓语所指处于顶端状态,意为十分,至,极(其)。此处意为极致,达到极致。

**美、善** 美主要指艺术形式而言,善主要指思想内容而言。

③ 《**武**》 周武王时的乐曲,也叫"大武"。武王之位是通过暴力推翻纣王而来,虽是顺应天意民心,但毕竟是通过征战杀戮,所以孔子说"未尽善"——不是最高境界,不是最理想的完美境界。

[读后]

尽美,是艺术的最高境界;尽善,是道德的最高境界。尽善尽美是天地万物及人生的最高境界,没有杀伐征战,唯有太平祥和。这是孔子对音乐的评述,也是对艺术的评述,它涉及艺术创作的大问题——形式和内容,艺术性与思想性的统一。

老子说:"上善若水,水利万物而不争,处众人之所恶,故几于道。"水至善至柔,水性绵绵密密,微则无声,巨则汹涌,与人无争而又泽被万物,不与世人争长短高下,有容天下之胸襟气度,故已近于天道。这是对本章最好的注脚。

孔子的这一句话,最重要的核心不只是在评述两个乐舞作品,而是透过评价作品传递给我们另一个深层次的问题,这就是,孔子历来不主张杀戮,不主张战争,这是孔子和儒学一贯的思想。在《八佾篇》3.21那一章,孔子为什么批评宰我,也是同样的深层次问题。孔子只要闻到有杀伐之气,他一定会毫不客气,起而攻之。所以,在对宰我的批评里,连用三个短句,我们能体会到孔子当时的心境。今天我们看到的孔子这句话,也是在从侧面反战,反杀戮。这就是仁爱,这就是儒学的"温、良、恭、俭、让",这就是孔子所向往的太平盛世。

在这里,要讲一讲甲骨文的"武"。甲骨文"武",从戈,从止,"止"也就是脚趾,所以是行走之意。武字便是持戈前行。"武者,伐也。"许慎《说文》:"止戈为武。"解为止息战争,制止战争,这是望文生义,许慎是没看到甲骨文，不知道"止"是脚趾，脚趾有前进，前行之意，而不是制止。（图3.25-1）因此，"武"不是止戈，制止战争，正好相反，是去打仗，是扛着武器奔赴战场！

图3.25-1

子曰："居上不宽❶，为礼不敬❷，临丧不哀❸，吾何以观之哉❹？" **3.26**

【译文】

孔子说："一个人居于高位却不宽厚包容；举行礼仪却不恭敬虔诚；面对丧事却无哀戚之心，我该怎么去看待他呢？"

【释读】

❶ **居上** 居于上位，居于上位者。
**宽** 有宽厚包容仁慈之心——对下宽厚包容。《阳货篇》17.6、《尧曰篇》20.1："宽则得众。"

❷ **为礼** 施礼，行礼，施行礼制。
**敬** 恭敬庄重——施礼敬畏虔诚。

❸ **临** 面对、面临丧事，参加丧礼。
**哀** 哀伤——临丧其心哀戚。

❹ **何以观之** 即以何观之，用什么去看，用什么去衡量，看待。言下之意，面对这样的人，我该如何去看待他呢？朱熹《论语集注》："居上主于爱人，故以宽为本。为礼以敬为本。临丧以哀为本。既无其本，则以何者而观其所行之得失哉！"（处于高位之上，最重要的在于爱人，就是有慈爱之心，所以，以宽厚仁慈为其根本。施礼以恭敬庄重为根本。面临哀丧之事，以悲戚真诚为根本。如果居上、施礼、临丧都失去了根本，那么，用什么来看一个人行为的得失，或者用什么来衡量一个人行为的得失呢？）

**【读后】**

　　孔子谈观察一个人，在前面《为政篇》2.10曾言及，那是谈从个人行为处事去观察一个人；在之后的《里仁篇》4.7，则是从一个人的过错中去观察人；而这一章，则是从社会层面去考察。一个人处于优越的地位，最要做的就是宽厚，包容，仁慈。如果不能，那就别指望他在社会关系中，在管理或治理国家中宅心仁厚了。在礼仪之中，如果一个人没有真诚敬畏之心，甚至举止轻浮轻佻，那可以想象此人在其他行为中，还能有恭谨虔诚之心？人死为大，如果一个人面对丧事，没有真心哀戚，那就太冷漠无情了，而一个冷漠无情的人，是很可怕的。

　　如果不仁，不义，不诚，还能怎么去评价他的行为？还能怎么样去衡量一个人的行为得失？

是顛沛必於是子曰我未見好仁者惡不仁
者好仁者無以尚之惡不仁者其為仁矣
使不仁者加乎其身有能一日用其力於
仁乎我未見力不足者蓋有之矣我未
見也子曰人之過也各於其黨觀過斯知

# 里仁篇第四

## 4.1

子曰："里仁为美❶。择不处仁❷，焉得知[zhì]❸？"

**【译文】**

孔子说："以仁为邻，是最为理想的。择居如果不与仁在一起，怎么能叫作明智呢？"

**【释读】**

❶ **里** 本为邻里，居住之地，名词，但在此句中作动词用，"以……为里"，即"把……作为或当作邻里（邻居）"。《尔雅·释诂》："里，邑也。"许慎《说文》："里，居也。"郑玄注曰："里者，民之所居也。"

❷ **择** 古解多释为"宅"，居住之意。我们认为，此处解作"择居"更妥当，择居，即选择居处。
**处** 与……相处，跟……相处。

❸ **焉得** 怎么能，哪里可以。
**知** 音义同"智"，明智，智慧，有智慧的人，明智之举。

**【读后】**

孔子说，要明白什么是仁，就先和仁做邻居吧。你不和仁为邻，是不明智的。其实，孔子更深层的思想是，我们要时时心中有仁，要把我们自身与仁德高度结合而须臾不离，"君子无终食之间违仁，造次必于是，颠沛必于是"。

有人曾说，孟母之三迁，其智为千古之独绝。孟母三迁，说的是在孟子小的时候，家住在坟场附近，看到有人去上坟祭祀，孟子就跟着学，甚至还学别人怎么挖坟墓，怎么掩埋死人，"踊跃筑埋"。孟母一看，这可完蛋了。一个小孩子从小学着别人去祭祀哭丧，挖坟埋人，实在不是一件好事情。于是，孟母把家搬到一个集市附近去。这孟子估计也是太过聪明，一搬到集市边，他很快又学到商人那种推销商品而夸张虚浮的技巧，"嬉游为贾人炫卖之事"，很开心地跟这帮搞销售的人混在一起。也许孟母觉得商人这些浮夸的做派，对孟子不会有好的影响，于是，孟母决定再次搬家，直接搬到一个学校旁边去。孟子在这里，开始接触到祭祀礼仪和待人接物之礼。这时，孟母才安下心来，认为这才应该是理想的居住之地。后来，孟子慢慢长大，苦学"六艺"，终成大儒，并最终成就《孟子》一书。

作为教育家，孔子明确告诉我们，最好的邻居是"仁"。网络上有一句话："最好的学区房，是你家的书房。"是不是可以算作对孔子这段话的补充呢？

## 4.2

子曰："不仁者不可以久处约，不可以长处乐［lè］❶。仁者安仁❷，知［zhì］者利仁❸。"

**【译文】**

孔子说："一个没有仁德的人，不能长时间处于穷困的境地之中，也不能长时间处于安乐的境地之中。有仁德者施仁自安，有智慧者顺应仁德。"

**【释读】**

❶ **不仁者** 没有仁德的人。

**约** 俭，简约，简陋，困窘。在此指困窘。

**乐** 安乐，安逸舒适。《礼记·坊记》：子云："小人贫斯约，富斯骄；约斯盗，骄斯乱。"（孔子说："小人贫穷就会困窘，富裕就会骄纵；困窘就会生盗心，骄纵就会胡作非为。"）

❷ **安仁** 即安于仁。处于仁德之中，举手投足皆为仁德之行。朱熹《论语集注》："惟仁者则安其仁，而无适不然。"（只有有仁德的人，能够安于其仁德之中，无论做什么都能自然而然体现仁德之行。）

程树德《论语集释·余论》引《朱子语类》："安仁者不知有仁，如带之忘腰，屦［jù］之忘足。"（安于仁的人，已经不知有仁的存在，就像腰带忘记了腰的存在，鞋忘记了脚的存在。）《庄子·达生》："忘足，屦之适也；忘要（腰），带之适也。"如果忘记自己的脚，那说明是鞋子很合适，如果忘记你的腰，那说明是腰带很合适。鞋与足，带与腰已经浑然一

里仁篇第四　121

体，这便是物我两忘之境。这就是化境，一种自觉的、自然的、不必刻意去做的"自在之境"。

❸ **知者利仁**　智慧之人顺应仁德。也就是程树德《论语集释》引王肃言："智者知仁为美，故利而行之也。"聪明的人明白仁德之美，所以会努力顺应仁德的要求，去施行仁德。

　　纵观各种《论语》注释版本译注，"知者利仁"有以下译注：1. 智慧的人利用仁；2. 有智慧的人以行仁为利；3. 明智者利用仁；4. 聪明的人明白了实施仁德对自己有好处才去行仁；5. 聪明的人利用仁（来获取长远的利益）；6. 智者觉得仁有利于他，所以也会为仁；7. 李泽厚《论语今读》释为：聪明的人敏锐地追求仁……除了李泽厚把利仁解读为"敏锐地追求仁"而外，其他注家，基本上都把"利"当成"利益""好处"或"利用"解。李泽厚以《中庸》"或安而行之，或利而行之"等转注为"必先利其器"之"锐利"解，很是牵强，何况，"必先利其器"之"利"也不是"锐利"，而是"使工具变得锋利"，是使动用法。李说可以忽略。

　　要弄清楚"利"，还得先把"知"即"智"的定位做一个梳理。"智"，智慧，智者，聪明的人，有智慧的人。在孔子及儒学思想主张里，"智"为"仁、义、礼、智、信"核心价值观构成之一，在《中庸》里，"智、仁、勇"被称为儒家"三达德"（三个至高道德境界，基本道德规范体系和君子人格主体）。基于上，"智"应该是孔子思想主张里的绝对正能量。《雍也篇》6.23："智者乐水，仁者乐山。"智者如水，水至柔而实刚，变化万端，懂趋利避害，懂居下而大；仁者如山，所谓"顿之则山安"，大山安稳沉着，安详庄重。所以，智者动，仁者静，智者乐，仁者寿。《宪问篇》14.28：子曰："君子道者三，我无能焉：仁者不忧，知者不惑，勇者不惧。"子贡曰："夫子自道也。"

　　我们可以看到，孔子在谈到仁与智的时候，智者是一个正面的概念，是充满正能量的肯定指向，更是一个君子必须具备的核心指标。

　　但是，如果我们把"知者利仁"作"利用""有利""利益"解，那这个智者的形象就有待考察了。《里仁篇》4.16：子曰："君子喻于义，小人喻于利。"（喻，明白，懂得）《述而篇》7.37：子曰："君子坦荡荡（坦荡阳光），小人长戚戚（纠结忧郁）。"唯利是图、患得患失、纠结算计，这是小人所为。而这，还能是孔子心目中的"智者"么？

　　如果不是，那我们就要考虑这"智者利仁"的"利"字，到底该作何理解了。《史记·孙子吴起列传》："善战者，因其势而利导之。"利导，引导，因势利导，即根据战争的趋势去引导，也就是要顺应趋势。《朱子语类》卷六八："如君臣父子夫妇兄弟之义，自不同，似不和。然而各正其分，各得其理，便是顺利，便是和处。事物莫不然。"（像君臣父子夫妇兄弟这些关系的含义，各不相同，相互之间看起来没有任何关联。但是这些关系都有各自特定的标准，各按其理而运行。这就是顺应各自之理去运行，而这也就是相连相融之处，也就是所有关系相通相连、相互影响、相互作用，共同构成一种社会秩序。万事万物没有不按这样的道理。顺利，顺应其理，如顺应万物之规律。）

《大戴礼记·曾子立事篇》："仁者乐道，知者利道。"利道，应作"顺应自然规律而行"来理解。孙钦善《论语本解》将"利仁"释为"顺从仁"，意思最为接近。

我们再回过头看前面提到的王肃那句话，其实是说到点子上的——"智者知仁为美，故利而行之也。"

## 【读后】

一个没有仁德的人，不能长时间处于困窘的境地之中；也不能长时间处于安乐的境地之中。

没有仁德，就不受仁德的约束，也就如我们经常讲的一句话：没有信仰就没有敬畏，没有敬畏就没有底线。而一个没有底线的人，如果长时间处于穷困之中，会干什么？"饥寒起盗心"，心生歹意；长时间处于安乐之中，会干什么？"饱暖思淫欲"，骄奢淫逸，无恶不作。

而"安仁"，正如朱熹所言："惟仁者则安其仁，而无适不然。""安仁者不知有仁，如带之忘腰，屦之忘足。"鞋与足，带与腰已经浑然一体，这便是物我两忘之境。这就是化境，一种自觉的、自然的、不必刻意去做的"自在之境"。

至于"利仁"，利者，利导、引导、因势利导，也就是顺应趋势。

"安"是自在之为，而"利"是有意为之，原因是，智者能看到顺应仁德的好处，而如果违逆仁德，则会招致祸端。所以，智者以其智慧，明了其中的道理，从而趋利避害。智者把实践仁德作为一种外在必须且要顺应实行的道德要求。

"仁者安仁"是仁心已入化境，自然生发，不须挂在嘴边，刻意为之，举手投足便是仁行；而"知者利仁"，便是智者因其智慧，能明白仁德之重，明白行仁的好处，所以，虽未入化境，也不可能进入化境，但能顺应仁德要求而行，就是按仁德的要求去行事，因为，智者会看明白行仁的好处。这比"安仁"低了一等，但也是智者之所以为智者的原因。我不修炼自己到出神入化的"仁者"，但我可以事事处处顺应仁德，努力行仁德之举，因为仁德是大家的行为规范，不能违逆。我们说，智者趋利避害，所以不会违逆仁德的要求，而会去顺应仁德的要求。这样理解，就避免了智者算计、纠结的负面指向，又与"仁者安仁"区别开来。——聪明的人总是顺应规律而行、顺应天道，这，就是智者。

所以，如果我们要说"利仁"是认为施行仁德有利，或者说利用仁，那一定是在顺应仁德要求的前提下的利用，而非一开始就是利用，否则，智者就变成精于算计的小人了。

4.3　子曰："唯仁者能好［hào］人，能恶［wù］人❶。"

【译文】

孔子说："只有具备仁德的人才能够真正无私地喜爱人，能够真正无私地憎恶人。"

【释读】

❶ 好　喜爱，喜欢。
　 恶　厌恶，憎恶，讨厌。

【读后】

其实，这一句话是在说，仁德之人如一杆秤，是区别善恶美丑的标准，而一般人所爱所憎，往往不单纯以善恶美丑为标准，而是杂以亲疏私利。仁者所好所恶出于公心，而一般人所好所恶，有可能出于私心而好坏不顾、善恶不分。

4.4　子曰："苟志于仁矣❶，无恶也。"

【译文】

孔子说:"一个人如果立志去践行仁德,那这人便不会有恶行了。"(所作所为便会远离罪恶,不会再有大恶。)

【释读】

❶ **苟** 假如,如果。与"苟富贵,勿相忘"的"苟"同义。

**志于仁** 志,同"吾十有五而志于学"之"志",此处为立志于践行仁德。朱熹《论语集注》:"志者,心之所之也。其心诚在于仁,则必无为恶之事矣。"(志,就是心所指向的地方——主观愿望。假如真心诚意在仁,就一定没有为非作歹的事了。)钱穆《论语新解》:"志,犹云存心。志于仁,即存心在仁。"

【读后】

苟志于仁,人即无恶;苟志于学,便可成大儒;苟志于义与勇,你便是行侠仗义之人……韩非子说:"立志难也,不在胜人,在自胜。"王阳明说:"志不立,天下无可成之事。"苏东坡说:"古之立大事者,不惟有超世之才,亦必有坚忍不拔之志。"

## 4.5

子曰:"富与贵,是人之所欲也;不以其道得之,不处也❶。贫与贱,是人之所恶[wù]也;不以其道得之,不去也❷。君子去仁,恶[wū]乎成名❸?君子无终食之间违仁,造次必于是,颠沛[diān pèi]必于是❹。"

【译文】

孔子说:"发财和显贵,是人人都想得到的。如果不按正当的途径去获取它,哪怕得到了,也不会去享用。穷困和卑贱,这是人人所憎恶的;如果不按正当的途径或手段去摆脱它,哪怕身陷其中,也不会离开。君子离开了仁德,怎么去成就君子之名呢?一个君子,哪怕是吃一顿饭的工夫(须臾之

里仁篇第四 125

间）也不会背离仁德，仓促急迫的时候，一定也会如此，动荡困顿的时候，一定也会如此，时时刻刻与仁同在。"

### 释读

❶ **富与贵** 富，财多为富。贵，位高为贵，显贵。
**所欲** 所追求的，所向往的。
**不以其道得之，不处也** 即不按照正当的途径去做，获取了（财富地位）也不会享用。处，占，占有。又，据有，享有。本章"处"的意思就是据而享用，"不处"也即是不据而享受或享用。

❷ **贫与贱** 贫，无财为贫，穷困。贱，地位卑下。
**得之** 从整句来看，贫与贱，"不以其道得之"，难以理解。按古今大多注家观点，此处的"得之"改为"去之"。"去之"即摆脱。杨伯峻《论语译注》本章注释说："'富与贵'可以说'得之'，'贫与贱'却不是人人想'得之'的。这里也讲'不以其道得之'，'得之'应该改为'去之'。译文只就这一整段的精神加以诠释，这里为什么也讲'得之'，可能是古人的不经意处，我们不必再在这上面做文章了。"

❸ **去仁** 去，离开。去仁，即离开仁德。
**恶乎** 恶，同"乌"，怎么，哪里，什么地方。乌乎，介宾词组，即于何处，在哪里，到哪里，从哪里。
**成名** 成就声名，成就美名。

❹ **终食之间** 一顿饭的工夫。
**违** 违反，违背，背离。
**造次** 仓促，急迫，匆忙。《宋史·王岩叟传》："圣贤之学，非造次可成，须在积累。"
**颠沛** 颠沛流离，动荡困顿。此处指身处逆境，流离失所。
**必于是** 一定也是如此，一定依然不变（与仁同在）。

126　细读论语·上册

### 读后

这一章其实说了两件事：1. 追求富贵，不能不择手段；摆脱穷困，也不能不择手段。所以，爱不爱财，喜不喜欢权力地位不是重点，重点是，你采用什么方式、手段、通过什么途径去获取或摆脱。2. 仁德不是临时抱佛脚的事，不是一蹴而就的事。须时时在身、时时修炼、时时加持。仁德不是装点门面的道具，用之则取，不用则弃；应该是一种自觉，而不是刻意为之、偶尔为之。

本章饱含深情的一句话："君子无终食之间违仁，造次必于是，颠沛必于是。"这句话告诉我们的是：坚守。

做事，我们很难笃定地坚守一个目标、一个理想，总在不停地选择、放弃中往复，几年下来，一事无成。孔子告诉我们，放弃有一万个理由，艰难困苦、颠沛流离便是最大的变故和理由，但坚守却只有一个理由，那就是热爱。《子路篇》13.22：子曰："南人有言曰：'人而无恒，不可以作巫医。'"一个人如果没有恒心、没有定力，就连巫医也做不了。

恒心从哪儿来？笃定的信念与坚守，而这，又缘于热爱。只有热爱，才能须臾不离；只有热爱，才能"造次必于是，颠沛必于是"。

## 4.6

子曰："我未见好[hào]仁者，恶[wù]不仁者。好[hào]仁者，无以尚之；恶[wù]不仁者，其为仁矣，不使不仁者加乎其身❶。有能一日用其力于仁矣乎？我未见力不足者。盖有之矣，我未之见也❷。"

### 译文

孔子说："我没有见到过喜欢仁德的人，厌恶不仁的人。喜欢仁德的人，把仁德视为至高无上；厌恶不仁的人，他施行仁德，是为了不让不仁的东西沾染到自身。有谁曾用哪怕一天的工夫努力行仁的吗？我没有看到为了努力行仁而感到力量不够的。或许有的吧，但我没有看到。"

### 释读

❶ **无以尚之** 尚，在上，超过。喜欢仁德的人，把仁德视为至高无上。皇侃

《论语义疏》引李充曰:"所好唯仁,无物以尚之也。"(所爱好的只有仁德,所以眼里心里也就没有任何其他东西能超过仁德的。)厌恶不仁的人,他行仁德,是为了不让不仁的东西沾染自身。

**矣** 在此同"也",用在句中,表停顿。

**加** 此处意为沾染,污染,影响到。

**其身** 他的身体,即自己,自身。

❷ **盖** 表推测的句首语助词,大概,可能,也许。

**未之见** 即未见之,代词"之"作动词否定式的宾语时,宾语前置,如"不患人之不己知"的"不己知",即属此类语法现象。

[读后]

孔子所处的春秋末期,是社会转型期,也是社会动荡、变革之时,整个社会从上到下,礼崩乐坏,仁德不兴。读这一章,总感觉是一个老人在自言自语,有些无奈,有些颓丧。

"仁"实质上是一种主观的精神状态,跟客观的能力和条件无关,只要你想行仁,"我欲仁,斯仁至矣"(《述而篇》7.30),怎么会有"力不足"的问题呢?问题是,所有的人都在为自己找借口:我不是不想行仁,是我力量不够。结果很容易做到的"仁"变成没人能做到,不是不能做到,是大家都不想真正做到。孔子所反复感叹的其实是人的劣根性,是人的自私。

子曰:"人之过也,各于其党❶。观过,斯知仁矣❷。"  4.7

[译文]

孔子说:"每个人的过错,总如同他相同的一类人一样。看一个人犯的过错,便可知道他有几分仁德了。"

[释读]

❶ **过** 过错，过失。

**各于其党** 党，同类，各于其党，即各归于其类。皇侃《论语义疏》："过，犹失也。党，党类也。人之有失，各有党类。小人不能为君子之行，则非小人之失也。犹如耕夫不能耕，乃是其失，若不能书，则非耕夫之失也。若责之，当就其辈类责之也。"（过，如同过错。党，就是同类。每个人的过错，总是与他的同类是一样的。小人不能做君子所行之事，就不是小人的过错。就如农夫不会耕地就是他的过错，如果他不能写字，就不是农夫的过错了。如果要指责他，只能把他放到同类人当中去。）

❷ **观过** 看他的过错。

**斯知仁矣** 斯，则，就，连词。知仁，知道是否有仁德。斯知仁矣，意为就知道他有几分仁德。

[读后]

上文所引皇侃关于本章的注解非常有趣而中肯。

在前面，我们曾讲到过两章关于如何评价人的章节，《为政篇》2.10：子曰："视其所以，观其所由，察其所安。人焉廋哉？人焉廋哉？"从一个人的行为动机、途径或手段、兴趣爱好上去考察，审视一个人；《八佾篇》3.26：子曰："居上不宽，为礼不敬，临丧不哀，吾何以观之哉？"从人在社会关系中如何行事去考察，审视一个人。马克思说："人是社会关系的总和。"所以一个人做人怎么样，除了从他个人方去看，还要从他与社会相处的关系中去观察。而今天我们学的这一章，孔子是用反向思维去考察一个人，这就是，从一个人所犯错误去看人的本性，同时，关注他所在的同一类人。

这就是两个层面：1. 反向思维，不从其正面去审视，而从其反面——从一个人的错误中去考量人的品性；2. 考察一个人的同类型人群。我们常说，看一个人怎么样，看看他身边的朋友就知道。这就是从其同类去考察人、评价人。这也就是我们说的另一句话：物以类聚，人以群分。

所以，孔子这一段话，实在是又一微言大义之语，值得我们好好去思考、品味、咀嚼。

里仁篇第四　　129

子曰:"朝[zhāo]闻道,夕死可矣❶。"

4.8

**【译文】**

孔子说:"早上得知真理,即使晚上死去,也无憾了。"

**【释读】**

❶ **朝** 早晨,早上。与"夕"(傍晚、晚上)相对。

**闻道** 闻,听到,知道,懂得。道,道理,真理。唐代韩愈《师说》:"闻道有先后,术业有专攻。"(接受真理有先后之别,技艺学问各有所长。)

**【读后】**

理解本章,首先要弄明白什么是"道"。《易经·系辞上》:"一阴一阳之谓道。"(一阴一阳便称之为道。)老子《道德经》42章:"道生一,一生二,二生三,三生万物。万物负阴而抱阳,冲气以为和。"

这不禁让人联想到盘古开天辟地的神话故事。

宇宙开天辟地以前,天和地是混混沌沌的一团,像一个鸡蛋一样,盘古就生在这当中。过了一万八千年,天地分开了,轻而清的阳气上升为天,重而浊的阴气下沉为地。盘古在天地中间,一天中变化不断,在天为神,在地为圣。天每日升高一丈,地每天增厚一丈,盘古也每天长高一丈。这样又过了一万八千年,天升得非常高,地沉得非常深,盘古也长得非常高大。天地开辟了以后,才出现了世间的三皇。三皇——燧人氏(教人钻木取火)、伏羲氏(始画八卦、教人织网捕鱼、制造古琴)、神农氏(教人种地。"神农尝百草,日遇七十二毒,得茶而解之。")。

什么是道?道就是混沌,混沌如鸡子。道就是无,而无即是没有任何关联的"一",如天地之初,混沌如鸡子之状。而后,道由一分为二,在上为天,在下为地,阴阳两气激荡涌摇而化为三。三为变,故有"事不过三"之说。

从这里我们就可以明白电视剧《天道》主人公丁元英的那一句话的含义了:"神就是道,道就是规律,规律如来,容不得你思议。按规律办事的人就是神。"

人能有幸闻道,死而无憾。故,孔子叹曰:"朝闻道,夕死可矣。"生命的价值在于对真理的追求,在于对正义的追求,在于对善的追求,在于对美的追求,这一切,便在道中。

屈原说:"路漫漫其修远兮,吾将上下而求索。"这让人想起夸父逐日的故事来。夸父与太阳赛跑,眼看着渐渐追上了太阳。他感到口渴,想要喝水,就到黄河、渭水去喝水。黄河、渭水的水不够,夸父又往北去大湖喝水。还没到大湖,就在半路因口渴而死。而他死后丢弃的手杖,就化成了桃林。

道是什么?道是一种能够融于心,融入生命的高尚情感、积极态度、健康价值观的总和。道就是真理,而生命的价值就在于追求真理。

有一句话说得好:

人生在世,应该有一些高于柴米油盐的品相。(图4.8-1:品相)

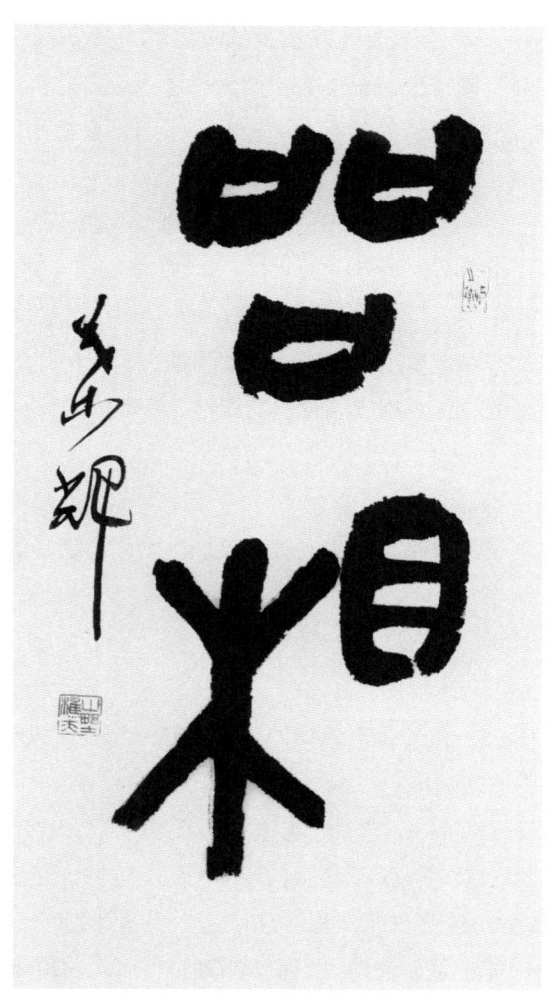

图4.8-1

子曰："士志于道[1]，而耻恶［è］衣恶［è］食者[2]，未足与议也[3]。" 4.9

### 【译文】

孔子说："一个士人，立志于追求真理，却又把吃粗粮穿破衣当成耻辱，这种人，不值得跟他谈论大事。"

### 【释读】

[1] **士** 士人，士子。"士"大多表示最低阶层的贵族，孔子本人的身份正是"士"。清代刘宝楠《论语正义》："士为学人进身之阶。"（士是读书人谋取官位或提升个人身份的阶石。）士在孔子时，是由平民社会升入贵族阶层的过渡的身份。

**志于道** 志，立志，动词。志于道即立志于道，立志于追求真理，立志于追求远大理想。

[2] **耻** 本为形容词，在这里用作动词，意动用法，"以……为耻"。

**恶衣恶食** 粗陋的衣食，粗衣陋食；吃粗粮，穿破衣。

[3] **未足** 不值得，不必。

**与议** 与（之）议，省略宾语"之"。议，讨论，商议，谋划，谈论大事。

### 【读后】

在《为政篇》2.10，孔子曾告诉我们，要考察一个人，须"察其所安"，仔细观察其志向情趣，心之所向。

一个立志追求真理的人，"食无求饱，居无求安"，会心无旁骛，紧盯目标，勇往直前，而不会受身边琐事影响，不会计较得失，在意虚饰的外表。相反，一个羞于吃粗粮，穿破衣却声称"志于道"的人，那定是一个伪君子。所以，孔子说，一个伪君子是不值得人们去与其探讨大事，追寻大道的，毕竟此类人太虚伪。

## 4.10

子曰："君子之于天下也❶，无适［dí］也，无莫［mù］也❷，义之与比❸。"

**【译文】**

孔子说："君子立身于社会，没有永远的对手，也没有永远的朋友，一切的相处原则是以道义去衡量和取舍。"

**【释读】**

❶ **之** 在此为结构助词，取消句子独立成分而成为词组。

**于天下** 对于天下，对于天下之事，介宾结构。君子在应对天下之事的时候，君子在应对纷繁世事的时候，或者说，君子立身于社会之中。

❷ **适** 多音字。一读为［shì］；一读为［dí］，读此音时通"敌"，匹敌，相当（非敌人），也即旗鼓相当、棋逢对手，故在此把"敌"作"对手"解。程树德《论语集释·音读》引《九经古义》：古"敌"字皆作"适"。《礼记·杂记》曰"赴于适者"，郑注云："适读为匹敌之敌。"

**莫** 多音字，一读为［mò］，也即今之"暮"字。甲骨文"莫"，从草，从林，从日。字象日落在草丛中，古"暮"字。本义是初晚。（图4.10-1）许慎《说文》："莫，日且冥也。从日在草中。"一读为［mù］，通"慕"。慕有倾慕，仰慕，钦羡、欣赏之意，但在此不会是对异性而言，故释为"朋友"，朋友即志同道合、相互欣赏（也即慕）。

图4.10-1

杨逢彬《论语新注新译》把"无适也，无莫也"解为"没有永恒的朋友，也不盲目钦羡。"如果是把"无敌"解为"没有永恒的朋友"，显然错误，"匹敌"没有"朋友"之意，而正好相反，要么是敌人，要么是对手，不可能作"朋友"解。而如果是把"无适"解为"没有永恒的朋友"，又把"无莫"解为"不盲目钦羡"，那就重复解读了"无莫"，而漏掉了"无敌"。而且，假如是把"莫"解为"盲目钦羡"，其意不明，且与"敌"不相对应，反而前后是同一意思。

❸ **义** 即宜，合宜，合适，恰当的，适度的，符合规则、正义之事，或许还有

几分侠义。《中庸》:"义者,宜也。"王力释"义":社会认为合宜的道理和行为。

**比** 密也,近也,亲也;挨着,靠近,为邻,相依。"海内存知己,天涯若比邻。"义之与比,即"与义比"。与义比,即以义为依靠、为标准,跟义同在,用义来作为衡量的标准。

【读后】

想起丘吉尔的一句名言:"世界上没有永恒的敌人,也没有永远的朋友,只有永恒的利益。"只是,丘吉尔是以"利"来作标准取舍,孔夫子是以"义"来衡量取舍。

李泽厚《论语今读》本章的释读是:孔子说:"君子对待天下各种事情,既不存心敌视,也不倾心羡慕,只以正当合理作为衡量标准。"

他把"适"解为敌对,而非匹敌,不可取。"倾心羡慕"其意也同杨逢彬有同样的问题,就是指向不明。

其实,在本章中,无论采用哪一家解释,最核心的还是最后,"义之与比"——与义同在,用"义"来衡量取舍。义者,宜也。合理,合规,合度,恰当,不悖为人的原则,不悖社会公德,不触及道德底线,保持谦恭、敬畏、虔诚、信实的品德。能把握住这样的底线,无论你是敌是友,无论你是亲是疏,是厚是薄,无可无不可,"义",是唯一的衡量取舍标准。

我们可能熟知孔子那一句响当当的话:"言必信,行必果。"但是,我们都误读了孔子这句话,因为,这句话还有后半句。《子路篇》13.20(孔子)曰:"言必信,行必果,硁硁然小人哉!"(说话不分是非一味地强求信实可靠,做事不分好歹一味地贯彻始终,这是是非不分,盲目固执的小人。)《孟子·离娄下》:"大人者,言不必信,行不必果,惟义所在。"(有德行的人,说话不一定要句句守信,行为不一定要贯彻始终,与义同在,依义而行。)

人在江湖,义字当先!

子曰:"君子怀德,小人怀土;君子怀刑,小人怀惠[1]。" 4.11

### 译文

孔子说:"君子在意道德修养,小人在意土地田园;君子关心法律法度,小人关心小恩小惠。"

### 释读

❶ **怀** 许慎《说文》:"怀,念思也。(与"思念"不同义)"引申为留恋,爱惜;胸前,胸怀,怀藏,怀揣,归向,安抚。因此,在本章中,"怀"作惦记、牵挂、在意解。

**德** 此句为君子小人之比,比什么呢?境界,眼光,胸怀,眼界。所以,在解读此章时,需顾及整章的语意指向——眼界、境界、胸襟、胸怀。因此,在解注"德"时,我们可以试解为"德行修养"。

**土** 根据前后文语意指向,释作土地田园,也即小人惦记的总是他那一亩三分地,而不会在意自身的道德修养。杨伯峻《论语译注》解作"怀念道德",语意含糊,"道德"无法怀念。

**刑** 刑法,在此指法令法度。

**惠** 恩惠,小恩小惠,蝇头小利,眼前利益。

### 读后

这是关于是不断修身养性、提升自我还是只顾眼前利益的问题,也是整部《论语》"君子""小人"最本质的界线所在。是做君子还是做小人,一个向左,一个向右,自己去选择吧。《论语》中有大量类似的选择题。

眼界、境界、胸怀、品格,才是君子、小人的分界线。

## 4.12 子曰:"放[fǎng]于利而行,多怨❶。"

### 译文

孔子说:"凡事依据利益去做事,会招致很多怨恨。"

【释读】

❶ 放　同"倣","仿"的繁体字,依据,遵循。

**多怨**　招致很多怨恨。《国语·周语上》:"夫利,百物之所生也,天地之所载也,而或专之,其害多矣。天地百物,皆将取焉,胡可专也?所怨甚多,而不备大难,以是教王,王能久乎?夫王人者,将导利而布之上下者也,使神人百物无不得其极……匹夫专利,犹谓之盗,王而行之,其归鲜矣。"(利是由万物产生出来的,由天地所养育而成的,假如有人要独占它,所带来的危害就会很多。天地万物人人都要取用,怎么可以独占呢?因独占触怒的人太多,对大难又毫无防备,用这些来引导陛下,陛下能长治久安吗?治理天下的人,应该开通利途而分配给上上下下的人,使天神百姓和世间万物无不得到它应得的一份……普通人独占财利,尚且被称为盗贼,作为天子如果这样做的话,归附王室的人就少了。)《荀子·大略篇》:"故义胜利者为治世,利克义者为乱世。"(社会风尚,如果崇尚道义超过崇尚利益,这就是太平盛世,如果是追逐利益超过追求道义,就是乱世。)

【读后】

孔子告诉人们,一个人如果都以自己的利益为前提去行事,便会产生很多怨恨、纠纷或矛盾。任何时候,一个极端利己的人,都不招人待见。所以我们常说:"吃亏是福。"这不是教人去当傻瓜,放弃自己的利益,而是告诉人们别时时刻刻把自己的利益放在首位。于个人如此,于国家、企业也是如此。彼得·德鲁克说:"一个企业的使命要尽量高远,只有这样的目标才能凝聚起更优秀的人为之奋斗。"

子曰:"能以礼让为国乎❶?何有?不能以礼让为国,如礼何❷?"　4.13

【译文】

　　孔子说:"能够把礼让作为治理一个国家的途径(原则)吗?有什么困难的吗?如果不能够把礼让作为治理国家的途径(原则),还能拿礼来做什么呢?"

【释读】

❶ **礼让** 礼敬谦让,不争。"让"是礼的内容、实质,"礼"是"让"的外在形式。"礼"与"让"是内容与形式的和谐统一。

**为** 动词,治理,为国即治理国家。

**何有** 即"有何",疑问代词"何"作宾语而前置,有什么,春秋战国时代常用语,为"有何困难""有什么困难"之意。朱熹《论语集注》:"让者,礼之实也。何有,言不难也。言有礼之实以为国,则何难之有。"(让,是礼的根本。何有,是说不难。意思是说用礼制的根本原则来治理国家,还有什么困难的呢。)礼的根本是让,朱熹一语中的。

❷ **如……何** 文言文中常见语式,现代白话言语只有"如何",没有"如……何"语式,翻译时,可译为"把……怎么样""拿……做什么"。但结合文章实际,需相对灵活处理,否则会出现语意不明的情况。《八佾篇》3.3:子曰:"人而不仁,如礼何?人而不仁,如乐何?"(如礼何,礼还有何用;如乐何,乐还有何用。)

【读后】

孔子在这里把"礼让"视为"礼"的根本精神之所在,实现礼制的重要途径。或者说,"礼让"是整个礼制得以实现的重要突破口。那么,孔子又是如何施政的呢?他如果施政,又是如何去实现礼制的呢?我们来看看一段史料。

在《孔子家语》中有一段记载:

孔子初仕,为中都宰,制为养生送死之节,长幼异食,强弱异任,男女别途,路不拾遗,器不雕伪。为四寸之棺,五寸之椁,因丘陵为坟,不封不树。行之一年,而西方之诸侯则焉。

定公谓孔子曰:"学子此法治鲁国,何如?"孔子对曰:"虽天下可乎,何但鲁国而已哉?"于是二年,定公以为司空。

翻译过来是:孔子从政之初,任中都的行政长官。在那里制订了奉养生者、礼葬死者的礼制。不同年龄的人享用不同食物;按照身体强弱分配不同的任务;男女行路各走一边;路上有遗失的物品,没有人捡拾据为己有;制作的器物不过分雕琢装饰。安葬死者用四寸厚的棺材，五寸厚的套棺，靠着山丘建坟，不建高大的墓，墓地不种植松柏。实行一年后，西方各诸侯国纷纷效仿。

鲁定公对孔子说："学你的治理办法来治理鲁国，怎么样？"孔子回答说："即使用这样的方法来治理天下也是可以的，岂止是一个鲁国呢？"两年后，鲁定公任命孔子为司空一职，掌管水土之事和城市工程建设。

在这一段史料记载里，养生送死是孝道，长幼异食是尊卑，强弱异任是人性，男女别途是礼让。通观孔子施政，其内容都在礼制之内，以此来治理属地，民风淳朴，社会秩序井然，那男女分途、路不拾遗的情景，实在是一幅远古先民生活的古朴画卷，令人心生感动。

礼让在现实生活中，其意义也是不可小视的。礼让，是一个人内心修养的折射。无论你衣着有多华贵，谈吐有多高雅，如果你一到电梯口就抢着上下电梯，那一定不会是谦谦君子；无论你地位有多高，学历有多高，收入有多高，如果在公共场合不懂礼让，一定不是一个真正的君子。

《桐城县志略》记载，清朝康熙年间，张英在朝廷任职时，其在安徽桐城的家人和邻居因建房占地闹起纠纷，互不相让。张家人便给当大官的张英写信讲了此事，请他出面干涉。张英看信后，并没有倚仗自己官威欺压邻居，而是回信说："千里来书（一说为"一纸书来"）只为墙，让他三尺又何妨？万里长城今犹在，不见当年秦始皇。"张英家人看完回信，便主动把院墙向后退让三尺。邻居深受感动，也将墙退回三尺，两家和好如初，这就是"六尺巷"的由来，至今传为美谈。

常言说，退后一步海阔天空。礼让和谦卑不是懦弱，而是内心修为的折射，是涵养、学识、胸怀、人品。个人如此，一个公司，一个国家，又何尝不是如此。

子曰："不患无位，患所以立❶。不患莫己知，求为可知也❷。"　　4.14

[译文]

　　孔子说："一个人不必担心没有职位，而应担心是否具备支撑你立足的德能。不必担心没有人了解自己，应该去追求足以支撑你立身成名的本领。"

[ 释读 ]

❶ **患**　担忧，害怕，忧虑。

**无位**　没有官职，职位，引申为立身之地。

**所以立**　所字结构，表示"……的理由、依据、条件、原因、道理"。所+介词"以"+动词组成名词性短语，表示跟动作相关的原因、处所、时间以及动作行为赖以进行的手段或涉及的对象等。《国语·鲁语上》："长勺之役，曹刿问所以战于庄公。"（所以战：依靠什么跟齐国作战。）所以立，立身的根基在哪里（是什么），立身的本领在哪里？也就是说，支撑立起来的基础、根基是什么。

❷ **为**　动词，支撑。

**可知**　可以被人知道、了解，换一个说法，就是立身成名。孜孜以求的是你立身成名的根基（理由）。

[ 读后 ]

　　这一章，给我们提了个醒：我们在考虑个人前途的时候，首先考虑的，不应该是谋个什么职位、什么工作，端个金饭碗还是泥饭碗，而要想想自己是否已经具备立身处世的本领、学识、修养。做什么工作不是首要问题，重要的是，我们准备好了吗？我们追求的，应该是能够让人了解你、懂你的内在支撑点。也就是，一个人要想立身成名，你首先要练好足以支撑你成名的基本功，"基础不牢，地动山摇。"没有足够的实力（才智、修为、金钱、关系、资源等），纵使一夜成名，哪怕是精心设计打造的形象，也会把持不住，人设崩塌。巴菲特说："只有到退潮的时候，才知道谁在裸泳。"不是在海里的人都是弄潮儿，也有可能是浑水摸鱼的。

　　《周易·系辞》："德不配位，必有灾殃。"孔子在诠释这句话时用了一个排比句来描述：子曰："德薄而位尊，知（智）小而谋大，力小而任重，鲜不及矣。"（德行浅薄而居于高位，缺少智慧而谋求大事，能力小而担当重任，很少有人能避免灾祸的。）孔子还说："君子藏器于身，待时而动，何不利之有？"（君子怀揣利器，等待时机而动，怎么会有不利的呢。）

　　清代黄式三《论语后案》："君子之于位与名，听其自至而已，避之与急求之皆非也。""是以君子之论名曰实至则名必归也，曰用功深而收名远也。"意

里仁篇第四

思是，君子面对地位、名誉，要顺其自然，有意避让或急于求成都不是正道。所以，君子在说起名誉的时候就会说有了真正的才学、本领或功业，自然就会收获美誉，就会说用功深厚，才能美名久远。

　　一个人要在社会上安身立命，靠什么？人要立身，总要想清楚靠什么立身，靠什么支撑你立于社会之中。但是，有的人在这个问题上往往本末倒置，首先想的是谋位，找一个好的工作、职位，以为这就是安身立命的根本。但孔子在两千多年前就说："患所以立。"立身的基础都没有，你何以立身？支撑你立身的本事都不具备，你何以立身？有人说，如何才算立，有两个指标，一是社会的认可，二是自身的境界。而孔子的"立"主要体现在他自身精神境界的建立，通过长期不断的学习求索、思考，他建立了自己的思想体系，价值体系。

　　其实，所谓立，一是积累了一定的学识；二是有了一定的社会阅历和人际关系基础；三是基于前两项，而有了一定的主张；四也是最关键的，形成了自己的"三观"——世界观、人生观、价值观。这才是一个人真正的"立"，就像甲骨文"立"字一样，一个人，顶天立地于坚实的大地之上，有追求，有担当，有责任，一个大写的"人"。（图4.14-1）

图4.14-1

　　所以，在这一章里，孔子强调的不是位，不是名，而是强调"所以立"，强调"求为可知"，也就是强调一个人安身立命的根基、本领，强调一个人立身成名的德能基础。

## 4.15

　　子曰："参❶乎！吾道一以贯之❷。"曾子曰："唯。"
　　子出，门人❸问曰："何谓也❹？"曾子曰："夫子之道，忠恕而已矣❺。"

**【译文】**

　　孔子说："曾参啊！我的学说是用一个主张贯穿始终的。"曾参说："是。"孔子出去后，旁边的弟子问曾参："这是说的什么意思呢？"曾参说："老师的学说，其实就'忠恕'二字罢了。"

[释读]

❶ **参** 孔子学生曾参。首见于《学而篇》1.4章。

❷ **吾道** 我的道，我的思想主张，我的思想学说。
**一以贯之** 即以一贯之，贯，贯穿，统贯。成语"一以贯之"，意为做人做事，按照一个道理、主张或用一个根本性的原则，贯穿始终。皇侃《论语义疏》："贯，犹统也。譬如以绳穿物，有贯统也。"（贯，犹如统贯。比如用绳子贯穿物体，有贯通之义。）《管子·戒》："闻一言以贯万物，谓之知道。"（听到一句话就能贯通万物，这就叫明白了大道。）这里，没有直接阐释"吾道"，而曾子也直接回答"唯"，即"是"。师徒二人心有灵犀，一点即通。

❸ **门人** 指孔子的另一个弟子，曾参的同门师兄弟。

❹ **何谓也** 即"说的是什么意思呢"。

❺ **忠恕** 朱熹《论语集注》本章注："尽己之谓忠，推己之谓恕。"（尽心竭力叫忠，推己及人叫作恕。）《学而篇》1.4章注："尽己之谓忠，以实之谓信。"（尽心竭力叫作忠，信实可靠叫作信。）程树德《论语集释·余论》引《四书辨疑》："心无私隐之谓忠，言有准实之谓信。此乃忠信之别也。"（内心没有隐私叫作忠，说话信实可靠叫作信。这就是忠和信的区别。）

忠，即以诚相待，尽己之力为人助人，为人尽心竭力。"忠"为孔子"四教"之一。《述而篇》7.25：子以四教：文，行，忠，信。

恕，非现在之"宽恕""饶恕"义。孔子给"恕"所下的定义在后文《卫灵公篇》15.24：子贡问曰："有一言而可以终身行之者乎？"子曰："其恕乎！己所不欲，勿施于人。"《礼记·中庸》："忠恕违道不远，施诸己而不愿，亦勿施于人。"（忠、恕离大道已经不远了，放到自己身上都不愿意的，也别放到别人身上去。）这也即是"推己之谓恕"。

里仁篇第四　141

## [读后]

结合孔子前后学说、观点，我们知道，"仁"是孔子及儒学的核心，"一以贯之"的"一"也即是"仁"。那么，曾参在这里总结孔子的学说，却以"忠恕"二字来概括，是不是理解偏了呢？

我们来看看儒家思想的"仁"。"仁者爱人。"仁的实质是"爱"，博爱，亲爱，慈爱，同情，怜悯和尊重他人。《雍也篇》6.30："夫仁者，己欲立而立人，己欲达而达人。能近取譬，可谓仁之方也已。"意思是说，仁，就是自己要立足，也让别人能够立足；自己要通达，也让别人能够通达。能够从身边之事做起，将心比心，推己及人，就是行仁的方法了。这正是朱熹《论语集注》所言"尽己之谓忠"，尽己所能，帮助别人。

而孔子对"恕"的阐释："己所不欲，勿施于人。"自己都不愿意做的，也别让别人做，自己不喜欢的，也别强迫别人喜欢。这正是朱熹所说的"推己之谓恕"，推己及人，将心比心，换位思考。如此，"忠恕"也就正是"仁"。

其实，"仁"的内涵非常丰富。作为至高的道德准则，它的核心是"爱"，而"忠恕"正好是其实现的方法。"恕"者，"己所不欲，勿施于人"，这是从否定方面去界定；"忠"者，"己欲立而立人，己欲达而达人"，是从肯定方面去界定，这都是从如何实现仁的方法上说的。这个方法，就是从自己开始，由己及人，这便是孔子说的"能近取譬，可谓仁之方也已"的本意之所在。

所以，曾参的回答没有问题，相反，其对老师"仁"的思想核心，理解体会相当精准而深刻，更重要的是，为我们诠释了通达孔子"仁"道的具体路径，把高度抽象的"仁"具体化了，从而更具有可操作性。联系本章，我们再来看看《述而篇》7.30，也就更明白孔子那句话的深层含义：子曰："仁远乎哉？我欲仁，斯仁至矣。"

总之，忠就是尽量成全别人，恕就是推己及人。忠恕是仁的境界的方法化、实操化。如果说仁只是个人内心氤氲的情怀，那么忠恕则是这种情怀在落实与他人关系时的具体原则。

子曰："君子喻于义，小人喻于利[1]。" 4.16

【译文】

孔子说:"对君子,告诉他义在哪里;对小人,告诉他利在哪里。"

【释读】

❶ 喻  知道,了解,明白,此处为使动用法,使知道,使人知道。晓喻,告知。朱熹《论语集注》:"喻,犹晓也。义者,天理之所宜。利者,人情之所欲。"(喻,就是明白,知晓。义,就是天理的恰如其分。利,就是人性中的欲望。)按照这样的解义,这句话可以这样译出:孔子说:"君子明白的是义,小人明白的是利。"大多注家对孔子这句话的解读,即把"喻"解为知晓、明白、晓得。我们来看看这一句话的语法结构。君子(小人)+喻(动词)+于义(利),"于义""于利"是介词短语,意思应该理解为"在义方面""在利方面"。在本句中应该是状语后置现象,翻译时要提前。"喻"是一个动词,后面一般来说,是跟一个代词构成动宾结构,那么"喻"的后面一定省略了一个代词"之",也就是"喻(之)于义",翻译的时候,介词短语作状语形成状语后置,要提到动词之前,也就是变成"于义喻(之)",从(在)义方面让他明白,"喻"在此为使动用法,使……喻,使……明白。

如果我们这样去分析句子的语法结构,那么回过头来,"君子""小人"就不是"喻"的行为发出者,也就是说,整句话其实是省略了主语,"君子""小人"则为前置状语,属于句首前置状语,"君子"即"对君子(来说)"。同理,"小人喻于利",其语法现象和"君子喻于义"完全相同,也就应该按相同的语法结构来处理。假如按照一般理解,"君子明白义,小人明白利",它的语法结构就是:君子(主语)+明白(谓语)+义(宾语),那么,介词"于"去哪儿了呢?怎么安顿这个"于"?"于"和"义"构成的介词短语怎么处理?

【读后】

这一章是关于君子小人的"义"和"利"的问题。

社会上曾经有一句话:君子不谈钱,谈钱非君子。其实,不是君子不谈钱,只是,君子做事,必辨是非,合于义就做,不合于义就不做;有义有利,则取,

里仁篇第四

不义之利，不取。不是不谈利，而是要看义。

孔子说："不义而富且贵，于我如浮云。"孔子并不反对利，只是反对不义之利，见利忘义，反对通过不正当手段获利。无论孔子还是后来的孟子，他们所追求的是建立安定、富裕、有道德、有尊严、其乐融融的"王道乐土"，所以，该谈义的时候谈义，该谈利的时候，大大方方谈利。对义利关系的简单割裂是不符合原始儒家思想主张的。

"君子爱财，取之有道。"如此而已。

同时，本章也告诉我们，在谈义和利的时候，要分清对象：跟君子大谈利益获取，或者跟小人大谈道义理想，恐怕都是枉费心机的事。因为，君子与小人的价值体系不同。

《孟子·尽心上》说，孟子曰："鸡鸣而起，孳［zī］孳为善者，舜之徒也；鸡鸣而起，孳孳为利者，跖［zhí］之徒也。欲知舜与跖之分，无他，利与善之间也。"孟子说："鸡叫就起床，孜孜不倦地行善，是舜一类的人；鸡叫就起床，孜孜不倦地求利，是跖一类的人。要想知道舜和跖的区别，没有别的，只在行善和求利的不同罢了。"

## 子曰："见贤思齐焉，见不贤而内自省［xǐng］也❶。" 4.17

**【译文】**

孔子说："看见有德有才的人，便要想如何向他看齐，看到无德无才的人，便应该自我反省（自己是不是也这样）。"

**【释读】**

❶ **见贤思齐**　意为见到德才兼备的人就努力向他看齐。贤，有德有才之人，德才兼备之人。后文"不贤"即指不具备德才的人。思齐，想要与之一样，即"看齐"。老子《道德经》第二十七章："故善人者，不善人之师；不善人者，善人之资。"（善人，是不善之人的老师；而不善之人，是善人的借鉴。）《述而篇》7.22：子曰："三人行，必有我师焉：择其善者而从之，其不善者而改之。"

**内自省**　内心自我反省。

【读后】

　　自古以来，中国的仁人志士，总以"修身齐家治国平天下"为立身的行为准则。"穷则独善其身，达则兼济天下。"这是一个读书人的思想底色。
　　《礼记·大学》："古之欲明德于天下者，先治其国；欲治其国者，先齐其家；欲齐其家者，先修其身；欲修其身者，先正其心；欲正其心者，先诚其意；欲诚其意者，先致其知，致知在格物。物格而后知至，知至而后意诚，意诚而后心正，心正而后身修，身修而后家齐，家齐而后国治，国治而后天下平。"（古代那些要想在天下弘扬光明高尚品行的人，先要治理好自己的国家；要想治理好自己的国家，先要安定好自己的家庭和家族；要想安定好自己的家庭和家族，先要修养自身的品性；要想修养自身的品性，先要端正自己的内心；要端正自己的内心，先要使自己的意念真诚；要想使自己的意念真诚，先要使自己获得知识，获得知识的途径在于认识研究万事万物。通过对万事万物的认识研究，才能获得知识；获得知识后，意念才能真诚；意念真诚后，内心才能端正；内心端正后，才能修养品性；品性修养后，才能管理好家庭家族；家庭家族管理好了，才能治理好国家；治理好国家后，也才有天下太平。）这便是儒家思想中典型的内在逻辑。

## 4.18

子曰："事父母几[jī]谏❶，见志不从❷，又敬不违❸，劳而不怨❹。"

【译文】

　　孔子说："侍奉父母时，劝谏父母要委婉而少谏，父母不接受劝谏，也要恭敬而不违逆，操劳而不心生怨气。"

【释读】

❶　**几**　在此意为轻微，婉转，含蓄。
　　**谏**　规劝君主、尊长、朋友，使之改正错误，引申为纠正。

里仁篇第四　145

❷ **志** 情感，心意，意愿，感想，感受。《毛诗序》："诗者，志之所之也，在心为志，发言为诗。"

❸ **又敬不违** 敬，恭敬如初。违，违抗，触犯。

❹ **劳而不怨** 劳，劳苦、忧心、担心，此处释为"操劳"，即"操心劳累"。怨，怨气。

**【读后】**

　　跟父母的沟通、交流，尤其是针对父母的言行，提出不同意见，应该注意些什么？在这一句话里，孔子给出了几点原则：1. 要尽量委婉而且要少说；2. 父母不接受，子女不能勉强；3. 要保持恭敬，而不能因为父母不接受你的意见就使脸色，对着干；4. 不能因为父母不接受你的意见，你就放弃尽孝，对父母不管不顾，而要一直为父母操劳，还要不心生怨气。做子女的，小时候父母为其操劳，子女长大了，就该为父母操劳，而心甘情愿，没有任何怨言怨气。这，就是孝。

　　孝，不是一个空泛的概念。在我们前面所讲的内容里，孔子几次谈到"孝"的话题。相关内容还出现在《学而篇》1.7、1.9、1.11，《学政篇》2.5、2.6、2.7、2.8，以及本篇《里仁篇》4.18、4.19、4.20、4.21，后面《阳货篇》17.21。

　　系统地学习孔子关于"孝"的言论，我们对"孝"便有一个很具体的概念了。

　　孔子主张以孝治天下。治理天下，其切入口在"孝"，再由家庭至于国以至于天下。

**4.19**　　子曰："父母在，不远游，游必有方❶。"

**【译文】**

　　孔子说："父母在世时，不要远游，一定要远游，要有确定的去处。"

## 释读

图4.19-1

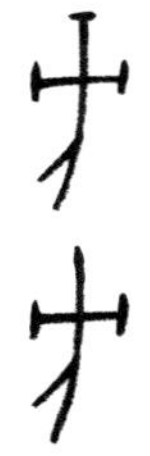

❶ **游** 本为"遊",与"游"为异体字。古时候用于游玩,游历,交游意义上,两字通用,而用于水下活动时,古时用"游"。也就是说,在陆地上的叫"遊",在水下的叫"游"。汉字简化后只保留了"游"。

甲骨文"遊",从子,表示人,其旁从象旗帜形,字象人执旗帜形,以示军队行军之意。(图4.19-1)许慎《说文》:"游,旌旗之流也。"许慎《说文》无"遊"字,说明许慎当时未见甲骨文。

**方** 甲骨文"方"为独体象形字,双尖末,一种翻土工具,借作国名,方位名词。徐中舒《甲骨文字典》:"古者秉耒而耕,刺土曰推,起土曰方。""方"在本章中意为确切的地方,确切的位置。(图4.19-2)

图4.19-2

## 读后

身处现代的我们,可能很多人都无法理解这句话。我们先看看孔子在前面说过的一段话。《为政篇》2.6:孟武伯问孝。子曰:"父母唯其疾之忧。"孔子说,作为一个孝子,最好别让父母有太多的担心,不要太让父母操心,要操心的话,尽量让父母只担心你身体怎么样,有没有生病之类。

《礼记·曲礼上》:"夫为人子者,出必告,反必面。所游必有常,所习必有业。"意思是说,为人之子,外出一定要告诉父母,回来之后一定要去见父母,报个平安。远游一定要有固定的去处,所学一定要有专攻。《礼记·玉藻》:"亲老,出不易方,复不过时。"事奉老人,外出要有固定的去处,返回不要超过说好的时间。

孝敬父母,不能让父母太为你操心。出远门一定要告诉父母具体的去处,回来要给父母报平安。对于现代人来讲,也许这看起来有些烦琐。古人为什么会特别在意这些在现代人看起来不可理解的事情呢?为什么外出一定要告诉父母去哪儿呢?

其实,这一切都是让子女要考虑父母会牵挂子女、为子女担心,哪怕就是到今天,如果不在同一个地方,父母也会非常关心子女所在地方的情况,比如一则跟你所在地方相关的新闻、天气等,父母关心的,不是你所在的地方,是那个地方有你存在。在父母心里,你所处之地就是他们所知道的"方",这个"方",寄托着父母的牵挂、慈爱。所以,孔子说,做子女的,不要让父母太牵挂你、担心你。现在的交通通信如此发达,出门有高铁、飞机,通信有手机,还可以随时

里仁篇第四　147

视频，再远也如在目前。而古人就不一样了，出一趟远门，对于亲人来讲，一离开，便是音信全无，就可能是生离死别。想想，那种亲人间的生离死别，该是什么样的情景。

所以，杜甫写道："烽火连三月，家书抵万金。"有家书还算好的，最怕的是连一封家书都无法送达。

所以，宋代词人晏殊写道："欲寄彩笺[jiān]兼尺素，山长水阔知何处。"想寄封信，哪怕只言片语也好吧，可是，往哪儿寄呢？茫茫天涯，不知人在何处啊！

社会的发展是无法想象的。对于我们，出一趟远门，也就跟串个门一样简单，而两千多年前的孔子时代，人们根本无法想象我们现在的交通和通信会是这样发达，不然孔子他老人家就不会说这句话了。其实，我们今天读孔子这段话，其内容或许早已被岁月稀释，但是，其中所包含的骨肉亲情与"孝道"文化，只要人类还存在，只要还有血脉相连，就将千古不变。

## 子曰："三年无改于父之道，可谓孝矣❶。" 4.20

【译文】

孔子说："能多年谨守父亲的遗志，不轻易标新立异、急于摆脱家范，可以说是'孝'了。"

【释读】

❶ 朱熹《论语集注》："胡氏曰：已见首篇，此盖复出而逸其半也。"（逸：散失，亡失，也作"佚"。这句话已见于第一篇，这里再次出现，内容却少了一半。）《学而篇》1.11：子曰："父在，观其志；父没，观其行；三年无改于父之道，可谓孝矣。"

【读后】

参阅《学而篇》1.11。

## 4.21　子曰："父母之年，不可不知也。一则以喜，一则以惧❶。"

**【译文】**

孔子说："父母的年纪，不能不记住。一方面因为他们高寿而开心，一方面因为他们日渐衰老而害怕。"

**【释读】**

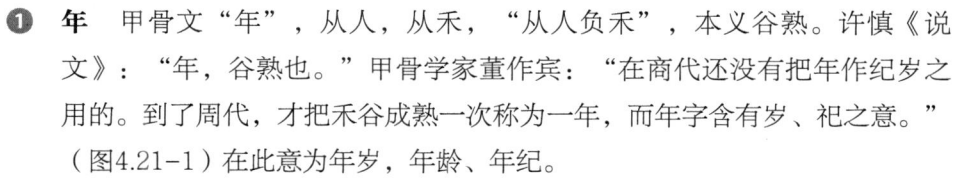

❶ **年**　甲骨文"年"，从人，从禾，"从人负禾"，本义谷熟。许慎《说文》："年，谷熟也。"甲骨学家董作宾："在商代还没有把年作纪岁之用的。到了周代，才把禾谷成熟一次称为一年，而年字含有岁、祀之意。"（图4.21-1）在此意为年岁，年龄、年纪。

**则**　转折连词，就。"则"在古文中还有另外一个常见的用法，是两个或两个以上的"则"字连续出现在前后或一列句子中，表示对比，像此处的"一则……一则……"，就表示一方面怎样，另一方面怎样。

**以**　因，因为。"以"字后省略宾语"之"，"之"指代父母年龄。在古汉语中，介词"以"之后常省略"之"。

图4.21-1

**【读后】**

《韩诗外传》卷九："树欲静而风不止，子欲养而亲不待也。往而不可追者，年也；去而不可见者，亲也。"（树想安静下来，风却永不停止。儿女想尽孝心，亲人却可能已远逝。流逝了就无法追回的，是岁月；离开了就不能再见的，是亲人。）

世间万物暗藏着不可预测的危机，时间在不停地流走，时不我待。人当做好眼前的每一件事，不可拖延，不可怠惰。孔子说"言寡尤，行寡悔"，不要等到亲人离去，才想到还没有尽到孝心，留下遗憾。

从今以后，记住父母的年纪，记住父母的生日。这不是一种虚行，而是仁心的折射，人性的折射，孝心的表达，至亲至情的表达。

子曰:"古者言之不出❶,耻躬之不逮[dài]也❷。" 4.22

**【译文】**

孔子说:"古时候的人话不轻易说出口,是因为担心说出来的话,自己做不到而感到羞愧。"

**【释读】**

❶ **古者** 古时,古时候的人。
**言之不出** "之"无义,起语法作用,把独立的句子变为词组。

❷ **耻** 形容词意动用法,即"以……为耻"。本篇4.9:子曰:"士志于道,而耻恶衣恶食者,未足与议也。"其中"耻"用法与本章相同。
**躬之不逮** 躬,身体,自己。引申为"亲自""亲身"。此处为"自己的行动"。"之"与"言之不出"的"之"同,无义。逮,多音字。音[dǎi]时,意为逮捕、捉;音[dài]时,意为及、达到、赶上、趁、趁着。"耻躬之不逮"即"(是因为)担心说出来的话,自己做不到而感到羞愧"。《礼记·杂记》:"有其言,无其行,君子耻之。"(只有言语,没有行动,君子以之为耻。)

**【读后】**

脱口而出的话,往往还来不及经过大脑,而未经大脑的话是轻浮不可靠的。关键是,脱口而出的话,往往行动跟不上。快人快语固然爽快,但要切记,一言既出,驷马难追。话一旦说出口,是不好收回去的。慎言,是孔子一直提醒大家要认真对待的事。在本篇4.24,孔子就说:"君子欲讷于言而敏于行。"

子曰:"以约失之者❶,鲜矣。" 4.23

【译文】

孔子说:"一个人因为约束自守而犯过错,这是很少出现的事。"

【释读】

❶ **以** 因,因为。

**约** 本义为缠束。许慎《说文》:"约,缠束也。"引申为节制,约束。"约"字的"大约"义为后起义。《里仁篇》的内容皆言人的自身修养,以达君子之仁,其语言指向为自我修为,即努力做人,故本章之"约"义应为约束,节制,严于律己,谨慎行事。

【读后】

本章强调自律,自我克制。人是不能无限度地任性的,尤其是对欲望。人的欲望无穷无尽,如果不加约束控制,欲壑难填,便会带来灾祸。人世间,很多悲剧来自欲望。

21世纪的今天,似乎是一个可以"任性"的时代。"世界这么大,我想去看看。"一任性,便出走了。"趁阳光正好,趁微风不噪,趁繁花还未开至荼蘼(荼蘼花开是一年花季的终结),来一场说走就走的旅行。"一任性,丢下所有,去浪迹天涯了。

有钱任性,有房任性,有车任性,连喝茶也任性……但是,我们试着想一下:如果这个世界上的每一个人都毫无节制地任性,由着自己的性子来,这世界,该乱到什么程度?我们自己呢?如果一味强调自由,而忽视公德,忽视约束自守,我们最终会走到哪儿去呢?还能走多远呢?

《孟子·告子上》里讲到一个故事:弈秋是当时诸侯列国都知晓的国手,棋艺高超。由于弈秋棋术高明,有很多青年人想拜他为师,弈秋收下了两个学生。一个学生诚心学艺,听先生讲课从不敢怠慢,十分专心。另一个学生大概只图弈秋的名气,虽拜在门下,并不下功夫。弈秋讲棋时,他心不在焉,探头探脑地朝窗外看,想着鸿鹄什么时候才能飞来,飞来了好张弓搭箭射两下试试。两个学生虽同在学棋,同拜一个老师,前者学有所成,后者未能领悟棋艺。因为专心的学生能够约束自己。

年轻的时候,欲望太多,这个想做,那个也想碰,到最后恐怕浪费了时间。孔子这句话说得好：因为自我约束而在言行上有什么过失，那是很少见的。"鲜"这个字又出现了，前面学过"巧言令色，鲜矣仁"，"鲜"就是很少。

如果有人问我：有没有什么字可以作为座右铭？"约"字是非常好的一个字，约束，克制，节制。约束自己，做自己的主人。

## 4.24

子曰："君子欲讷［nè］于言而敏于行❶。"

【译文】

孔子说："君子要在言语上谨慎迟缓，而在行动上敏捷勤勉。"

【释读】

❶ 欲　欲望，贪欲；希望，想要，要；将要（后起义）。此处意为"要"。
讷　言语艰难，言语迟钝，此处解为"语言谨慎迟缓"。许慎《说文》："讷，言难也。"《广雅·释诂》："讷，迟也。"
敏　敏捷，聪慧，勤勉。许慎《说文》："敏，疾也。"《王力古汉语字典》释"敏而好学，不耻下问"之"敏"为勤勉（努力不懈）。

【读后】

在《论语》中，孔子多次反对"佞""巧言"，欣赏"木讷"，言在行后。

人生是一个自我塑造的过程，直至死亡来临，这个人才算是塑造完工，其形态如何，可就不好说了。夫子之言"讷于言敏于行"在今天似乎没多少现实的指导意义——如此个性张扬的时代，如此表现自我、实现自我的时代，嘴巴跟不上去，那不是傻子？那不是要被现代的浪潮所湮没？——其实不然，夫子言必称"君子"，那是他以及他所代表的儒家思想文化所努力塑造的理想人格。而言行统一，便是这一理想人格的标准之一。

孔子讲中庸之道，有人戏言，"中"字像口上贴了一个封条，告诉你不要乱讲话，讲话要有分寸，要慎言。"满罐水不响，半罐水响叮当。"

水流越深，看似流动越缓慢，但却威力巨大，暗藏深机。人越是显贵，说话越慢，不是嘴笨，而是"慎言"，不是无学，而是厚积而薄发。

## 4.25　子曰："德不孤，必有邻❶。"

**[译文]**

孔子说："有德之人，不会孤独；有德之人，定有同类会聚。"

**[释读]**

❶ **德不孤**　有德之人，不会孤独。
**必有邻**　邻，邻居，邻里，此处指志同道合的人，志趣相投的人。有德之人，一定有同类相聚，有德之人，定能一振臂而天下应。《易经·系辞上》："方以类聚，物以群分，吉凶生矣。"（万事万物按照类别或分或合，人群按其类别或分或合，吉凶也就在这或分或合之中产生出来。）

**[读后]**

几年前，当全国社群组织轰轰烈烈之际，深圳的几个游学德国的朋友发起了一个社群组织，他们高举"德不孤，必有邻"的旗号，以深圳为总部，迅速向全国扩大，在全国各地建立分会，几成燎原之势。在最高峰时期，社群人数达到近二十万人，参与者中，最多的是各行各业大大小小的经营者，社群的理念是：互助互帮，抱团取暖。

这是一个初心非常好的社群组织，也是一个正能量满满的社群组织，在很短的时间内，这个社群组织在全国迅速走红，影响很大，并受到政府、商界关注与认同。

但是，经过几年时间的发展，当社群规模不断扩大的时候，社群内部却争斗迭起，抢资源，争利益，拉帮结派，钩心斗角，一个温暖的社群组织，变成了大佬们的狩猎场，小商小贩的叫卖场，利益争夺的角斗场。

回顾这个组织的兴起与衰落，其实是没有处理好德与商的关系，义与利的平衡。最终，因德而聚，因利而散。

生活中，我们常说，要了解一个人，看他身边是些什么人也就明白了。有德的动机引领我们做出长期的正确选择，而无德却会让人不守底线，胡作非为。重温《为政篇》2.1：子曰："为政以德，譬如北辰居其所而众星共之。"（图4.25-1：德不孤必有邻）

图4.25-1

**4.26** 子游曰："事君数［shuò］，斯辱矣❶；朋友数［shuò］，斯疏矣❷。"

**[译文]**

子游说："事奉国君过于烦琐，就会招致羞辱；与朋友交往过于频繁，反会被疏远。"

**[释读]**

❶ **数** 烦琐，频繁，屡次，多次，频频造访，有过于频繁琐碎之意。事君频繁，不加节制，流于烦琐，适得其反。《礼记·祭义》："祭不欲数，数则烦，烦则不敬。"（祭祀不能太过频繁，太过频繁就流于烦琐，而太烦琐反而失去了敬畏虔诚之心。）

**斯** 由代词转成的连接副词，相当于"就""这样就"。

**辱** 侮辱，表被动，被侮辱。招致侮（羞）辱。

❷ **疏** 疏远。表被动，被疏远。

**[读后]**

《颜渊篇》12.23：子贡问友。子曰："忠告而善导之，不可则止，毋自辱焉。"（子贡问交友之道。孔子说："对待朋友尽心劝告，恰当引导，如果朋友不听，就立即停止劝告和引导，不要自取其辱。"）

这是告诉我们，掌握好距离与尺度很重要。君臣、朋友是复杂的人际关系中两个重要的关系。

法国哲学家叔本华有一则寓言，寓言说，一群豪猪在一个寒冷的冬天挤在一起取暖，但它们的刺毛开始互相击刺，于是不得不分散开。可是天实在太冷，豪猪们又不得不聚在一起，于是，同样的事再次发生。经过几番聚散，最后，它们发现最好是彼此保持相当的距离，这个距离就是在不互相伤害的前提下，保持着群体的温暖。"一种最恰如其分的距离，那就是在彼此不伤害的前提下又让彼此感到温暖。"对这种状态，佛教禅宗的一个境界，叫作："花未全开月未圆。"

心理学上有一种界定，说现代人的交往中有一种"非爱行为"。什么是"非爱行为"？就是以爱的名义对最亲近的人进行的非爱性掠夺。这种行为往往发生在夫妻、恋人、父母子女之间，也就是世界上最亲近的人之间，往往以爱的名义进行强制性的控制。所以，一位英国的心理学女博士在一本书里写道："这个世界上的所有的爱都以聚合为最终的目的，所有的爱大家都想最后到一起。这世界上只有一种爱以分离为目的，那就是父母对孩子的爱。"她说："父母真正成功的爱，就是越早让孩子作为一个独立的个体从你的生命中分离出去，你就越成功。"这其实是在告诉我们，距离和独立是一种对人格的尊重，包括在最亲近的人之间也该如此。

尼采说："迫使人们遵从道德本身就是不道德的。"这正如有人说，极端的道德就是不道德。极端的爱是非爱，极端的孝是不孝，极端的"仁"，那也就是伪善的假仁假义，假慈悲。孔子弟子以本章作为《里仁篇》收尾的话，这样的编排，似乎正隐喻着这么一个深刻的道理。这，也是儒学的"中庸"之道。

不知其仁焉用佞子使漆彫開仕對曰
吾未能信子說子曰道不行乘桴浮於
海從我者其由與子路聞之喜子曰由
好勇過我無所取材孟武伯問子路仁乎子曰
由也千乘之國可使治其賦也
又問子曰求也

# 公冶长篇第五

## 5.1

子谓公冶长[1]："可妻也[2]。虽在缧绁［léi xiè］之中，非其罪也[3]。"以其子妻之[4]。

**【译文】**

孔子在谈到公冶长时说："可以把女儿嫁给他。他即使被关进牢房，但不是他的罪过。"于是，把女儿嫁给了他。

**【释读】**

[1] **公冶长** 复姓公冶，名长，孔子弟子，齐人。《论语》中仅此一见。世传其能通鸟语，鲁君不信，将他逮捕入狱。此仅为传说，不见书载。
   **谓** 谈论，评论。孔子说到（谈论）公冶长。注意，不是与公冶长谈论，而是与人议论、谈论公冶长。

[2] **妻** 名词用作动词，"嫁给……为妻"，古读［qì］。

[3] **虽** 即使。
   **缧绁** 本指捆绑犯人的绳索，引申为监狱、牢狱。
   **非其罪也** 不是他的罪过，他并没有犯罪。

[4] **子** 古时"子"兼指儿子、女儿，这里指女儿。
   **妻之** 把女儿嫁给他，做他的妻子。妻，同上一"妻"，动词。

**【读后】**

开篇第一章，孔子对他的学生作评价，但是通篇却没有一个字正面评价公冶长。那么，公冶长到底是一个什么样的人呢？孔子说了两点：1.可以将女儿的终身幸福托付给他；2.他正经受牢狱之灾，但不是他的罪过。至于是什么原因入狱，孔子未作交代。我们从这两个侧面，其实已经可知孔子对公冶长的评价了。

能把自己的女儿托付给他，对于孔子来说，那一定是一个有德有才之人，而且一定具有很强的生活能力。一个碌碌无为的平庸之辈，能逃过孔子的法眼么？

所以，可以把自己的女儿嫁给他，这评价，够高。正如彼得·德鲁克在谈及如何考察提拔管理者的问题时，曾讲过一个简单的标准：如果你认为可以把你儿子交到这个人手下做事，就可以提拔他。这和孔子的观念高度一致。

公冶长身陷囹圄［líng yǔ］，而孔子却直言，这不是他的罪过，说明孔子深知公冶长的为人，并清楚事情的来龙去脉、是非曲直。把女儿嫁给一个囚犯，可谓惊世骇俗。因此，孔子对公冶长的评价还用说出来吗？同时，孔子对公冶长入狱的是非曲直的态度不也呼之欲出了吗？

在对所有人的评价中，还能有谁可以获得孔子如此之高的评价和肯定呢？孔子评价人，一开篇就出其不意。

## 5.2

子谓南容❶："邦有道，不废；邦无道，免于刑戮［lù］。"❷以其兄之子妻之❸。

【译文】

孔子评价南容："国家政治清明，他能有所作为；国家政治黑暗，他也不会受牢狱之灾、遭杀身之祸。"孔子把兄长的女儿嫁给了他。

【释读】

有版本将本章与第一章合并。今从杨伯峻本，即单列为一章。

❶ **南容** 姓南宫，名适［kuò］，字子容，鲁人，孔子弟子。除本章外，《先进篇》11.6章将再次出现。

❷ **邦有道** 邦，诸侯的封国，泛指国家。有道，政治清明。
**不废** "废"是不被国家所用，"不废"即被任用，也就是能有所作为。
**无道** 政治黑暗。
**刑戮** 刑，刑罚，牢狱之灾。戮，杀戮，杀身之祸。

❸ **兄之子** 兄长的女儿。孔子之兄叫孟皮（参阅《史记·孔子世家》司马贞

《索引》引《孔子家语》）。此时孟皮可能已故，所以孔子替兄做主。

### 读后

国家政治清明的时候，能不被废弃而有所作为；国家政治黑暗时，又能全身而退，保全性命，不受牢狱之灾，免遭杀身之祸。这该是一个怎样圆融通达之人！一个人，能在太平盛世和乱世之中都游刃有余，从容而不迫，自保而通达，实在应该是一个可靠之人，更是可以托付终身之人。所以，孔子把他的侄女嫁给了这个人。这个人，就是南容。

有人说，比起公冶长来，南容更具贤能之才，所以以其兄之女嫁给南容，而把自己的女儿嫁给了公冶长，体现了孔子的孝悌之道。这得有多无聊才能这样去理解孔子啊！

在以上两章中，第一章没有正面直说公冶长有多优秀，孔子对公冶长的评价，来自将自己的女儿嫁给他这一举动；而第二章，对南容的评价，比较直白、明确，这就是，南容是一个有德有才而且人情练达之人。

《红楼梦》里有一副对联：世事洞明皆学问，人情练达即文章。

把世间的事情弄明白了，处处都是学问；把社会的奥妙搞透彻了，事事都是华章。

## 5.3

子谓子贱❶："君子哉若人❷！鲁无君子者，斯焉取斯❸？"

### 译文

孔子评价宓[fú]子贱："这个人真是君子啊！如果鲁国没有君子的话，他又是从哪里学到君子的好品德的呢？"

### 释读

❶ **子贱** 姓宓[fú]，一读[mì]，名不齐，字子贱，鲁国人，孔子弟子，小孔子30岁，一说49岁。

❷ **君子哉若人** 倒装句，强调"君子"，若人君子哉。若人，这人。若，这，那，指示代词。

❸ **鲁无君子者** "者"在此含有假设之意，表示"……的话""如果……的话"。"君子者"不作"君子一类的人"解，而是"如果鲁国没有君子"。

**斯焉取斯** 两个"斯"均为代词，但前一个"斯"代子贱，后一个斯代君子的品德。焉，哪里，怎么，怎样。取，取得，获得，学到。他从哪里学到的君子品德呢？

**〖读后〗**

这是在夸子贱还是夸鲁国呢？这句话来得有点突兀，宓子贱何许人也，值得孔子如此点赞，还顺带把鲁国也夸赞了一下？我们来看一则背景资料。

《吕氏春秋·察贤》：宓子贱治单父[shàn fǔ]，弹鸣琴，身不下堂，而单父治。巫马期以星出，以星入，日夜不居，以身亲之，而单父亦治。巫马期问其故于宓子。宓子曰："我之谓任人，子之谓任力；任力者故劳，任人者故逸。"（宓子贱治理单父，每天就在堂上静坐弹琴，而单父却治理得很好。巫马期每天披星戴月，早出晚归，夜以继日，事必躬亲，而单父也治理得很好。巫马期向宓子贱询问其中的道理。宓子贱说："我这叫任用贤人，你这叫使用力气。使用力气的人当然劳累，任用贤才之人当然就轻松闲适。"）

从这一段材料我们可以看出，宓子贱已入仕，而且善于用人，因此，不需要亲力亲为、事必躬亲，而如巫马期这样的，看起来披星戴月，早出晚归，忙忙碌碌，勤勤恳恳，任劳任怨，其效果未必比巫马期的更好。管理之道即用人之道。

我们说，一个人去评价另一个人，其实也就是在表达自己的观点、思想或主张。孔子盛赞的子贱是一个终日弹琴，不下堂理政之人，难道孔子是主张治国理政要用子贱这样的人、这样的方式？其实，子贱最大的优势在善于用人。刘邦带兵不如韩信，谋略不如张良，治国之才不如萧何，却能一统天下，成就大汉帝国。他靠的是什么？德。"为政以德，譬如北辰居其所而众星共之。"这才是关键所在，这才是孔子想要说的话。

孔子赞子贱，正是在进一步表明自己的为政之道。同时，孔子在这里顺带夸了鲁国一句，是在说环境对一个人的成长、对一个人品德的养成的重要性。教育，除了因材施教，还要重视教育环境。良好的学习环境、社会风气，对一个人的成长影响深远。

所以，孔子说："里仁为美。择不处仁，焉得知。"

子贡问曰："赐也何如❶？"子曰："女［rǔ］，器也❷。"曰： 5.4
"何器也？"曰："瑚琏也。❸"

【译文】

子贡问孔子："老师看我是怎么样的人？"孔子说："你是一件器皿。"子贡说："是什么器皿？"孔子说："瑚琏。"

【释读】

❶ 赐　子贡。

❷ 女　即"汝"，你。
　 器　器皿，器具，此处指有用之才。

❸ 瑚琏　古代祭祀时盛粮食的器皿，非常贵重。朱熹《论语集注》认为，器，是指有用之才。夏朝叫瑚，商朝叫琏，周朝叫簠簋［fǔ guǐ］，都是宗庙里装黍稷、用玉作装饰的器皿，贵重又华美。子贡见孔子赞许宓子贱，因此也拿自己来问孔子，而孔子用此话告诉他，言下之意，虽然子贡还未达到"不器"的境界，也算是达到非常贵重的器皿这样的程度了。

【读后】

子贡是一个非常聪明的人，在孔子的学生当中，只有两个学生是孔子愿意跟他们谈论《诗经》的，一个是子贡（1.15），一个是子夏（3.8）。所以，孔子对子贡有很好的评价。但是，《论语》2.12章，孔子提出"君子不器"，孔子主张一个人要有立身之技，更要有济世之雄才，要有放眼世界放眼天下的胸襟，而不能仅限于一专一用之"专才"。子贡虽有政治、军事、外交、经济及语言天赋等多方面的才能，也做出了显著的成绩，孔子称赞他是难得的治国之才。但是，再高的才华，如果没有更为博大的胸怀，没有远大的理想，没有拯救苍生于水火的崇高理想与使命，最终也还是一件"器皿"而已，哪怕是贵重的器皿。

在孔子眼里，子贡还没有达到君子的最高境界，还在"器"之列。君子不排斥"器"，但君子不是以"器"的方式对社会发挥影响力的。君子必怀有用之才，更要心系天下，怀济世之使命。这便要求，君子既要有精深的专才，还要有强烈的社会责任感和使命感。无专才便会成为腐儒，平时不干实事，或干不了实事，只能在大难临头时用以死报国的方式去解脱，"无事袖手谈心性，临危一死报君王"。同时，君子要有以天下为己任的社会责任感和使命感，没有这种责任感和使命感，也就是一个"器"而已，顶多是一件精雕细琢、装饰华美的器皿。而子贡在孔子眼里，或许便还处于精美而华贵的器皿之境。

## 5.5

或曰❶："雍也仁而不佞［nìng］❷。"子曰："焉用佞❸？御人以口给［jǐ］，屡憎于人❹。不知其仁，焉用佞？"

### 【译文】

有人说："冉雍这个人有仁德却没有口才。"孔子说："何必要有好口才呢？用伶牙俐齿去对付别人，常常被人憎恶。我不知道冉雍这个人是否有仁德，但何必一定要有好口才呢？"

### 【释读】

❶ **或** 不定代词，表示泛指，有人。

❷ **雍** 姓冉，名雍，字仲弓，孔子弟子，鲁国人。在孔子弟子"四科十哲"中居德行科之列。

**佞** 有才智，旧时自谦"不佞"，犹言"不才"；能言善辩，口齿伶俐，有口才；花言巧语，犟嘴利舌。在本章中意为"逞口给之利"。许慎《说文》："佞，巧讇［chǎn］高材也。"（讇，古同"谄"。佞，就是花言巧语，有口才而谄媚逢迎。）

公冶长篇第五　163

❸ 焉　哪里，哪儿。

❹ 御　古有两字，"御""禦"。御，驾驶车马，也作"驭"；治理，统治；侍奉，陪侍；进用，奉进；古代社会与皇帝有关的事物。禦，制止，防备，抗拒，抵挡。今"御""禦"合二为一，统为"御"。本文中，御有对付、辩驳对方、驳斥别人之意。

口给　给，丰足、口齿伶俐之意。嘴快话多，应对敏捷，辩才无碍，也即伶牙俐齿。

屡　副词，屡次，常常，表频次。

于　此处表被动，被。

[读后]

夸夸其谈，巧舌如簧，看似口若悬河，如滔滔江水，但是，正如我们前篇所讲，人贵语迟，水深流缓，一个太重其口才甚至以口才炫世之人，往往言不由衷，如朱熹所言"但以口取辨而无情实"，甚至成为一个华而不实之人，一个有其表而无其实的油嘴滑舌之徒。这是让人讨厌的。

**子使漆雕开仕❶。对曰："吾斯之未能信❷。"子说[yuè]❸。**　5.6

[译文]

孔子叫漆雕开去做官，漆雕开回答说："我对做官还不能有足够的信心。"孔子听了这话，很是满意。

[释读]

❶ **漆雕开**　姓漆雕，名开，字子开，孔子弟子，鲁国人。一说漆雕开，蔡人，字子若，小孔子11岁。据《韩非子·显学》，孔子死后，儒分八派，而漆雕开便开其中一派。

**仕**　出仕，做官，为官任职。

❷ **吾斯之未能信** 即为"吾未能信斯"。斯,代词,这,这个,代"仕";一说代"信",不确。"之"无义,宾语提前时,常用在动词和宾语之间,以舒缓语气,如前已见"其斯之谓与"(1.15),"父母唯其疾之忧"(2.6),"义之与比"(4.10)。未能信,还不能有足够的信心(自信)。

❸ **说** 同"悦",同《学而篇》1.1"学而时习之,不亦说乎"之"说"。此"悦"应为孔子听了漆雕开的话,很是满意。

**[读后]**

漆雕开说对任职做官还没有足够的信心,孔子高兴什么呢?

孔子之悦,非悦其自谦,更非悦其日后必有大成,而是悦其意志坚定,悦其能仕而不仕,以学问仁德为功业。在孔子的思想主张里,仕而优则学,学而优则仕。这是非常明确的主张。学习是为了什么?入仕为官,建功立业,推行儒家学说,但是我们又不能汲汲于功名利禄。所以,孔子往往不鼓励学生急于入仕。在这里,孔子主动鼓励漆雕开入仕,说明在孔子眼里,漆雕开已经具备入仕的学养了。但漆雕开并没有因为老师让其入仕就沾沾自喜而急忙答应,反而告诉老师说,还没有足够的信心。从这里,做老师的看到了学生的一种难得的笃定状态,一种人品和学养的高度。

在《为政篇》2.18,我们看到孔子对子张的态度。子张学干禄。子曰:"多闻阙疑,慎言其余,则寡尤;多见阙殆,慎行其余,则寡悔。言寡尤,行寡悔,禄在其中矣。"在这一章中,我们可以读出孔子的态度:1.子张尚不具备入仕的才学,但又不能太打击子张的积极性,所以说话委婉而温和;2.教育子张增长见识,谨言慎行,而不必急于入仕;3.学习不必定要汲汲于仕途,先努力做到说话少出错,行为少后悔,这其实也就等于在学着做官了。言下之意,子张要入仕,还要静下心来,安心学习。而现在孔子却鼓励漆雕开入仕,态度大不一样。没想到,漆雕开并没有因为老师鼓励入仕就爽快答应,而是说,自己对入仕还没有十足的把握,还要努力精进。这就高度契合了孔子的思想主张。所以,面对一个这么懂事的学生,孔老夫子自然喜出望外,喜不自禁了。

**5.7** 子曰:"道不行,乘桴[fú]浮于海❶。从我者,其由与[yú]❷?"子路闻之喜❸。子曰:"由也好勇过我,无所取材❹。"

公冶长篇第五　165

【译文】

孔子说:"我的主张难以施行,就乘一叶小舟漂流于大海之中去。那时候,能陪我同去的,大概就是仲由吧?"子路听了这话,非常高兴。孔子说:"仲由勇气超我,但是,去哪儿弄到制作小舟的材料呢。"

【释读】

① **道** 此处意为孔子思想、政治主张、学说。
**桴** 用竹或木材编成当船用的水上交通工具,大的叫筏,小的叫桴,即今之木排。

② **从** 跟从,跟随。
**其由与** 其,表推测语气,大概,或许。由,仲由,字子路,见2.17章释读。与,同"欤"。

③ **之** 代词,代孔子说的话。

④ **好勇过我** 好勇超过了我,勇气超过我。
**无所取材** 即没有地方找到制作木排的材料。
皇侃《论语义疏》引郑玄曰:"子路信夫子欲行,故言好勇过我也。无所取材者,言无所取桴材也。以子路不解微言,故戏之耳。"(子路相信了老师的话,当真就要准备随同老师漂流大海了,而孔子此话并非真,所以孔子说子路的勇气比老师大。无所取材,是说没有地方去找到造船用的材料。因为子路没听懂老师话里的真正含义,所以孔子跟他开了一句玩笑。)

【读后】

在礼崩乐坏的春秋末期,孔子要推行其思想主张,并非一帆风顺,相反,却是路途坎坷、举步维艰。当时的诸侯国国君,大多认同并欣赏孔子的才学及思想,也能明白孔子所主张的儒家学说并非虚妄。但是,要下决心去实行孔子的主张,既无胆量,也无耐心,更重要的是,没有政治家的高瞻远瞩。他们更需要的是立竿见影而又不触及统治阶级的利益,不对其统治形成制衡,而孔子的儒学,需要从根本上触及统治者及士大夫的利益基础，谁能有"壮士断腕"之勇？

所以，孔子感叹，天下君王，能施行其道者，实在是太少太少。那还不如乘一叶扁舟，漂浮于大海之中，消失在茫茫海天之际。

孔子是在感叹，也是在写诗；是在排遣心中那一丝隐隐的落寞，也是在借乘桴浮于海的诗情化解胸中的块垒。这又透出一个信息——孔子并非真想放弃而归隐，仅仅是偶发的一声喟叹，更不是像有注家说的，孔子想要"移民海外"。

孔子在本章的主旨是偶发的一声喟叹，借以排遣心中的郁闷之情。其实，圣人也和常人一样，也会有七情六欲，也会伤心落寞，所以，我们一点也不应奇怪孔圣人这种低迷的情绪发泄。但是，当孔子写诗的时候，子路却信以为真了，做老师的，在欣赏学生为人憨实的同时，收回飘向海天之际的思绪，回到子路的"现实"：子路啊，你真要陪我乘桴浮于海，可大海风高浪急，我们去哪儿弄到造船的材料呢？这是调侃，也是幽默，同时略微批评子路尚勇的脾性。但，孔子在这里决不是要成心教育子路只知好勇的缺点，不是有些《论语》释读版本所解的，讥讽子路好勇而无智。如果照这样来理解，全文的色彩即顿然大变，不仅诗意顿失，还把孔子偶发的迷茫中的一声喟叹变成了一篇以教育子路为主旨的文章，于理不合，于情不合。如果把最后一句话理解成是对子路好勇无知的训斥之语，简直比子路信以为真，要陪老师下海漂流更没有诗情画意。那实在无趣。

在这里，我们仿佛能感受到孔子慈父般温柔的眼神，温和的面色，眉宇间充满了由衷的疼爱与怜惜。一个不问前路，勇气过人，甘愿跟随老师涉水出海，永不言弃而又无怨无悔的孩子，虽然憨实敦厚，把老师写的诗当成大实话，但，其精神却可圈可点。孔子怎么忍心在这充满诗情画意的时刻，去批评一个愿意紧跟自己乘桴浮于海的学生呢？

## 5.8

孟武伯❶问子路仁乎？子曰："不知也。"又问。子曰："由也，千乘［shèng］之国，可使治其赋也，不知其仁也❷。"

"求也何如？"子曰："求也，千室之邑，百乘［shèng］之家，可使为之宰也，不知其仁也❸。"

"赤也何如？"子曰："赤也，束带立于朝，可使与宾客言也，不知其仁❹。"

【译文】

　　孟武伯问孔子：子路是否具备仁德？孔子说："我不知道。"孟武伯再问（又问了一次）。孔子说："子路这人，一个有千辆兵车规模的国家，可以让他去负责军务；但他是否具备仁德，我不知道。"

　　孟武伯又问："冉求这人怎么样？"孔子说："冉求这人，一千户规模的城邑，可以让他去做行政长官，或者有一百辆兵车规模的大夫之家，可以让他去做总管。但他是不是具备仁德，我不知道。"

　　孟武伯又问："公西赤怎么样？"孔子说："公西赤这人，能穿上礼服，在朝廷上负责接待、洽谈和交流，至于他是否具备仁德，我也不知道。"

【释读】

❶ **孟武伯** 孟懿子之子，姓仲孙，亦称孟孙，名彘［zhì］，谥武，曾向孔子问孝（2.6）。孟孙氏与叔孙氏、季孙氏三家（"三桓"）共同把持鲁国朝政。孟懿子的父亲孟僖子临终前曾嘱咐孟懿子向孔子学礼，祖孙三代跟孔子都有交集，也算奇迹。孟武伯在本章向孔子了解几个学生的情况，有人推测此时的孟武伯已上任，故想招揽任用一些人才，所以找孔子了解几个学生的基本情况，有点像要招聘人才，先做背景调查。这一次，孟武伯筛选了三个人——子路、冉求、公西赤，但孟武伯的重点却是要了解他们的仁德情况，一来就问子路仁乎。这可是一个空洞又高深的问题。"仁"是儒学的至高道德境界，居"仁、义、礼、智、信"之首，一般人很难达到，也很难去确定。所以，孔子不会轻易许人以"仁"，正如他在本篇5.5章评价冉雍"不知其仁"，在这里，孔子也直接回答"不知也""不知其仁"。这并不是孔子真不知，而是这样的一个大问题，不是三言两语能说明白的，随意回答也是不严谨的。

❷ **千乘之国** 有一千辆兵车的国家，规模不小。乘，辆，量词，古代兵车为一车四马，一辆兵车为一乘。《学而篇》1.5章"道千乘之国"句同此。

　**赋** 指兵赋，古代的兵役制度，这里泛指军政事务。治其赋，即负责管理军政事务之意。

❸ 求　冉求，姓冉，名求，字子有，孔子弟子。

**千室之邑**　邑，指城市，城镇，古代庶民聚居之所，大者万户，小者十户。千室之邑规模较大。

**百乘之家**　拥有百辆兵车规模的卿大夫封地采邑。

**宰**　有人说差不多为一县之长，或大夫家的总管级别为宰。孔子刚入仕时，曾做中都宰，即中等都城的行政长官。

❹ 赤　公西赤，姓公西，名赤，字子华，孔子弟子。

**束带**　古人平居则缓带，低在腰，遇有礼事，则束带在胸，高而紧。这一句是说，让公西赤穿上正装礼服，在朝廷之上，负责迎来送往，接待宾客，与宾客洽谈，非常合适。

【读后】

子路擅治军务，冉求擅治政务，公西赤擅长外交。他们三个人，各有其长，而且，孔子对他们的才干，说得非常具体，但是，孔子却拒绝回答其是否仁的问题。

我们可以看出，孔子对其门下弟子的才能了如指掌，客观而具体，这也体现了孔子因材施教的基本前提。对一个学生没有准确而客观的判断，又怎么能因材施教呢？

才能在孔子眼里一直属于"器"的层次，才能的大小，也即"器"之大小轻重之别，这是可以具体而明确的；而"仁"，则为道德至高境界，没有止境，正如一句广告语："没有最高，只有更高。"这是每一个学子终身孜孜以求，努力修为的，因此，也是不可轻言的。从另一个角度来讲，当一个人具备了一定的才能，切不可沾沾自喜，以为得道，你还仅仅是一个"器"而已。一个成功的人，除了力争具备"瑚琏"一样尊贵而华美的重器，还有更重要且需终身努力修炼的，这就是"德"。你的德性、胸怀、眼界，你的人生目标，对社会的责任感与使命感。没有这一层，你也就难以进入"仁"的至高之境，最终也只能是一个"器"。

孔子不言仁，并非真不知仁，而是把仁看得极高极重。但是，一个人是否具备仁德，无法量化而具体。"仁者安仁，知者利仁""仁远乎哉？我欲仁，斯仁至矣"。"仁"隐于言行举止之中，根植于人的骨髓。整个《论语》，孔子没有对"仁"给出一个标准答案或定义，却事事处处体现着"仁"。这是一个庞大的系统工程，如果以是否"仁"来考察一个人、选拔一个人，等于在用一个需要长期修炼乃至终身修炼的系统工程作为标准,那几乎没有人能够合格。因此,孔子才会说:"不知其仁。"

《泰伯篇》8.7:曾子曰:"士不可以不弘毅,任重而道远。仁以为己任,不亦重乎?死而后已,不亦远乎?"(曾子说:"读书人不可以不心胸开阔,意志坚定。因为他们责任重大,道路遥远。把实现仁看作是自己的重任,这不是责任重大吗?承此重任到死才放下,脚下的路实在是太长太长啊!")

把一任重而道远的修炼作为是否录用人选拔人的标准,既外行,也不具备可操作性。

## 5.9

子谓子贡曰:"女[rǔ]与回也孰愈❶?"对曰:"赐也何敢望回❷?回也闻一以知十,赐也闻一以知二❸。"子曰:"弗如也;吾与女[rǔ]弗如也❹。"

**【译文】**

孔子对子贡说:"你和颜回,谁更强一些?"子贡回答说:"我哪儿敢跟颜回比?颜回闻一而知十,可以触类旁通,我顶多闻一而知二,由此及彼。"孔子说:"是不如他啊,我和你都不如他啊。"

**【释读】**

❶ **女与回也孰愈** 女,即"汝",你。回,颜回。孰,疑问代词,谁,哪一个。愈,胜过,超过。孰愈,谁更强一些。

❷ **望** 比,比较。《礼记·表记》:"以人望人,则贤者可知已矣。"(把人和人相比较,那么就可以知道谁是贤德之人了。)此处解为"与……望",即"跟……比"。有注家将"望"解为表示仰望、仰视、望尘莫及之意的谦辞。不从。

❸ **以** 连词,而。

170　细读论语·上册

❹ **与** 此处意为"和",连词。不少注家将"与"释为"同意""赞同",如杨伯峻《论语译注》即解为"我同意你的话,是赶不上他"。其依据大概是朱熹《论语集注》:"与,许也。"不从。

**读后**

子贡在此说颜回闻一以知十,而他自己是闻一而知二,其实只是一个形象的比喻。子贡虽聪明过人,但也懂得谦恭之礼,在《学而篇》1.15,子贡曾与老师探讨过"贫而无谄,富而无骄"以及用工匠精神打磨自己、修炼自己的问题,所以子贡断不敢口出狂言,骄矜放纵。孔子见子贡能如此评价自己的同门师兄(颜小孔子30岁,子贡小孔子31岁,则颜回比子贡大,按年龄当为师兄),似有欣慰之情,故而说,我和你一样,都比不上颜回。师徒之间,其情可知,大有情深意长的"惺惺相惜"之感。温暖。

## 5.10

宰予昼寝❶。子曰:"朽木不可雕也❷,粪土之墙不可杇[wū]也❸;于予与[yú]何诛[zhū]❹?"子曰:"始吾于人也,听其言而信其行;今吾于人也,听其言而观其行❺。于予与[yú]改是❻。"

**译文**

宰予大白天睡觉。孔子说:"腐烂的木头无法雕刻,污秽斑驳的墙壁无法粉刷;对宰予这人,还能骂他什么好呢?"孔子又说:"原先,我对别人,听他说的话,就相信他的行为;现在,我对别人,听他说的话,还要观察他的行为。通过宰予这件事,我改变了态度。"

**释读**

❶ **宰予** 首见于《八佾篇》3.21。善言。
**昼寝** 即大白天睡觉。

❷ **朽木不可雕也** 朽木,腐烂的木头。雕,雕刻,雕琢。

公冶长篇第五 **171**

❸ **粪土之墙** 指污秽斑驳的墙壁。

**杇** 一指粉刷，动词；一指粉刷抹墙的刷子，名词。这里作动词用，指粉刷。

❹ **于予与何诛** 于，对于。予，宰予。与，同"欤"，语气词，无义，表示句间停顿。何诛，即诛何，疑问代词作宾语，宾语提前。诛，本义为杀头，这里指批评、责备、谴责。

❺ **始** 当初，起初，从前。

**今** 如今，现在。

❻ **改是** "是"，此，这，代词，代由"听其言而信其行"到"听其言而观其行"这种态度的转度。改是，即改变了这种态度。

**[读后]**

宰予白天睡觉，结果被孔子一顿臭骂，而且骂成一句千古名言，至今不灭。有人说：学生偷睡个觉就被骂成这样，老夫子你至于这样吗？这也实在过于苛刻。其实，我们仔细体会孔子所指，表面是宰予白天睡觉，而孔子所强调的是，言行一致，表里如一，不能有言无行，言过其行，或者言在行后。这才是关键所在。宰予在孔门弟子中属于佼佼者，尤以善言而名列"四科十哲"之中，与子贡并列于"言语科"之下 ["四科十哲" 指孔门最突出的高徒前十位分别在四个不同的类别上的排名，即：德行，颜渊（颜回）、闵子骞、冉伯牛、仲弓（冉雍）；言语，宰我、子贡；政事，冉有、季路；文学，子游、子夏]。一个以语言见长的学生，如果只善言辞而无行动，或行在言后，言行不一，极易滑入虚浮不实、油腔滑调之中。孔子既知其弟子之优劣，故因人而异，时时警醒学生。谁让孔子是"木铎"呢？

**5.11** 子曰："吾未见刚者❶。"或对曰❷："申枨［chéng］。"子曰："枨也欲，焉得刚❸。"

【译文】

孔子说:"我没有见到真正刚直无私的人。"有人答道:"申枨就是。"孔子说:"申枨还有太多欲望,怎么能做到刚直无私呢?"

【释读】

❶ **刚** 很多版本解为刚毅,但在《子路篇》13.27,子曰:"刚、毅、木、讷,近仁。"刚与毅分列,可见其义有别,故在此释为"刚强"为妥,引申为刚直无私。者,"……的人"。

❷ **或** 有人,有的人。
**申枨** 枨,申枨为孔子弟子,鲁国人。

❸ **欲** 欲望,贪欲。枨也欲,即申枨有太多的欲望。
**也** 句中语气词,起舒缓语气作用,无义。

【读后】

清代民族英雄林则徐有一副对联:海纳百川有容乃大,壁立千仞无欲则刚。这副对联,既是个体人格的表达,也是华夏气节的展现,是气冲霄汉的民族之魂。

无欲则刚,不是要我们断绝一切欲念,六根清净,遁入空门,而是要控制欲望,不能被欲望所控制。"多情欲者必求人,求人则不得是刚。""欲则私意(私心)牵缠,纵貌刚之似(纵然看起来刚直不阿),而中(人之品格)之靡(坍塌)久矣。"

朱熹《论语集注》中程子曰:"人有欲则无刚,刚则不屈于欲。"谢氏曰:"刚与欲正相反。能胜物之谓刚,故常伸于万物之上;为物掩之谓欲,故常屈于万物之下。"(程颐说,人有太多欲望就做不到刚直无私,刚直无私就能不屈服于欲望。谢良佐说,刚直无私与欲望正好相反。人能战胜欲望就叫刚,这种人也因此能常常超然于物欲之外;人被物欲控制就叫欲,这种人因此常常深陷欲望之中而不能自拔。)

人,很难做到"无欲",佛经里讲,众生有三毒:贪,嗔,痴。"贪"放在"三毒"之首。佛教认为，贪是染着于色、声、香、味、触、法等欲望之境而不离。众生生活于世间，以眼、耳、鼻、舌、身、意等器官与外界相接触，产生色、声、香、味、触、法等感觉，这些感觉能引起众生的利欲之心。佛教认为，贪是修行的大敌，是产生一切烦恼的根本，因此位列根本烦恼之一，成为"三毒"之首。

从某种意义上讲，刚即是我们控制欲望的程度的体现。

**5.12** 子贡曰："我不欲人之加诸我也，吾亦欲无加诸人❶。"子曰："赐也，非尔所及也❷。"

【译文】

子贡说："我不想要别人强加给我什么，我也希望不强加给别人什么。"孔子说："子贡啊（赐啊），这可不是你容易做到的事呢。"

【释读】

❶ **加诸** 加，加上，施加。诸，"之于"，前面已出现过。把一物放在另一物的上面，引申为把某种行为施加于别人身上。施恩或施刑于某人身上也叫作"加"。皇侃《论语义疏》引马融曰："加，陵也。"那么，"陵"又是什么呢？甲骨文"陵"，从人，从阜，字象人登山陵升高之形，本义为登高。（图5.12-1）陵，大土山，引申为坟墓；登，上，逾越，超过；侵凌，凌驾。

图5.12-1

❷ **赐** 端木赐，子贡。

**非尔所及也** 意为这不是你能做得到的事。这不是你能力所及的事。

皇侃《论语义疏》引孔安国曰："非尔所及，言不能止人使不加非义于己也。"（义，宜也，恰当，合宜，"非义"即不合宜，不恰当的，非人所愿的。非尔所及，是说不能阻止别人把不恰当的东西强加在我身上。）甲骨文"及"，从人，从又，字象一人在前，后有一手在捕捉，本义是捕人。许慎《说文》："及，逮也。从又从人。"引申为赶上、办得到。（图5.12-2）

图5.12-2

**读后**

关于这一章,有两个层面的解读与思考。

一、从孔子的"仁"与"恕"去理解。"我不欲人之加诸我也,吾亦欲无加诸人。"这是仁的境界;"己所不欲,勿施于人。"这是恕。恕容易做到,而仁,却很难达到。

二、从自由平等思想方面去理解。英国剑桥大学历史系教授、历史学家、理论政治家阿克顿勋爵在《箴言录》中说:"自由的本义:自我驾驭。自由的反面:驾驭他人。"

子贡这句话,在中国原典中,最具自由主义精神。有人认为,子贡所言可以说是中国自由主义最早的箴言。

## 5.13

子贡曰:"夫子之文章,可得而闻也❶;夫子之言性与天道,不可得而闻也❷。"

**译文**

子贡说:"老师关于文献典籍和德行言辞方面的学问,我们有机会听到;但老师关于人性和天道的话题,我们却没有机会听到。"

**释读**

❶ **夫子** 此处指老师。

**文章** 本指错杂的色彩或花纹,引申指古代文献典籍,与今天"文章"之义有别。皇侃《论语义疏》:"文章,六艺也。"六艺,即我们前面讲到过的《诗》《书》《礼》《乐》《易》《春秋》六艺,也叫大六艺(小六艺为礼、乐、射、御、书、数)。朱熹《论语集注》:"文章,德之见乎外者,威仪文辞皆是也。"(文章,就是德行的外在表现,气度仪态及文章言辞都在其中。)朱熹关于"文章"的理解,含义有所扩大,不仅指文献典籍,还指一个人的气度仪态、文章言辞,因为,这都是一个人德行的外在表现。

**得** 得到机会。

公冶长篇第五

❷ **性** 人的本性。《阳货篇》17.2：子曰："性相近也，习相远也。"
**天道** 自然和人类社会吉凶祸福的趋势、规律、关系等。一指有关自然天地和宇宙的大道理。

[读后]

在解读本章时，大体有两种观点：一者倾向于孔子不讲，因为"性与天道"就在日常人伦之中，而不必玄之又玄地另立一说；一者认为是要按顺序讲，不到该讲的时候，不能讲。这，大概就是在后面我们会学到的《雍也篇》中那段话：子曰："中人以上，可以语上也；中人以下，不可以语上也。"

我们再来看看朱熹的一段话。朱熹《论语集注》："言夫子之文章，日见乎外，固学者所共闻；至于性与天道，则夫子罕言之，而学者有不得闻者。盖圣门教不躐等（躐[liè]等，超越等级，不按次序），子贡至是始得闻之，而叹其美者。"意思是说，孔夫子关于文献典籍方面的学问，是时时都在讲，所以学人都可以听闻，至于性与天道，这就是孔夫子很少讲的内容，而学人也就很少有人能听到。这大概是孔圣人门下教学不越级讲授，子贡到这时候能听闻老师讲性与天道，其实是在感叹老师讲解性与天道的精深博大之美。

朱熹此言表明了两点，一是孔子很少谈"性与天道"，但不是不说；二，孔圣人门下的教学不跨级教学，而是按一定的顺序进行。子贡好不容易才得以听闻，所以是感叹：要听到孔夫子讲"性与天道"，实在太难了。从这个意思讲，子贡就不仅仅是说一个难字，还有一点点炫耀之意了。细细品味子贡之言及朱熹之解：子贡为什么要来这么一句话呢？不觉得是在向同门师兄弟炫耀么？

子贡聪明，有时候有点小聪明小虚荣，大概也是合理的。

**子路有闻❶，未之能行❷，唯恐有闻。** 5.14

[译文]

子路每当学到一个知识，如果他还没来得及去实行，他会生怕又去接受一个新的知识。

**[释读]**

❶ **有闻** 即"有所闻"。"闻"在此动词用如名词,作"有"的宾语。

❷ **未之能行** 即未能行之,动词否定式的宾语如果是代词(这里是"之"),要放在否定词和动词之间,前面已出现同类句式。

**[读后]**

子路好勇,年轻时,就是一个头上插着野鸡毛,身上披着野猪皮,腰间挂着长剑,见义勇为的侠义之士,没想到,在学习上也能如此憨实可爱,就像一听到老师要乘桴浮于海,他就信以为真,跃跃欲试,喜不自禁,乐意陪老师前行一样憨实可爱。

学习是一个过程,当我们学到一个新的知识,需要去理解,消化,并运用于实践,如此持续不断,日日精进。如果贪多而不化,又不去实行、运用,也就成了书架子,只是堆砌了一大堆知识于此,却不能发挥其用。子路有勇,故能勇于将其所学运用于实践,子路憨实,闻善若惊,唯恐贪多不化,难以精进。这样的为人,这样的学习态度,值得我们学习。

勇于实行,却不贪多。知识需要消化,知识需要运用。还是那句话:读万卷书,行万里路。行万里路而不读书,你就是一个邮差;读万卷书而不消化运用,你就是一个书呆子,或者,只是一个精美的书架。仅此而已。

## 5.15

子贡问曰:"孔文子何以谓之'文'也❶?"子曰:"敏而好学❷,不耻下问❸,是以谓之'文'也❹。"

**[译文]**

子贡问孔子说:"孔文子因为什么谥为'文'呢?"孔子说:"孔文子聪慧而好学,向比自己年龄、地位低或学问更少的人请教,也不会觉得羞耻,因此称他为'文'。"

【释读】

❶ **孔文子** 卫国大夫孔圉〔yǔ〕，字仲叔，谥"文"。《逸周书·谥法解》："经纬天地曰文，道德博厚曰文，勤学好问曰文，慈惠爱民曰文，愍〔mǐn〕民惠礼曰文，锡（赐）民爵位曰文。"取"文"作为谥号的理由太多，难怪子贡也弄不明白了，要去问问老师这是咋回事。
**以** 凭什么，因为什么。

❷ **敏** 聪慧，敏捷。聪明又好学。

❸ **不耻下问** 不以下问为耻。钱穆《论语新解》认为，以能问于不能，以多问于寡，皆称下问，不专指位与年之高下。

❹ **是以** 以是，因此，就凭这，就凭这些。

【读后】

朱熹《论语集注》："凡人性敏者多不好学。位高者多耻下问。故谥法有以'勤学好问'为文者，盖亦人所难也。"（凡是生性聪明的人大多不爱学习，位高的人大多耻于向位低的人学习请教。所以死后封号以"勤学好问"为由谥为"文"，这大概也是因为我们每个人很难做到这一点的缘故吧。）

朱熹之言，正中要旨。自知无知乃一切真知之始；而自以为是，却把人推向深渊。

注意，"不耻下问"一词作为成语，意为不以向学问比自己差或地位、辈分比自己低的人请教为耻。一般不能用作自谦之用，否则会闹笑话。比如，你为了表明自己虚心好学而用"不耻下问"来形容，实际是在说自己高高在上，而低就下问。这就不是在自谦了。除非，你是故意幽默，否则，切不可滥用。

5.16 子谓子产❶："有君子之道四焉❷：其行己也恭，其事上也敬，其养民也惠，其使民也义❸。"

[译文]

孔子评论子产说:"子产具有四个方面的君子之德:他的言行举止谦恭谨慎;他侍奉君王恭敬严肃;教养百姓仁爱慈惠;管理百姓合理有度。"

[释读]

① **谓** 评论,谈论。

**子产** 公孙侨,字子产,春秋时郑国的贤相,在郑简公、郑定公之时执政二十二年之久。其时,正值晋、楚两国争强,烽火四起,郑国地处冲要,子产对外不卑不亢与两国周旋,为国家赢得尊敬和安全,对内整顿田制、军赋,并铸刑书以"救世",深得百姓拥护。《左传·襄公二十年》记载百姓对他的颂扬:"我有子弟,子产诲之;我有田畴,子产殖之。子产而死,谁其嗣之?"孔子曾向他请教,二人亲如兄弟,孔子称其为"仁人""惠人"。

② **君子之道** 即君子之德,君子所具有的四种品德、美德。具有四种君子的品德、美德。

③ **其行己也恭** 其,代词,他,他的。《子路篇》13.20:子曰:"行己有耻,使于四方,不辱君命,可谓士矣。"(用羞耻之心约束自己的行为,出使各国,不辱没君主的使命,就可以叫作士了。或说,对自己的言行举止能保持羞耻之心,出使他国,能不辜负君主委托的使命,这样的人可称为士了。)唐韩愈《上考功崔虞部书》:"愈不肖,行能诚无可取,行己颇僻,与时俗异态,抱愚守迷,固不识仕进之门。"(我不肖,品性实在无可取之处,立身行事又很偏执,对世风不能苟同,固守己见,所以不懂进入官场的途径。)综合以上,"行己"有要求(约束、管理)自己言行举止之意,也有立身处世之意。恭,谦恭谨慎,作谓语。

**其事上也敬** 他侍奉君王认真严肃。

**其养民也惠** 他教养百姓仁爱慈惠。

**其使民也义** 使民,役使百姓,此处译为"管理百姓"。义,宜,合理,恰当,有度。

以上四个短句中,行己、事上、养民、使民,均为动宾结构,所以在译注时需要兼顾到语法结构。这也是我们不选择"立身行事"而选择"要求（约束、管理）自己的言行举止"之意的语法依据。

【读后】

恭、敬、惠、义四者，恭，谦恭虚怀；敬，认真严肃；惠，慈悲仁爱；义，节制有度。这是孔子对子产的评价，又何尝不是我们每一个人应该努力具备或修炼的君子之德呢？

子曰："晏平仲善与人交，久而敬之❶。"    5.17

【译文】
　　孔子说："晏平仲善于同别人交往，相处越久，别人越敬重他。"

【释读】

❶ **晏平仲**　即晏婴，字平仲，齐国大夫，曾任宰相，著名的政治家。
**交**　交往，交朋友。
**敬**　敬重。"敬之"接上一句"善与人交"之"人"，故承前省略主语"人"。皇侃《论语义疏》："凡人交易绝，而平仲交久而人愈敬之也。"（一般人交往容易断绝关系，但晏平仲跟人交往，时间越久，大家越敬重他。）

【读后】

明末清初隐士洪应明编著的一本论述修养、人生、处世、出世方面的书《菜根谭》里有这样一句话："使人有乍交之欢，不若使人无久处之厌。""乍交之欢"，就是初识时的愉悦之情，偶遇的新奇、新鲜，几分神秘，就如恋爱时候的感觉；"久处不厌"，却是经过时间的洗刷之后，新鲜之感、神秘之感消失，一切都变得平淡无奇，有如左手摸右手那样无感之时，还能"相看两不厌"的状态。朋友之间、夫妻之间、君臣之间，经过长时间的磨合之后，还能相见甚欢，久处不厌，甚至能"久而敬之"，这实在难得，这需要人格魅力、学识、修养的支撑。所以，哪怕晏婴曾说孔子的坏话，孔子却一直对晏婴有很高的评价，看来晏婴的确非同寻常。

在《孔子家语·辩政》里，孔子甚至这样大赞晏婴，几乎到了肉麻的地步："晏子于君为忠臣，而行为恭敬。故吾皆以兄事之，而加爱敬。"（晏子对君王忠心耿耿，行为谦恭虔诚。所以，我一直视之如兄长，深深地爱着他、敬重他。）

## 5.18

子曰："臧文仲居蔡❶，山节藻[zǎo]棁[zhuō]❷，何如其知[zhì]也❸。"

**【译文】**

孔子说："臧文仲给大乌龟建造专门的房子居住，房屋雕梁画栋，奢华至极。臧文仲这人的智慧能怎么样呢？"

**【释读】**

❶ **臧文仲** 鲁国大夫，姓臧孙，名辰，字仲，谥"文"。
**居蔡** 居，居处，房子，此处用如动词。蔡，大龟。因蔡这个地方出产大龟，因而称大龟为"蔡"。给大乌龟建造一个居所，让乌龟住在里面。古时用龟壳占卜，所以在专门的场地养殖乌龟。

❷ **山节藻棁** 节，房柱上的斗拱，山节就是山形的斗拱，斗拱雕成山的形状。藻，藻草，水草，名词，此处用作动词，意为画上藻草图案。棁，房子大梁上的短柱，藻棁就是在短柱上画上水草图案。山节藻棁，也就是我们经常形容古建筑时用的一个词：雕梁画栋。极言房屋的华美。

❸ **何如其知也** 即"其知何如也"。知，同"智"，智慧，聪明。

**[读后]**

我们先来看看两个甲骨文。"龟",象龟形(图5.18-1);"卜",象灼龟的兆纹形,本义兆纹(图5.18-2)。许慎《说文》:"卜,灼剥龟也。象灸龟之形。一曰,象龟兆之纵横也。"

图5.18-1

图5.18-2

2006年7月13日,联合国教科文组织第30届世界遗产委员会在立陶宛首都维尔纽斯宣布,河南安阳殷墟作为世界文化遗产,正式列入《世界遗产名录》。2017年,甲骨文成功入选《世界记忆名录》。这标志着世界对甲骨文的重要文化价值及其历史意义的高度认可。

甲骨文,是刻在龟甲兽骨上的文字,大量出现于商代晚期,主要用于占卜及记录卜辞内容,是中国迄今为止所发现的最早的文字,大致时期在公元前14世纪至公元前11世纪(商王盘庚迁都至商纣王自焚,商朝灭亡,共273年)。

甲骨占卜是商代礼制的一种表现形式,也是商王室极为推崇的一种方术,它成为我国殷商时期原始宗教的重要内容之一,对当时社会的政治、经济、文化生活产生了广泛而深刻的影响。

最早发现甲骨文的人是清末国子监祭酒王懿荣。1899年,光绪二十五年,作为金石学家、鉴藏家、书法家的王懿荣,在药铺抓回的中药里发现有一味叫"龙骨"的药,上面有类似文字的符号,经过认真辨读,他判断这是商代的文字。于是,他花重金又从药铺和其他药商手中大量收购了一批甲骨,并开始研究,最后,把最终目标锁定在河南安阳小屯村。消息传出,轰动世界。从此,埋藏在地下3500多年的甲骨文重见天光,成为世界文化的重要遗产。

到目前为止,已发现甲骨文15万片以上,4000多个单字,其中,1400个左右单字可以明确识读,同现代汉字相对应。

回到本章内容。不少注家认为,臧文仲给大龟建造如此奢华的居处,是僭越礼制,因为只有天子才能如此;臧文仲把国运或者还有家运个人运寄托在占卜之上,这是虚妄之举。

其实,与其这样去理解孔夫子这段话,倒不如简单点,孔子是在骂臧文仲玩物丧志。作为身居高位的鲁国大夫,臧文仲不能像子产那样"行己也恭,事上也敬,养民也惠,使民也义",却醉心于养乌龟,还要给乌龟精心建造奢华的居室,实在有些荒唐且令人不齿。

**5.19** 子张问曰:"令尹子文三仕为令尹,无喜色;三已之,无愠色❶。

旧令尹之政，必以告新令尹❷。何如？"子曰："忠矣❸。"曰："仁矣乎❹？"曰："未知。焉得仁❺？"

"崔子弑［shì］齐君，陈文子有马十乘［shèng］，弃而违之❻。至于他邦❼，则曰：'犹❽吾大夫崔子也。'违之。之一邦❾，则又曰：'犹吾大夫崔子也。'违之。何如？"子曰："清矣❿。"曰："仁矣乎？"曰："未知。焉得仁？"

**[译文]**

子张问孔子："令尹子文几次担任令尹，都没有喜形于色；几次被免职，都没有怨恨之色。每次离任之时，一定要把原来施行的政令告诉新来的令尹。这个人怎么样？"孔子说："这是个忠臣（这算是忠于职守）。"子张又问："可以算仁吗？"孔子说："不知道。这怎么能算仁呢？"

子张又问："崔杼［zhù］杀了齐庄公，陈文子有十乘马车，但他舍弃马车，离开了齐国。陈文子到了另一个国家，就说：'这里的当政者还是像我们齐国那个大夫崔杼啊！'于是，陈文子离开了这个国家，再到另一个国家去。到了之后，陈文子又说：'这里的当政者跟我们齐国那个大夫崔杼很像啊。'于是再一次离开。这个人怎么样呢？"孔子说："这是一个清正不阿（清正刚直）的人啊。"子张又问："可以算仁吗？"孔子说："不知道。这怎么能算仁呢？"

**[释读]**

❶ **令尹子文** 姓斗（鬭），名穀於菟（鬭穀於菟［dòu gòu wū tú］）。穀，通"穀""穀"，楚语哺育之意。"於菟"楚语为"老虎"之意。传说子文是楚国大夫鬭伯比的私生子，被弃于山林，是一只母老虎哺育养大的，故名"穀於菟"。子文曾任楚国令尹，令尹相当于宰相。
**三仕** "三"不一定是实数，只表示多次。三仕即多次为官，多次被任命做官。
**三已** 多次被免职，多次被罢免。

❷ **旧令尹之政** 即子文担任令尹时施行的政策措施。
**必以告新令尹** 必以（之）告新令尹。省略的"之"为代词，代在任时施行

的政策措施。这句话的意思就是，每次离任之时，一定要把原来施行的政令告诉新来的令尹。

❸ **忠** 忠诚，忠于职守。朱熹说："尽己之谓忠。"

❹ **仁矣乎** 算得上仁了吗？

❺ **未知** 不知道。不是真不知，而是委婉表示否定。一说，"知"同"智"，不从。
**焉** 怎么，哪里。

❻ **崔子弑齐君** 崔子，崔杼，齐国大夫。弑，下位之人杀上位之人均为"弑"，如臣杀君、子杀父。齐君，指齐庄公。
**陈文子有马十乘** 陈文子，齐国大夫，名须无。乘，古代以四匹马拉的一辆马车叫一乘。陈文子有马十乘，陈文子有十乘马车（可解为"陈文子有四十匹马"）。
**弃而违之** 放弃马车，离开齐国。违，甲骨文"韦"即违字，繁体字写为"韋"。甲骨文"韦"，从止，从口，口表示城邑，字象两脚绕城邑而行，有巡逻护卫之义。后引申为背离、离别之意。（图5.19-1）许慎《说文》："韦，相背也。"注意，弃与违所指对象不同，弃是弃马车（或马），违是离开齐国。

图5.19-1

❼ **邦** 国家。

❽ **犹** 犹如，就像。

❾ **之** 动词，去。甲骨文"之"从一，从止形，即脚趾。表示人离开此地往他处而去。本义往，到……去。（图5.19-2）《尔雅·释诂》："之，往也。""之一邦"意同"至于他邦"，（又，再）到了另一个国家。

图5.19-2

❿ **清矣** 在此释为"清高正直""清正不阿"（不阿，不屈，不逢迎。），或"清正刚直"。这一段的表述内容是陈文子不满崔杼以下犯上，犯弑君之罪，所以他连十乘马车也不要了，愤然离开齐国，到了另一个国家。陈文子到另一个国家后，发现这个国家的执政者是像崔杼这样的人，所以再次离开，再到另一个国家。结果到了另一个国家，还是这样，于是又马上离开。

184　细读论语·上册

这就表明至少一个核心内容，陈文子刚正不阿，对以下犯上的弑君乱臣零容忍。那么，针对这件事，孔子评价陈文子"清矣"，如果解为清白，这就与前述之核心指向不合。清白的语言指向是清廉自律、洁身自好，所以，我们常说清正廉洁，即指一个人廉洁公正、清白正直，词义偏向清白。在解注"清矣"时，我们要考虑到语言的指向性问题，因此，在这里，我们将"清矣"释为清高正直、清正不阿（不阿，不屈，不逢迎），或清正刚直。

【读后】

这一章的难点在对"清矣"的准确理解。这里，我们来看一个史料。

伯夷，商纣王末期孤竹国第八任国君亚微的长子，其弟为亚凭、叔齐。他们是殷商时期契［xiè］的后代。孤竹国国君生前喜欢聪明的小儿子、老三叔齐，于是想立叔齐为王。等他去世后，作为长子的伯夷遵照父亲生前的遗愿，不去争王位，让位于弟弟叔齐，自己逃离孤竹国。但弟弟叔齐觉得，这王位理应是老大伯夷的，自己怎么能继承王位呢，于是，叔齐也逃离了孤竹国，不愿去做国君。没想到，伯夷和叔齐在国外意外相遇了。由于当时纣王无道，两个人商量投奔周文王。没想到，在半路上就听说周文王死了，文王的儿子周武王继承了王位。不久，周武王率兵伐纣，伯夷、叔齐在路上拦住周武王的马车，骂周武王说：你父亲死了不去好好安葬，反而大动干戈，这还算孝吗？作为商君的臣子，你以下犯上，讨伐纣王，你这还算仁吗？周武王的手下一听，想杀掉这两兄弟。结果姜子牙阻止了。姜子牙说，这两个人是仗义之人，于是亲手扶起他们，让他们离开。周武王伐纣灭商，建立周王朝。作为商朝的遗民，伯夷、叔齐两兄弟"耻食周粟"，隐居到首阳山，最后饿死在首阳山里。

孟子曰："伯夷，目不视恶色，耳不听恶声。非其君不事；非其民不使；治则进，乱则退……当纣王之时，居北海之滨，以待天下之清也。故闻伯夷之风者，顽夫廉，懦夫有立志……伯夷，圣之清者也。"（伯夷，眼睛不看丑恶的事情，耳朵不听污浊的声音。不是明君不为其服务，不是善民不去役使。政治清明就出来做事，政治昏暗就隐居山野。纣王当政之时，伯夷隐居到北海之滨，等待国家清明。所以能听到伯夷为人之风骨，顽劣之人也变得清廉，懦弱之人也变得志向高远。伯夷，圣人中的清正刚直之人。）

清代梁章钜有一对联：山静日长仁者寿，荷香风善圣之清。（图5.19-3）《雍也篇》6.23：子曰："知者乐水，仁者乐山。知者动，仁者静。知者乐，仁者寿。全联化用《论语》和《孟子》中的语句，对仗工整，是一奇联。

图5.19-3

  孔子不愿以"仁"称许令尹子文和陈文子，大抵两个原因，一是孔子历来不以"仁"轻许于人；二是子文可谓尽职尽责，忠心可嘉，陈文子不与逆臣为伍，可谓清正刚直，但这都是个人的品格修养，而"仁"则是"爱人"，要推己及人、施惠于人、布德泽于天下。因此，二人可谓"贤"，但离"仁"还有一定距离。

**季文子三思而后行❶。子闻之，曰："再，斯可矣❷。"**    **5.20**

【译文】

季文子做事总是反复思考之后才行动。孔子听说后,说:"想两次也就可以了。"

【释读】

❶ **季文子** 季孙行父,谥"文",曾长期主持晋国国政,以清廉而又谨慎闻名。
**三思** 多思,反复思考。"三"非确数,不确指三次。

❷ **再** 两次,第二次。《左传·僖公五年》:"一之谓甚,其可再乎?"(一次就已经过分了,还能够有第二次吗?)朱熹《论语集注》引程子曰:"为恶之人,未尝知有思,有思则为善矣。然至于再则已审,三则私意起而反惑矣,故夫子讥之。"君子务穷理而贵果断,不徒多思之为尚。(程子说:"干坏事的人,不会知道去思考,若要有思考,就会去做好事了。一个人行事,考虑两次就已经慎重周全了,考虑太多就会起私心,反而迷惑了,所以孔夫子批评他。")君子追求穷尽事理,崇尚行动果决,而不是只去推崇反复思考这种行为。

【读后】

从史料记载可知,季文子是一个极世故之人,精于算计,算来算去,最后总是在为自己打算,这就是朱熹《论语集注》引程颐说的"三则私意起"。钱穆《论语新解》说"多思转多私",也是这个意思。祸福利害算计太深,便无见义勇为,便无果决而行,也容易失去转瞬即逝的机会。

遇事而思,有两个角度,一是考量其公共正当性,是为思其是非,这样的思,当然越周到越好;一是思量其个人得失,是为思其利害,这样的思,当然是越少越好。孔子所讥,当为后者。

**5.21** 子曰:"宁武子❶,邦有道,则知[zhì]❷;邦无道,则愚❸。其知[zhì]可及也,其愚不可及也❹。"

【译文】

孔子说:"宁武子这个人,国家政治清明的时候,他表现得机智聪慧;国家政治昏暗的时候,他就表现出愚笨的样子。他的智慧常人可以赶得上,他那种装出来的愚笨,却不是一般人能做得到的。"

【释读】

❶ **宁武子** 姓宁,名俞,卫国大夫,谥"武"。

❷ **邦有道** 国家政治清明。
**知** 音、义同"智",聪慧,机智聪慧。

❸ **愚** 愚笨。此处实为"佯愚",佯装愚笨,装傻。

❹ **及** 赶上,办得到,做得到。

【读后】

在这里,孔子提出了一个有趣的话题,这就是智慧和愚笨的相对性。一个人应当懂得,在可以施展才华的环境中,尽力施展才华,贡献智慧;而在不该显露的地方、不该显露的时候,却尽显才智,不知收敛,这就不是智慧,而是真愚笨,不仅不能发挥才智,反而可能丢掉性命。因此,虽有经天纬地之才,仍需要审时度势。

孔子并非是在倡导明哲保身、左右逢源,而是在寻求一种策略,一种更有效也更高的"智"。于是,这里的"愚",实则是"智"的另一种表现形式,即"佯愚",也就是我们所说的装傻、韬光敛彩、韬光养晦。所以,孔子在此是在倡导一种更高的"智",一种大智,而不是要大家都去学着装傻。

**5.22** 子在陈❶,曰:"归与[yú]❷!归与[yú]!吾党之小子狂简❸,斐[fěi]然成章❹,不知所以裁之❺。"

**译文**

孔子在陈国时说:"回去吧!回去吧!我这群学生志大而才疏,如色彩斑斓的布匹,还不知该怎么去裁剪他们呢。"

**释读**

❶ **陈** 春秋时期的陈国,位于今天河南东部和安徽西北部一带,定都宛丘(今河南淮阳县)。孔子周游列国时,曾一度被困在陈、蔡之间。

❷ **归与** 与,同"欤",语气词。归与,即回去吧。

❸ **吾党之小子** 即"我这一群学生","小子"指孔子的学生。党,古时五百家为一党,借指故乡、家乡、类、同类、等类。郑玄注:"党,类也。"又引申为同伙。
**狂简** 志大而疏略,志大才疏,急于进取而才学不足。"简"取"简略"意,引申为才疏学浅。

❹ **斐然** 有文采的样子。
**章** 文章,纹理。

❺ **不知所以裁之** 裁,剪裁。所以,用以……的方法。用以裁剪的方法,该怎么去裁剪。用织布作比喻,织成了一匹漂亮的布,却不知该如何去裁剪。与《为政篇》2.10章"视其所以"的"所以"有别。朱熹《论语集注》:"此孔子周流四方,道不行而思归之叹也……夫子初心,欲行其道于天下,至是而知其终不用也。于是始欲成就后学,以传道于来世。"(这是孔子周游列国,而其思想学说却得不到诸侯列国国君采纳施行,因此产生归乡之叹……孔夫子的初心,是想把自己的思想学说推行于天下,但到眼下,也终究明白这一想法最终不能实现,所以才打算归乡,继续执教,希望后学之人能将其思想主张传播下去。)

【读后】

这一章是很悲壮的一章,是孔子周游列国时发出的最为深沉的叹息。如果说在5.7章,孔子叹"道不行,乘桴浮于海"是孔子在以诗的语言表露一种失落,那么,到这一章,孔子有点憋不住了,他所承受的压力与失落到了极限。所以,连说"回去吧!回去吧!"从这一章,我们能明显感受到孔子的那份深深的失落与无奈,以至于生出想放弃的念头。

《史记·孔子世家》有一段记述,非常详尽地记录了这一章的背景:

那年秋天,季桓子病重,乘上马车再次环视鲁国的城邑,季桓子长叹道:"以前鲁国差不多就快兴旺昌盛了,只因为我得罪了孔子,所以未能让鲁国兴旺起来。"他看着季康子说:"我就快死了,你一定会成为鲁国国相。等你成为鲁国国相后,一定要把孔子召回来帮助你。"没过几天,季桓子去世,季康子继位。安葬好父亲以后,季康子准备召回孔子。大夫公之鱼说:"过去先君任用孔子,结果未能用到最后,最终被其他诸侯国笑话。现在又要用孔子,如果还是不能一直用下去,又要第二次被其他诸侯国取笑。"季康子说:"那么召谁可以呢?"公之鱼说:"就召冉求吧。"于是,季康子派使臣前去召冉求回鲁。冉求临走的时候,孔子说:"鲁国的当政者召你回去,不是小用你,一定是要重用你。"就在这一天,孔子说:"回去吧!回去吧!我这群学生志向远大而才智不足,就像色彩斑斓的布帛,我还不知该怎么去裁剪他们。"子赣(子贡)明白老师想家了,在送冉求的时候,叮嘱冉求说:"等你被任用了,你一定要想办法把老师接回去。"

《史记》的这一段记述,非常生动翔实,也非常感人。既写出鲁国当政者对未能重用孔子的懊悔与醒悟,又道出了他们的小肚鸡肠而不顾国家大义的心理;同时,写出冉求将被鲁国当政者重用而触发了孔子的思归之情。孔子学生子贡深知老师的心情,所以提醒冉求,等上任后,一定要把老师接回去。这一句简单的话,却道出了学生对老师的敬爱,也折射出孔子周游列国所经历的艰辛与酸楚。

细细咀嚼这一段话,有一种沉重与心酸。孔子这个布道者,这个天降之"木铎",在他的布道路途中,经历了多少艰难困苦与屈辱辛酸。

圣人,往往没有光环,只有伤口与孤独。

尼采在《查拉图斯特拉如是说》第三部《还乡》中写道:哦,孤独啊!你,我的故乡孤独啊!我在野蛮的异乡过野蛮的生活,待得太久了,现在回到你这里,止不住我的眼泪!

## 5.23 子曰:"伯夷、叔齐不念旧恶❶,怨是用希❷。"

**【译文】**

孔子说:"伯夷和叔齐不念宿怨,别人对他们的怨恨因此就少了。"

**【释读】**

关于伯夷、叔齐,详见5.19章。

❶ **念** 记住,忆念,不念旧恶即不记旧仇,不念宿怨,不计较过去别人对自己的伤害。这句话流传至今,成为成语。

❷ **怨** 怨恨。
**是用** 即"用是",宾语"是"提前。用,表原因。是,此。"用是"即"因此"。《诗经·小雅·小旻 [mín]》:"谋夫孔多,是用不集。"(出主意的人太多,因此难以成功。)
**希** 即"稀",少,稀少。

**【读后】**

无论是对别人的怨恨少了,还是别人对他们的怨恨少了,心中无怨,世界才能美好。海涛大师说:"心无怨恨,在人间已有天福。"

我们在5.19已讲过伯夷、叔齐的故事,他们在孟子眼里,是"圣之清者也",清正刚直的圣人。

唐代诗人胡曾有一首咏史七言绝句《首阳山》:

孤竹夷齐耻战争,望尘遮道请休兵。
首阳山倒为平地,应始无人说姓名。

这是一首赞伯夷、叔齐的诗。前两句是说伯夷叔齐勇敢地站出来,阻止周武王发起的伐纣之战,后两句言伯夷、叔齐的美名永世流传,为后世所景仰。如果要忘掉他们的美名，除非到首阳山夷为平地的那一天，极言伯夷叔齐英名不朽。

子曰："孰谓微生高直❶？或乞醯[xī]焉❷，乞诸其邻而与之❸。"  5.24

**【译文】**

孔子说："谁说微生高直爽？有人向他讨要一点醋，他向他的邻居去要来醋，再给向他讨要醋的那个人。"

**【释读】**

❶ **微生高** 姓微生，名高，鲁国人。《庄子》《战国策》有"尾生高"，因"微""尾"音近，疑或即此人。关于微生高，在前面已有涉及。

《庄子·盗跖》："尾生与女子期于梁下，女子不来，水至不去，抱梁柱而死。"《战国策》："信如尾生，期而不至，抱梁而死。"所记皆从其守信而言，但也同时指出其信而不义之举，实属拘泥不知通变。当环境、条件已发生变化，其"信"则须随之而变，而不是死守其"信"，一切以"义"为准。

**直** 诚信而直爽，一般只取"直爽"义。《荀子·修身》："是谓是，非谓非，曰直。"《韩非子》："所谓直者，义必公正，心不偏党也。"朱熹《论语集注》引范氏曰："是曰是，非曰非，有谓有，无谓无，曰直。"

❷ **或乞醯焉** 或，有人。乞，讨，讨要。醯，醋。焉，语助词，不译出。

❸ **乞诸其邻而与之** 诸，"之于"的合音。其邻，他的邻居。而，表顺序的连词。与之，给他。之，代词，代向他讨醋的人。

**【读后】**

自己没有，却去向邻居讨要来给别人，乍看起来是个很不错的人，但是，什么叫"直"？微生高这样的行为，算是直吗？

李泽厚《论语今读》："对这个细微末节的评论也被记录下来，似乎孔老夫子的每一言论都很有道理。以这节来对比今日某些作伪的政客、'好人'，倒也有趣。"

做人做事，一即一，二即二，有就有，无就无，不必刻意迂曲周折，人一刻意，便易显心机；人不必太过迂曲，人一迂曲，便近烦琐。一旦过于迂曲世故，就会失去德与善的本色，而变得圆滑、扭曲，以至于变态。也许你会说，这个世界原本没有想象的简单，太直，容易受伤；太直，办不了大事。但是，我们往往只看到"直"的直爽、率直一面，而"直"的最根本的一面其实是"真"，真诚、真实、率真。简单粗暴的"直"当然不可取，而真诚的直、坦诚的直，却是难能可贵的品质。

世界已经够繁密而琐碎，做人，还是舒展一点，坦然一点，自在一点，最重要的，真诚实在一点。

世界上最美的色彩，便是你的本色。

## 5.25

子曰："巧言、令色、足恭❶，左丘明耻之❷，丘亦耻之；匿怨而友其人❸，左丘明耻之，丘亦耻之。"

**译文**

孔子说："花言巧语，虚情假意，卑躬屈膝，左丘明以之为耻（左丘明认为是羞耻之事），我也以之为耻（我也认为是羞耻之事）。把怨恨隐藏起来，而与人交友，左丘明以之为耻（左丘明认为是羞耻之事），我也以之为耻（我也认为是羞耻之事）。"

**释读**

❶ **足恭** 足恭，过度谦恭，意为卑躬屈膝。恭本为褒义，谦恭、虔诚，但以"足"去限定它，意义顿变。翟灏［hào］《论语考异》："《礼记·表记》云：'君子不失足于人，不失色于人，不失口于人。'失足于人，足恭也；失色于人，令色也；失口于人，巧言也。"（《礼记·表记》说："君子举止不失礼，仪容不失态，言谈不失当。"举止失礼，就是足恭；仪容失态，就是令色；言谈失当，就是巧言。）《史记·五宗世家》："彭

祖为人巧佞卑谄，足恭而心刻深。"（赵王刘彭祖为人巧诈奸佞，卑下谄媚，对人举止恭顺，内心却刻薄阴毒。）那么，"足恭"理解为过度谦恭是怎么来的？徐中舒《甲骨文字典》：足的甲骨文实际为"疋"［shū］，即脚。（图5.25-1）象腓［féi］肠（小腿肚），甲骨文正象胫［jìng］足之形，即人之足的本字。而甲骨文"足"（正），口象人所居之邑，下从止，表举趾往邑，会征行之义，为征本字，卜辞或用为充足之足。后"口"伪为"一"，作"正"，释为征伐。（图5.25-2）也就是说，"足恭"之"足"实为"疋"，即连脚带腿，也就是整条腿。整条腿欲前又止，欲行不行，"足将进而趑趄［zī jū］，口将言而嗫嚅［niè rú］。"（趑趄，想进又不敢进的样子。嗫嚅，吞吞吐吐，欲言又止的样子。出自唐代韩愈《送李愿归盘谷序》）所以，钱穆《论语新解》解释"足恭"："搬动两脚，扮成一副恭敬的样子。"这解释虽然有点搞笑，但其注解还算是有所本的。

图5.25-1

图5.25-2

❷ **左丘明** 鲁国太史，与孔子同时，传为《春秋》《国语》作者，未考。
**耻** 以之为耻，形容词意动用法，前面已出现此类用法。

❸ **匿怨** 把怨恨隐藏起来，匿，即藏。
**友** 名词作动词用，以……为友，跟那个人交朋友。

**读后**

做人实在太难。你太直率，容易伤人，往往不被世人所容；你太圆滑虚饰，容易失去人格，又往往被人轻贱。社会上圆滑的人越来越多，被称为"懂事""会处事"。然而，"左丘明耻之，丘亦耻之"。

难怪，孔子感叹道："吾未见刚者。"

5.26

**颜渊季路侍**❶。子曰："盍［hé］❷各言尔志？"
子路曰："愿车马衣轻裘与朋友共敝之而无憾❸。"
颜渊曰："愿无伐善，无施劳❹。"
子路曰："愿闻子之志。"
子曰："老者安之，朋友信之，少者怀之❺。"

【译文】

颜渊、子路陪侍（孔子）。孔子说："何不说说你们各自的愿望呢？"

子路说："我希望将我的车马衣服与朋友共享，用坏了也不遗憾。"

颜渊说："我希望不去夸耀自己的德能，不把劳苦之事强加于人。"

子路说："希望能听听老师的愿望。"

孔子说："我的愿望是，老人能安享晚年；朋友能以诚相待；年轻人能得到关怀。"

【释读】

❶ **颜渊季路侍**　颜渊，即颜回。季路，即子路。侍，立侍，即站着。坐侍叫"侍坐"。《论语注疏》邢昺曰："卑在尊旁曰侍。"（身份地位低的人在身份地位高的人身旁叫侍。）

❷ **盍**　"何不"的合音，即"何不"。

❸ **衣轻裘**　轻裘，轻薄暖和的皮衣。衣轻裘此处可解为泛指衣物。"衣轻裘"，应为"衣裘"，"轻"为衍文。唐以前版本均无"轻"字，可能是后人据下一篇《雍也篇》6.4章"乘肥马，衣轻裘"句妄加的。

**敝**　破败，坏。

**憾**　悔恨，抱怨。

❹ **无伐善**　即不夸耀自己之能。伐，甲骨文"伐"从人，从戈，字象以戈砍人颈之形，本义是刑法砍人头。（图5.26-1）许慎《说文》："伐，击也。从人持戈。"《左传·襄公十三年》："小人伐其技以冯（[píng]，欺凌）君子。"杜预注："自称其能曰伐。"即，"伐"有自夸义。《老子》二十二章："不自伐，故有功；不自矜，故长。自伐者无功，自矜者不长。"（不自我表扬，反能有成；不自以为是，反能长久；自我夸耀难成大业，矜持自傲无法长久。）二十四章："自伐者无功，自矜者不长。"（自夸的人，反而不能成功，骄矜的人，反而不能持久。）

**无施劳**　施有传播、散布、推行义，引申为给予、施加、施展。在此意为强加。杨伯峻《论语译注》释"施"为"表白"。在其《论语译注》里，杨伯

图5.26-1

峻是这样说的："《淮南子·诠言训》：'功盖天下，不施其美。'这两个'施'字意义相同；《礼记·祭统》注云：'施犹著也。'即表白的意思。"我们先看看"施"的本义。在许慎《说文》里，"施"为"㫃"部，"㫃"音〔yǎn〕，甲骨文字象旗杆上端有旗帜之形。本义为旗帜。（图5.26-2）许慎《说文》："施，旗皃，从㫃，也声。"旗帜飘扬，故引申为传播、散布之意。所以，《王力古汉语字典》关于"施"的第一个义项即为"散布"。杨伯峻所举《淮南子·诠文训》，其原文为："故功盖天下，不施其美；泽及后世，不有其名。"（哪怕你功盖天下，也不要去四处传播你的美德；恩泽惠及后代，也不要留下你的美名。）从全句来看，"施"宜释为"传播"，而不是"表白"。杨伯峻只取了半句话，并认为此例中的"施"与本章里的"施"义同，值得商榷。另外，杨伯峻还引《礼记·祭统》注："施犹著也。"杨逢彬《论语新注新译》关于"施"的考证，是这样说的："按《礼记·祭统》郑玄注'施于烝〔zhēng〕（烝，祭礼中冬祭为烝。——引者注）彝鼎'云：'施，犹著也；言我将行君之命，又刻著于烝祭之彝鼎。'"很显然，这里的"著"是"附着""刻制"义，而非"表白"义。也就是说，杨伯峻只取了郑玄注释的前半句，而关键的后半句却未采用。综上所述，杨伯峻关于"施"的注解，所引之文及古注似存瑕疵，其"表白"意也欠妥当。那么，这一句到底该怎么理解呢？《国语·吴语》："施民所欲，去民所恶。"（给予百姓想要的，去除百姓憎恶的。）皇侃《论语义疏》引孔安国曰："无以劳置施于人也。"又，皇侃《论语义疏》："愿不施劳役之事于天下也。"施，即施加，给予、强加。

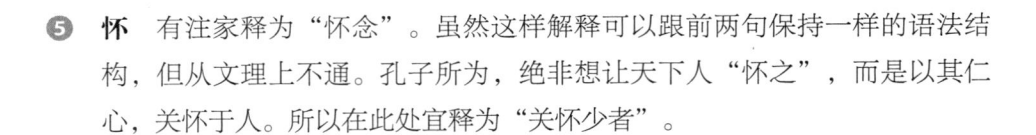

图5.26-2

❺ **怀** 有注家释为"怀念"。虽然这样解释可以跟前两句保持一样的语法结构，但从文理上不通。孔子所为，绝非想让天下人"怀之"，而是以其仁心，关怀于人。所以在此处宜释为"关怀少者"。

**｜读后｜**

朱熹《论语集注》：程子曰："夫子安仁，颜渊不违仁，子路求仁。"意为孔夫子安于仁，颜渊不违背仁，子路追求仁。

以通篇看，子路行侠仗义，故义结天下，坦荡无私，在求仁之路上，义无反顾，勇往直前。颜渊内修于己，外施惠于天下，已有天下观，自是比子路进了一层。"仁者，爱人。"爱天下之人，体恤天下生民，这是仁者之风。而孔子站在

仁者之巅，让普天之下尽享其德泽，老有所安，信义施之于人，年轻人得到应有的关怀与扶持。这是一幅祥和而安宁的太平盛世图，也是仁德之化境，即程子所说"圣人之化"。仁，看似很高，其实很近，近在身边。所以朱熹《论语集注》引程子言，"凡看《论语》，非但欲理会文字，须要识得圣贤气象。"意思是，凡是阅读《论语》，不仅要理解文字的表面意义，还必须认识、领会圣人的胸怀、格局与气度。

## 5.27 子曰："已矣乎❶，吾未见能见其过而内自讼者也❷。"

[译文]

孔子说："算了吧，我还没能见到能够发现自己的错误而自我责备的人啊。"

[释读]

❶ **已矣乎** 算了吧。无望的深度感叹。"已"，完结，停止。"矣乎"为叹词连用。

❷ **内自讼** "讼"，本义为争辩、争论。许慎《说文》："讼，争也。"此处意为责，自责，自我批评，自我反省。内自讼即指在内心自我批评、自我责备、自我反省。

[读后]

第五篇就快结束了，孔子和他的弟子谈论了很多人，其中，先贤及当代人十二人，学生十二人（其中子路、颜渊重复）。评论了这么多人，在本篇快要结束时，孔子弟子特意编排此章，提醒我们，我们不仅要去评价别人、学习别人，更要时时反省自己、解剖自己。正如鲁迅所说："我的确时时解剖别人，然而更多的是无情面地解剖我自己。"

解剖别人、评论别人是容易的，而要无情地解剖自己，反省自己，却不是一件容易做到的事。

智慧的用处如果只是点评别人而不是用于自省，又有何用？如果能从别人的得失之中，找到自己的出路，把别人的得失当作一把解剖刀，时时解剖自己，这才是一个真正的智慧之人。

子曰："十室之邑❶，必有忠信如丘者焉❷，不如丘之好学也。"　5.28

【译文】

孔子说："一个十户人家的小城邑，也一定会有像我这样忠诚信实的人，只是很难找到像我这么勤奋好学的人罢了。"

【释读】

❶ **十室**　十户人家，小邑。十室之邑，极言其小。

❷ **丘**　孔子自称。
**忠信**　忠诚而信实。

【读后】

在孔子看来，具有忠信品质的人，随处都能遇到，哪怕十户之小的城邑，也会有这样品德的人。但是，好学之人却不是随处都有，像孔子这样好学的人，不会多。

朱熹《论语集释》："言美质易得，至道难闻，学之至则可以为圣人，不学则不免为乡人而已。可不勉哉？"（本章是说好的品质容易获得，但至高之道却很难见闻。当学习达到最高境界，便可近于圣人，而不学无术，就只能沦为乡野凡夫。能不勤勉努力吗？）

好学是至圣之道，以勤勉好学作为本篇结尾，编者之深意跃然而出。

好学，则一切缺点可望改掉，一切不足可望弥补。

孔子由凡入圣，唯好学而已。

人的一生，其他品质可轻松拥有，唯好学难得，而尤以持续不断地好学最为难得。很多人，只看眼前就可以看到他的将来，因为他已经停止学习；有的人眼前平淡无奇，却海水不可斗量，因为他正在努力学习。生命之躯，一旦停止了学习，也便停止了生命的脚步，前面的路一览无余；唯有持续的学习，日日精进，才能让生命之树常青。

　　《述而篇》7.19：叶公问孔子于子路，子路不对。子曰："女奚不曰，其为人也，发愤忘食，乐以忘忧，不知老之将至云尔。"唐太宗李世民曾说过这样一段话："以铜为镜，可以正衣冠；以古为镜，可以知兴替；以人为镜，可以明得失。朕常宝此三镜，以防己过。今魏徵殂［cú］逝，遂亡一镜矣。"向历史学习，向书本学习，向古今圣贤学习，向社会学习，学而时习之，在实践中学习……这一切，都是孔子之"学"，都是孔子"好学"之依凭。

　　《礼记·学记》："虽有嘉肴，弗食，不知其旨；虽有至道，弗学，不知其善也。是故学然后知不足，教然后知困。知不足，然后能自反也；知困，然后能自强也。故曰：教学相长也。"（即使有美味佳肴，你不去品尝，就不知道它的美味；即便是有至高之道，不去学习，你也不知道它的好处。所以，学习之后才知道自己的不足，从教以后，你才明白你的困惑所在。知道自己的不足，才能够反省自己；知道自己困惑所在，才能够发奋图强。所以说：教学相长。）

　　无论今天你是在学，还是在教，这句话的意思不仅仅是说，学了之后才知道自己的无知，教了之后才知道自己的贫乏困惑，更重要的一层意思是，只有通过不断学习，你才知道自己不知道，一个不学习的人，永远都觉得自己是最牛的人；只有通过教、学，你才知道自己有多么缺少文化。

　　吾等，当深记之！

冉子為其母請粟子曰與之釜請益曰與
之庾冉子與之粟五秉子曰赤之適齊也
肥馬衣輕裘吾聞之也君子周急不繼
原思為之宰與之粟九百辭子曰毋以與
鄰里鄉黨乎子謂仲弓曰犁牛之子騂
角雖欲勿用山川其舍諸子曰囘也其心

# 雍也篇第六

## 6.1

子曰："雍也可使南面❶。"

**[译文]**

孔子说："冉雍这个人，有能力君临天下（有贵人之相）。"

**[释读]**

❶ **雍** 冉雍，首见于《公冶长篇》5.5章。

**南面** 面向南，即坐北朝南。古代以坐北朝南为尊位，正位，天子听政时，皆面向南，故"南面"一词有"君临天下"之意，后泛指位尊者，如诸侯、卿大夫等。朱熹《论语集注》："南面者，人君听治之位。言仲弓宽洪简重，有人君之度也。"（南面，就是君王治国听政的地方，说仲弓为人宽宏而恭谨持重，具备王者风范。）《周易·说卦传》："圣人南面而听天下，向明而治。"（南方之卦为离，离为明。在位的圣人向明而治，故其位面向南方，而听政天下。）

**[读后]**

冉雍为"孔门四科十哲"德行科四弟子之一，四弟子即颜渊、闵子骞、冉伯牛、仲弓。仲弓即冉雍。孔子认为，冉雍有人君之德，"可使南面"，评价之高，可见一斑。

孔子弟子三千，贤人七十有余，还有如冉雍这样的人君之材，可见孔子门下人才之众。

## 6.2

仲弓问子桑伯子❶。子曰："可也，简❷。"

仲弓曰："居敬而行简，以临其民，不亦可乎❸？居简而行简，无乃大简乎❹？"子曰："雍之言然❺。"

**【译文】**

冉雍问子桑伯子这个人怎么样，孔子说："还不错，做事简要不烦。"冉雍说："独处之时，保持严肃恭敬，行事简明不烦，用这样的态度管理天下百姓，不也就可以了吗？但是，如果独处时简慢不恭，做事又粗疏简慢，岂不是就过于简单粗疏吗？"孔子说："冉雍所言极是。"

**【释读】**

❶ **子桑伯子**　此人已经不可考。有人认为就是《庄子》里的子桑户，有人认为是秦穆公时的子桑（公孙枝），都未必可靠。

❷ **简**　在本章有两意：一是简明、不烦琐；二是简陋、粗疏，简慢不恭。此处指简明不烦琐。朱熹《论语集注》："可者，仅可而有所未尽之辞。简者，不烦之谓。"（可，即是说仅仅可以，然而尚未达到最好。简，是说不烦琐。）

❸ **居敬而行简，以临其民，不亦可乎**　即是指保持严肃恭谨，行事简明不烦，用这样的态度来管理百姓，不也就可以了吗？朱熹《论语集注》："言自处以敬，则中有主而自治严，如是而行简以临民，则事不烦而民不扰，所以为可。若先自处以简，则中无主而自治疏矣，而所行又简，岂不失之太简，而无法度之可守乎？"（独处时保持恭谨严肃，内心就有原则，自我管束也能严格要求，像这样，用简明不烦的方式管理百姓，那么事情就不烦琐，百姓也不被侵扰，所以叫"可"。如果事先独处时就简慢不恭，就会心中没有准则，自我约束就会粗疏放纵了，而又行动简慢，岂不是简上加简，过于粗疏简慢，而无法度可以谨守了吗？）

❹ **简**　此处的"简"，指简慢，粗疏，简慢不恭。
　**无乃**　岂不是。
　**大**　即太，过于。

❺ **然**　是，对，正确。冉雍所说的话的确如此。冉雍说得对。

## 读后

"简"有两意：一是简明、不烦琐，这是大道至简；二是简陋、粗疏，简慢不恭，这是敷衍了事，简单粗暴。用到行政管理上，这就是懒政甚至暴政。

孔子在这里所说的"敬"，不是一种简单的"敬"，而是一种带有宗教性色彩的"敬"，是一种"祭如在""祭神如神在"般的"敬"，是"举头三尺有神明"般的"敬"，是由内而发而不是强行为之的情感态度。

朱熹说，"敬只是一个畏字""小心畏谨便是敬"。

复旦大学哲学系教授王德峰曾说："我们现代人缺少两个'敬'，我们长久地没有了这两个'敬'：一不敬畏天道，二不敬重人心。我们似乎无所不能，征服一切。我们似乎把我们的未来牢牢地掌握在自己手中了。我们长久地不敬重人心，因为我们把人当工具看，包括把自己也当工具看。"王德峰这段话，正与朱熹相呼应。

## 6.3

哀公❶问："弟子孰为好[hào]学？"孔子对曰："有颜回者好学，不迁怒，不贰过❷。不幸短命死矣，今也则亡[wú]，未闻好学者也❸。"

### 译文

鲁哀公问孔子："你的学生当中谁是最好学的？"孔子回答说："有一个叫颜回的学生最好学，不迁怒于别人，同样的过错不会犯第二次。可惜不幸短命死了，现在没有好学的人了，我再没有听说还有谁好学了。"

### 释读

❶ **哀公** 即鲁哀公，姬姓，名将，鲁定公之子，春秋时期鲁国第二十六任君主，在位27年。

❷ **迁怒** 把对一件事或一个人的怒气转移到另一件事另一个人身上去发泄，或是自己不如意，拿别人发火生气，受了甲的气，却转移目标拿乙出气。迁，

转移。

**贰** 即"二",再一次,重复。

❸ **不幸短命死矣** 这一句透着长辈对晚辈去世的哀痛。白发人送黑发人,是世间大悲痛。据史料推算,颜渊死于鲁哀公十四年,孔子时年71岁,而颜渊小孔子30岁,颜渊死的时候仅41岁。

**亡** 通"无"。

[读后]

颜回是孔门最好的学生之一,列"孔门十哲",也是孔子最喜欢的学生。颜回死后,孔子哀叹:"噫!天丧予!天丧予!"(《先进篇》11.9,关于颜回,《先进篇》有好几章记述。)

颜回被认为是最像圣人的孔子弟子,就是"庶几"(差不多,接近),后世称之为"复圣",配享孔庙,并与孟子(亚圣,仅次于圣人)、曾子(宗圣,最能遵行和传播孔子思想主张的人)、子思(述圣,记录阐释儒家学说之人)合称"四配"。

读本章,我们需要注意的是,鲁哀公问的是关于"好学",而孔子回答的却是做人做事,这是否答非所问呢?在上一篇最后一章,孔子曾说到,具有忠信品质的人不少,但好学的人却不多,尤其像孔子一样好学的人,几乎找不到。在一般人眼里,好学就是手不释卷,天天啃书本,实际上,书本知识只是"学"的一个方面。"学"的渠道包含着向历史学,向他人学,在别人的得失中学,在社会实践中学,而"学"的内容既有书本知识,更有为人之道,包括人格塑造,正确的"三观",仁、义、礼、智、信五德之学,温、良、恭、俭、让五行之学。

因此,我们在谈论一个人"好学"时,第一是要区分学习渠道与学习内容,第二是要区别书本知识与做人做事,尤其是人格塑造。我们曾经提到过,在人的成长过程中,性格的塑造、人格的塑造尤为重要,一个自私、偏执、无善良之心、无孝慈之德的人,很难成就大业。

我们再回过头来看孔子对"好学"的定义,"不迁怒,不贰过",这便是人格塑造,是一个人的内在修养和性格培养。这一点,值得我们警醒与深思!

不迁怒是人格的健全与成熟,是由内心的强大而来的自我控制与约束;不贰过是"见其过而内自讼"的勇气,是时时解剖自己、反省自己、修正自己的一种能力。一个人,若能做到"不迁怒,不贰过",可谓好学者也。

子华使于齐❶，冉子为其母请粟［sù］❷。子曰："与之釜［fǔ］❸。" 6.4
请益❹。曰："与之庾［yǔ］❺。"
冉子与之粟五秉❻。
子曰："赤之适齐也，乘肥马，衣轻裘❼。吾闻之也：君子周急不继富❽。"

### 译文

公西赤出使齐国，冉求向孔子请求给公西赤母亲补贴一些小米。孔子说："给她一釜小米。"

冉求请求再增加一些。孔子说："再给她一庾小米。"

冉求却给了公西赤母亲五秉小米。

孔子说："公西赤到齐国去，坐着壮硕的马拉着的车，穿着轻便暖和的皮袍。我听说这样一句话：'君子雪中送炭而不锦上添花。'"

### 释读

❶ **子华使于齐** 子华，公西赤。使，出使。齐，齐国。

❷ **冉子为其母请粟** 冉子，冉求。为，替。粟，小米。

❸ **釜** 一为古代炊具，锅；二为古代量器，也是容量单位，六斗四升为一釜。与之釜，即给她一釜小米。

❹ **益** 增加。请求多给一些，请求再增加一些。

❺ **庾** 古代量名，约合当时二斗四升。

❻ **秉** 古代量名，十六斛［hú］。古代以十斗为一斛。

❼ **适** 往，去，到。
**之** 句中语助词，加在完整句子之中，使句子变成了分句，也就是常说的取

消句子独立成分。本为"公西赤去齐国",加"之"之后,便成了"当公西赤去齐国的时候",成为表时间的句前状语。

**肥马** 壮实的马,壮硕的马,此处解为由壮硕的马拉的车。

**衣轻裘** 衣,名词作动词,穿(衣),古读为去声,[yì]。轻裘,轻便暖和的皮袍。

❽ **周** 周济,救济。

**继** 续,增加。

**[读后]**

周急不继富。孔子说,多一点实在的雪中送炭,少一些虚伪的锦上添花。

## 6.5

原思为之宰❶,与之粟九百❷,辞❸。子曰:"毋❹!以与尔邻里乡党乎❺!"

**[译文]**

原思做孔子的管家,孔子给原思九百斗小米,原思拒绝接受。孔子说:"别推辞!你把多余的分送给你的邻里乡亲吧。"

**[释读]**

❶ **原思** 孔子弟子原宪,字子思,鲁国人。《孔子家语》:"宋人,少孔子三十六岁。"根据史料记载,时年,孔子因"夹谷之会"而声名大起,鲁国当政者意识到孔子的重要性,会盟不久,孔子便由大司寇身份再提升到"行摄相事",即助理国相,协助季桓子处理国政,孔子仕途达到顶峰。原思此时为孔子的管家。

❷ **九百** 杨伯峻注解说:"(九百)下无量名,不知是斛是斗,还是别的。习惯上常把最通用的度、量、衡省略不说,古今大致相同。不过这一省略,

雍也篇第六 207

可把我们迷糊了。"钱穆认为是九百斛，"略当其时四百五十亩耕田之收益"。这也太多了吧？杨逢彬采孔安国、程树德观点，认为是"斗"，九百斗。这个量似乎靠谱一点。

❸ **辞** 拒绝接受。

❹ **毋** 即"勿"，不，不要。

❺ **以** 把。"以"之后省略"之"字，即吃不完的粟米，多余的粟米。与，给，给予，这里指分发、分送。

**邻里乡党** 古代行政区划，五家为邻，二十五家为里，五百家为党，一万二千五百家为乡。这里泛指邻里乡亲。

【读后】

有人计算，如果是九百斗小米，可以养活十个人整整一年；如果是九百斛，就可以养活一百个人。史料记载，原宪家很穷，穷困到经常揭不开锅，但即使这样，原宪却不接受孔子的特别关照，更不贪心，这从侧面反映出原思的厚道实在。在上一章，孔子不愿意多给公西赤母亲粮食，哪怕冉求提出再多给一些，孔子也最多又给了"一庾"，显得吝啬抠门儿，一点都不爽快，而对原宪，却这么慷慨，出手大方，一给就"九百"，前后差异如此之大。孔子为什么会厚此薄彼呢？

公西赤出访能"乘肥马，衣轻裘"，显赫而高贵，他的家人能穷到揭不开锅吗？原宪家贫，为人厚道，孔子愿意去帮助原宪这样的人，同时也愿意把这份善意施及原宪的邻里乡亲，这正是孔子在上一章说到的一个施善的原则："君子周急不继富。"这看似简单明白的道理，在现实生活中，其实并不见得容易做好。

孔子"仁"，但不把这"仁"以普降甘霖的方式去施行，而是会有区别、有原则。一个人，如果不加区别地行仁之德，这未必是一件好事。行仁、行善，是要帮到最需要帮助的人。但如果不加区别地一味行仁、行善，可能需要帮助的没帮到，而不需要帮助的人却被锦上添花。

行仁，行善，也是一门学问。

## 6.6

子谓仲弓曰："犁牛之子骍[xīng]且角❶，虽欲勿用，山川其舍诸❷？"

**【译文】**

孔子对冉雍说："杂色牛生的小牛犊浑身纯赤，两角齐整，即使不想用它来做祭品，山川之神难道舍得放弃它吗？"

**【释读】**

图6.6-1

❶ **犁牛** 黄黑杂色的牛，也就是杂色牛。这意思正好与"骍"（纯赤色）相对应。犁牛之子，即杂色牛生出的小牛犊。"牛"的甲骨文象正面牛头形，本义为"牛"。（图6.6-1）

**骍且角** 骍，纯赤色。角，牛角，在这里指牛角长得周正、齐整。且，又，而且，表并列的连词。"角"的甲骨文象兽角形，本义为"角"。（图6.6-2）

图6.6-2

❷ **虽** 即使。

**用** 甲骨文"用"，按徐中舒《甲骨文字典》解读，"用"为独体字，中间实为"卜"，即兆纹，两竖两横象骨版，本义表示骨版上有卜兆，可据此以确定所卜是否可以施行，故以有卜兆之骨版表示"施行使用"之义。（图6.6-3）许慎《说文》："用，可施行也，从卜从中。""用"字在古代多为"祭祀之用"义，在本章，即取此义。

**山川** 山川之神。古代天子祭天下山川，诸侯祭封内山川，故以"山川"指代"山川之神"（参见《八佾篇》3.6）。其，表反问的语助词，使整句话表示一种反问语态，大意为怎么、难道。

图6.6-3

**舍** 放弃，舍得，舍弃。

**诸** "之乎"合音字，为当时鲁国习用语。

**【读后】**

《史记·仲尼弟子列传》记载：孔子认为仲弓是有德之人，说："冉雍可以君临天下。"仲弓的父亲，是一个地位卑微的人，孔子说："杂色的牛生的小牛犊浑身纯赤，两角长得齐整，即使你不想用它做祭品，山川之神难道舍得放弃它吗？"

了解这段背景，我们再来读孔子说的这段话，也就明白孔子这样说的用意，其实是在用比喻来鼓励冉雍。在本篇开篇第一章，孔子就横空出世般地来了一句："冉雍可以君临天下。"一下子把冉雍推到高大上的位置，不读本章，你还以为冉雍是个"官二代"呢。结果，冉雍其实出身卑微，他的父亲是一个卑贱之人，并非高官牛人，用"牛"来比喻，冉雍的父亲便是"杂色牛"，而冉雍经过自己的努力，如今却已经是一个非常优秀的人才，具有优良的品质，并有人君之德才，简直就是一头毛色纯赤、牛角周正的小牛犊，如果用作祭品，山川之神也舍不得放弃不用，这样漂亮的小牛犊，那可是美味佳品呢。

这就是励志啊！孔老夫子就这么形象生动地鼓励他的学生，一个寒门之子，只要努力，你是可以逆袭的。

鸡窝里可以飞出金凤凰，杂色牛可以生出纯色的牛，出生卑贱，可以通过努力，冲破你的阶层，铸就属于你自己的辉煌。

阶层的天花板，是可以通过努力去冲破的。孔老夫子说，快努力吧，小牛犊！

## 6.7

**子曰："回也，其心三月不违仁❶，其余则日月至焉而已矣❷。"**

【译文】

孔子说："颜回这人啊，他的心能长久不离仁德，其余的人，仁德就如太阳和月亮，忽来又去，不能持续罢了。"

【释读】

❶ **回** 颜回，颜渊。
**三月** 非具体的三个月，而是言其久、其多。
**不违仁** 不离开仁德。

❷ **其余** 其他的人，其余的人，除颜回之外的弟子。
**日月** 名词用如形容词，作状语，像太阳和月亮那样，此升彼落，忽来又去。
**至** 来，与"违"相对。

**焉** 此处为代词，这里，那里。

**而已矣** 语助词，长长的语气，罢了，有意犹未尽的意味。

[读后]

不违, 安于仁德, 不离仁德; 日月至焉, 向往仁德, 而又忽来又去, 不可持续。这就是区别, 也是高下之别。

看来，颜回可真是个闷头不吭声的修行者，有圣徒之永不言弃、矢志不渝的精神。这让人想起那些去西藏朝圣的人，那一步一叩首、匍匐前行的虔诚与毅力，能不让人肃然起敬吗？

## 6.8

季康子❶问："仲由可使从政也与[yú]？"子曰："由也果，于从政乎何有？❷"

曰："赐也可使从政也与[yú]？"曰："赐也达，于从政乎何有？"

曰："求也可使从政也与[yú]？"曰："求也艺，于从政乎何有？"

[译文]

季康子问孔子："仲由能让他管理政事吗？"孔子说："子路行事果决，对于管理政事有什么难的呢？"

季康子问："端木赐能让他管理政事吗？"孔子回答："端木赐行事通达灵活，对于管理政事有什么难的呢？"

季康子又问："冉求能让他管理政事吗？"孔子答道："冉求多才多艺，对于管理政事有什么难的呢？"

[释读]

❶ **季康子** 首见于《为政篇》2.20章。

❷ **仲由** 子路。

**可使从政** 可使（之）从政，可以让他治理政事吗，可以让他管理政事吗。

**也与**　惯用词组，由语气词"也"和"与（欤）"连用组成。用于疑问句或感叹句的句末，表示疑问或感叹的语气。根据不同句型，可译作"吗""吧""啊"。

**何有**　指"有何难"，春秋时代的惯用语。

## 读后

上一次（5.8）是孟武伯来招聘人才，但主要是考核"仁德"，也就是考察"思想品德"，却不问才学，于是，孔子拒绝回答，而告诉孟武伯三个学生的具体能力。这一次，季康子又来招聘人才，他直截了当，考核三个学生的从政能力，孔子便也直截了当，把三个学生的特点简要精到地介绍给季康子。每个学生一个字概括，这需要平时对学生有多细致入微的了解才能做到呢？

仲由——果，果断，果敢，做事决断；

端木赐——达，通达，豁达，通于事理而不拘泥；

冉求——艺，多才多艺，博学多才。

孔子太了解他的学生，所以不需要太多的语言，一锤定音。

## 6.9

季氏使闵子骞［qiān］为费宰❶。闵子骞曰："善为我辞焉❷！如有复我者❸，则吾必在汶［wèn］上矣❹。"

## 译文

季氏家打算派闵子骞去费邑做行政长官。闵子骞对来人说："请多费心帮我推辞吧！如果再来召我去，那我一定到汶水边去了。"

## 释读

❶ **季氏**　季氏家，未确指哪一个人，故不译出。

**使**　派，委任。

**闵子骞**　孔子学生闵损，字子骞，比孔子小15岁。

**费宰**　费邑的行政长官。费，今读［fèi］，古读［bì］，一读［mì］。费邑，为季氏家族封地之一，在今山东费［fèi］县西北。

❷ **善** 好好地，多多费心。

❸ **复我** 即再来召我。复，再次，还。

❹ **汶上** 汶，汶水，有考证说，即今山东大汶河，当时流经齐国与鲁国之间。汶上即汶水边，如"子在川上曰"，川上，即河边。

**读后**

《史记·仲尼弟子列传》记载："闵损字子骞……不仕大夫，不食污君之禄，'如有复我者，必在汶上矣'。"道不同不相为谋，气节可嘉。知进退，明取舍，乃君子之德。

## 6.10

伯牛有疾❶，子问之❷，自牖［yǒu］执其手❸，曰："亡［wú］之，命矣夫❹！斯人也而有斯疾也❺！斯人也而有斯疾也！"

**译文**

伯牛生病了，孔子去探望他。孔子从窗户握着伯牛的手，感叹道："没有天理啊，这都是命么！这么好的人，却得了这么重的病！这么好的人，却得了这么重的病！"

**释读**

❶ **伯牛** 孔子学生冉耕，字伯牛，鲁国人。居孔门"四科十哲"德行科之一。又一个好学生。

**疾** "疾病"一词，现在可以连用，表示"病"，但在古代，"疾"和"病"是两个意义有别的字。甲骨文"病"，即"疒"［nè］，卧床之形，象一个大汗淋漓的人躺在床上，"病"的初文，后加"丙"为声符。另一个字"疾"，甲骨文从大，从矢，如箭头射入人的身体，指兵器所伤之病，此义后消失，与"病"合一，兼有"病"与"快速"之意，"病"之义消失后，其"快速"之意至今仍旧保留着，如疾风知劲草、疾驰、迅疾等。（图6.10-1"病"；图6.10-2"疾"）

图6.10-1

图6.10-2

❷ 问　此处是"探望""探视"之意。

❸ 牖　窗户。

**执其手**　握着他的手。"执子之手，与子偕老。""执"义同。为什么要从窗户去握着伯牛的手？历来解读有分歧。古人居室，北墉而南牖，墉为墙，牖为窗。朱熹《论语集注》说："礼，病者居北墉下。君视之，则迁于南牖下，使君得以南面视己。时伯牛家以此礼尊孔子，孔子不敢当，故不入其室，而自牖执其手，盖与之永诀也。"（按照礼制，病人住屋子北墙根儿下。君主探视时，就搬到南窗下。使君主可以面朝南看望自己。当时伯牛家按这样的礼制尊崇孔子。孔子不敢接受此礼，所以没有进入伯牛所住的屋子，只是从窗户拉着伯牛的手，这大概是同伯牛永别啊。）另一说是伯牛患恶疾，不便近距离接触。杨树达《论语疏证》引《淮南子·精神篇》："冉伯牛为厉。""厉"通"疠"，瘟疫，恶疫；通"癞"，麻风病，因生癣疮而毛发脱落的病。

❹ 亡　音、义通"无"，前面已经讲过。但此处"无"却有二解：一是说"没救了"，杨伯峻译为"难得活了"；二是说同"丧"，即"失去"，要失去伯牛了。但是，我们想象一下，去探望病人，无论病人病情怎样，我们一边握着病人的手一边说："没救啦，没救啦！"或者一边握着病人的手，一边说："我要失去这个人啦，我要失去这个人啦！"这样说，会不会被人骂出门去呢？会不会挨打呢？古今同理，何况，圣如孔老夫子，当其面对爱徒，这样的话，估计也很难说得出口。那么，还有没有第三种解释呢？李炳南《论语讲要》："亡之者，无可以致此疾之理也。"就是没有道理患这样的病，怎么会得这样的病？没理由啊。联系到后一句，此解似更合理，也更有人情味。

❺ 斯　这样的。

214　细读论语·上册

【读后】

《史记·仲尼弟子列传》:"冉耕字伯牛,孔子以为有德行。伯牛有恶疾,孔子往视之,自牖执其手,说:'命也夫!斯人也而有斯疾,命也夫!'"孔子认为这个学生品德优良。伯牛患了重病,孔子前去探问他,孔子从窗户握着伯牛的手,说:"这都是命么!这么好的人,却得了这么重的病,这都是命么!"

众多版本对本章的解读大体有二,一是孔子哀叹伯牛快不行了,他将失去一个好学生;一是感叹天命难违、命运难测,感觉孔子去探视病人都在思考人生,思考天命,探索天命的神秘莫测。照这样,孔子活得该有多累啊!

其实,如果我们去掉孔子的"圣人"外套,把他作为一个普通的尊长、老人,一个心怀仁慈的长者,一个慈祥的师长,他去看望一个重病的晚辈,学生,看到学生病重的样子,心生痛惜,本能地喟叹上天不公,为什么要让这么好的人得这样的重病。这就是一个普通人面对灾难之时的正常反应和表现,这也是一种对病人的安慰方式,大可不必真去考究说孔子在研究"天命"。

## 6.11

子曰:"贤哉,回也!一箪[dān]食,一瓢饮,在陋巷[1],人不堪其忧,回也不改其乐[2]。贤哉,回也!"

【译文】

孔子说:"颜回真是个贤德之人啊!一竹篓饭,一瓜瓢水,深居偏僻的小巷子,别人都忍受不了这份苦忧,颜回却能安居清贫而不改变他的快乐无忧。颜回真是个贤德之人啊!"

【释读】

[1] **箪** 古代盛饭的圆形竹编筐。
  **瓢** 瓜瓢。
  **饮** 名词,指喝的水。
  **陋巷** 偏僻的小巷子。一说即简陋居处,不确。

❷ **堪** 经得起，承受得住，承受，忍受；能够，可以。今有成语"不堪重负"，即指无法承受沉重压力。

**读后**

《庄子·让王》中有一个故事，翻译过来是：

孔子谓颜回曰："回，来！家贫居卑，胡不仕乎？"
颜回对曰："不愿仕。回有郭外之田五十亩，足以给饘[zhān]粥；郭内之田十亩，足以为丝麻；鼓琴足以自娱；所学夫子之道者足以自乐也。回不愿仕。"
孔子愀[qiǎo]然变容曰："善哉回之意！丘闻之：知足者不以利自累也，审自得者失之而不惧，行修于内者无位而不怍[zuò]。丘诵之久矣，今于回而后见之，是丘之得也。"
大意是，孔子对颜回说："颜回，来！你家境贫寒卑微，为什么不去做官呢？"
颜回回答说："不愿做官。我在城郭之外有五十亩田，足够供我薄粥（一说稠粥）之食，城郭内还有十亩田，足够供我穿衣之用；弹琴足以自娱，而所学老师的思想主张足以成为我快乐的源泉。我不愿意去做官。"
孔子神情严肃而深有感触地说："真好啊，你有这样的志趣！我听说：知足的人不因利益而累，能看明白得失的人不害怕失去什么，致力于内在修炼的人，没有职位也不会惭愧不安。很久以来，我都时时记诵这句话，现在在你身上看到了，这是我的一大收获啊。"

庄子这段话，是对本章最好的补充。
"一箪食，一瓢饮，在陋巷"，这是颜回的标配，也成为颜回之后的历代朝圣者所追求的至高精神境界。《学而篇》1.14：子曰："君子食无求饱，居无求安，敏于事而慎于行，就有道而正焉，可谓好学也已。"这句话简直就是对颜回说的。《为政篇》2.10：子曰："视其所以，观其所由，察其所安，人焉廋哉！人焉廋哉！"你安于什么，沉迷于什么，你的志向就在哪里，你的品德就在哪里，你的希望就在哪里。

孔子和他的弟子们走上了这条求道之路，儒学的后继者走上了这条求道之路。"为天地立心，为生民立命，为往圣继绝学，为万世开太平。"北宋大儒张载的"横渠四句"，是对儒学的最好诠释，一直激励着一代又一代志士仁人，而颜回，是孔子弟子中最好的践行者。为社会建立契约精神，为百姓寻求立身之本，为圣贤传播智慧绝学，为人类开创太平基业。立道，求道，传道，以道开创太平。

为天地立心：心是什么？灵魂，而灵魂需要什么去支撑？信念，智慧，理想，使命感。为天地立心，就是为社会建立一个灵魂支柱，这就是立道。在孔子，就是建立儒学思想主张及以儒学思想主张为基础的社会秩序，建立维护这一社会秩序的一份契约，一种契约精神。有了它，灵魂就有了支柱，社会就有了秩序，天地就有了约定俗成的规矩，人间便有了和谐。

说到底，为天地立心，也就是要为社会建立一套以道德伦理为核心的精神价值系统，在这个系统中，无论贵为人君，还是平民百姓，都在这种契约之下，人人遵守规则，和谐共处。

为生民立命：生民即天下百姓。命即天命。天命是什么？我们讲过，天命即是你应该做什么和你能够做什么，你居于其间，一方面遵循天命，一方面努力突破，去触摸天命的边界。怎么做？求道。孔子在《论语》中，那些闪闪发光的话语，便是教你求道，你努力领悟，运用于实践，从而努力完善自我，使自己的人生更精彩，你的天命就会更充实、更灿烂。这就是"立命"。为什么孔子被称为"木铎"？为什么说"天不生仲尼，万古如长夜"？这就是要教你如何去开创自己的精神家园，一个属于自己的灵魂安顿之处。

《孟子·尽心上》："夭寿不二，修身以俟之，所以立命也。"意思是，一个人不管是长寿还是短命，处逆处顺，都应当修持自己的身心以面对人生各种结果，这就是所谓"立命"。宗教把万事寄托于"主"，儒家将外在必然与内在当然统一结合起来，将天与人，顺应自然与自强进取结合起来。与天命赛跑，冲出天命之桎梏，突破边界。

为往圣继绝学：往圣之绝学，也就是儒家先贤先圣一脉相传之道，以"仁、义、礼、智、信"为内核，以"温、良、恭、俭、让、敬、孝"等为操作指南的追寻与传承之路。

为万世开太平："太平"是中国人根深蒂固的社会理想，也是历代志士仁人所披荆斩棘、勇敢追寻的天国之梦。中国人，尤其是中国的知识分子，有一个几乎与生俱来的圣训：修身齐家治国平天下。

这就是使命感，这就是社会责任感。没有谁强迫你去这样想这样做，但你就是会以之为己任，一生遵循，死而后已。

**6.12** 冉求曰："非不说[yuè]子之道，力不足也[1]。"子曰："力不足者，中道而废[2]。今女[rǔ]画[3]。"

【译文】

冉求对孔子说:"不是我不喜欢老师的思想学说,而是我力不从心。"孔子说:"力不从心的人是指走到半道,力量用尽了而停下来养精蓄锐,以便继续前行。如今你却还未起步就事先自我设限,不想行动。"

【释读】

❶ **说** 即"悦"。同"学而时习之,不亦说乎?"之"说"。不说,在此指不喜欢、不热爱,一说为悦服、信服。

**子之道** 老师你的思想学说。

**力不足也** 是力量不够,是力不从心。言下之意,不是故意的,是力不从心。

❷ **中道而废** 中道,半道,半途。废,停止。"中道而废"现指不能坚持到底,中途停止,有始无终。《里仁篇》4.6章:"我未见力不足者。盖有之矣,我未之见也。"

❸ **今女画** 今,现在,如今。女,汝,你。画,繁体字为"畫",分上、中、下三部分。上部为"聿",音[yù];中部为"田",最底部为一横。我们先来看看上部的"聿":甲骨文"聿"为会意字,从手,从丨,或从丨下端两边各加一笔,为笔毫形。这就是"笔"的初文。(图6.12-1)至春秋时,下部增加了一横饰笔,经隶变后,为楷书的"聿"字。

图6.12-1

我们再来看看"畫"字。畫的甲骨文为从手持笔画图,其中,下部的"X"叉形笔画表示所画的笔痕。(图6.12-2)到周代后,下部的"X"字形为田地形的"周"所取代,突出划分田界义,即"划"之意,而"周"后省作"田",字从聿,从田,底部另加饰件"一"。许慎《说文》:"画,界也,象田四界,聿所以画之。"(画,就是分界,像田地四周的边界,用笔来把它们画出来。)所谓"田"字周围四界,其实是"X"之变,田下一横为饰笔,田上一笔也是饰笔,隶变后楷书作畫,简化为画,引申为描画、图画。

图6.12-2

今有成语"画地为牢",比喻只许在指定的范围内活动,引申为给自己设限。朱熹《论语集注》:"力不足者,欲进而不能。画者,能进而不欲。谓之画者,如画地以自限也。"(力不足,想前进却做不到。画,是能前进却不愿进。称作画，就是像画了个圈把自己关在里面，自我设限。）清黄式三《论语后案》："中道而废是力极休息，复蓄聚其力也。画，止于半途而不进也。学无止境，死而后已，一息尚存，此志不懈，安得画？"（中道而废是力量用到极限了稍作休息，再蓄积起自身的力量。画，是在半道止步不前。学无止境，直到生命的终结才停止。只要还有一口气，就一刻也不懈怠追求理想，怎么能给自己设限？）

综上，"画"为划界，也即自我设界、自我设限，事先给自己设定一个界限，甘愿居于其中，而不求突破。

[读后]

半道停下来是因为力量用尽了，停下来，是为了养精蓄锐，以便继续前行。这是先有行动，跟力不足没有半点关系。孔子的意思是，你不是做不到，而是不去做。我们身边有不少这样的人，在做事的时候，还没开始就说不可能做，或断定做不好，而不是先尝试去努力。

从心理学角度看，自我设限，是指个体针对可能带来的失败威胁，事先设计障碍的一种防卫行为。自我设限就像自己为自己挖一个陷阱。这种行为虽然可以避开自身能力不足带来的挫败感、暂时维护自我价值感，却常常剥夺了设限者的成功机会。

自我设限，等于杀死了你的潜在能力，拖着沉重的枷锁生活，每天都在扼杀自己的潜力和欲望，"不可能的，我这么大年纪了，怎么能跑那么远？""我学历这么低，公司怎么会雇用我？""我长得不够漂亮，他怎么会喜欢我？"……一旦形成自我设限，我们将陷入一个个恶性循环当中，在每个循环之中，我们不会感到一丝的奇怪。这就是为什么自我设限对人的负面影响远比其他弱点更致命的原因。

自我设限是建立在怀疑自身能力的前提下的，跟做事前的自我预判与冷静分析有一定区别。

从某种意义上说，我们就是在不断突破自我设限的陷阱过程中不断前行。正如那句广告语：所有的平庸，都是自我设限的结果。大胆一点，反正你只活一次。

## 6.13 子谓子夏曰："女为君子儒！无为小人儒[1]！"

### 译文

孔子对子夏说:"你要做志存高远的儒者,不要做目光短浅的职业儒。"

### 释读

❶ **君子儒** 志存高远的儒者。
**小人儒** 目光短浅的职业儒。

我们来看看"儒"字。在甲骨文里没有"儒"字。最早出现在甲骨文里与"儒"相关的字是"需"。甲骨文"需",徐中舒《甲骨文字典》:从大,从水滴,象人沐浴濡身之形。为"濡"之初文……上古原始宗教举行祭礼之前,司礼者须沐浴斋戒,以致诚敬,故后世以"需"为司礼者之专名。"需"本从象人形之大,因"需"字之义别有所专,后世复增人旁作"儒",为緟(音[chóng],同重复之"重")事增繁之后起字。一,濡身之礼;二,儒,儒人;三,子儒,人名。(图6.13-1;图6.13-2)

许慎《说文》:"儒,柔也,术士之偁(称),从人,需声,人朱切。"

图6.13-1

图6.13-2

### 读后

中国人历来重视死的观念与丧葬礼仪,这种广泛的社会需求促生了一个特殊社会阶层"儒"。在中国古代社会,最晚到商代,有了专门负责办理丧葬事务的神职人员,这些人就是早期的儒,或者称为巫士。他们精通当地的丧葬礼仪习俗,时间一长,便形成了一种相对独立的职业。由于这种职业地位低微,收入也少,既没有固定的财产和收入,做事时还要仰人鼻息,所以形成比较柔弱的性格,这就是儒的本义,即许慎《说文》所说的"柔"。

胡适在《说儒》一文中认为,儒是殷民族的礼教的教士,他们在很困难的政治状态下,继续保持着殷人的宗教典礼。然而经过六七百年的发展变化,他们中的绝大多数人变成了教师,他们的职业还是治丧、相礼和教学。但他们的礼教已渐渐推行到统治阶级里,向他们求学的已有各国贵族的子弟;向他们问礼的,不但有各国的权臣,还有齐、鲁、卫国的国君。这才是那个广义的"儒"。儒是古宗教的教师,治丧相礼之外,他们还要做其他的宗教事务。

在胡适看来,儒的职业有点类似基督教的牧师。

当代哲学家冯友兰在《原儒墨》中也认同胡适的大部分观点。他认为,中国人素来重视死的观念与丧葬形式，正是这种广泛的社会需求才造成一个特殊的社会阶层或职业。早在新石器时代晚期山顶洞人的骨化石旁，一般都摆放着含赤铁矿的粉末，还有死者生前使用过的装饰品等。这表明，至少此时，中国人已有相当成熟的丧葬观念。

作为一种相对独立的职业，儒从社会公众中逐步分化出来，具有相当重要的意义。不论他们的原初职业如何低贱，实际上都意味着社会经济的发展足以承受这一部分人从直接劳动者中脱离出来，成为一种相对有闲的阶层。同时，也正因为他们的有闲，使他们有可能将原来那些经验的礼仪逐步提升、规范，并终于成为社会结构中一个比较特殊的智者阶层。从此，他们中的一些人又不甘于那些原来的低贱职业，或者期望成为政府的典礼官，或期望成为助人君顺阴阳教化的君子儒。由此我们也不难理解孔子对弟子们的告诫。"女为君子儒，无为小人儒。"实际上期望弟子们勤奋努力，不要再次沦为那种只能为民间的礼仪活动诸如丧葬之类的吹打揖让之事的贱民阶层。

从以上我们可以明白，孔子所说的"小人儒"即是这种职业之儒，一种低贱的谋生职业或自甘于职业之儒而胸无大志之人。

通过整部《论语》，我们可以明白，孔子所谓的"君子儒"，是一种心怀仁德，品格高尚，有社会责任感和使命感的人。这和孔子在《为政篇》所讲"君子不器"思想是一脉相承的，而且，这种思想贯穿《论语》始终。

## 6.14

子游为武城宰❶。子曰："女得人焉尔乎❷？"曰："有澹[tán]台灭明者❸，行不由径❹，非公事，未尝至于偃[yǎn]之室也❺。"

【译文】

子游（言偃）做武城的长官。孔子说："你在武城那里得到什么人才了吗？"（子游）回答说："有一个叫澹台灭明的人，走路不抄小路，不是公事，从不到我那里去见我。"

【释读】

❶ 为　做，任。动词。

雍也篇第六

❷ **焉** 代词，这里，那里。

**尔** 通"耳"。尔乎，语助词连用。

❸ **澹台灭明** 复姓，字子羽。后为孔子弟子。

❹ **行不由径** 径，小路，捷径。走路不走捷径，意为行不抄捷径，为人不投机取巧。与今义有别。

❺ **未尝** 不曾。

**偃** 子游自称。

## 【读后】

一个走路不抄小路的人，不会投机取巧；一个不办正事就不去长官那里串门拜访的人，不会拉关系、走后门、攀附权贵。这样的人，为人正直，光明磊落，实在难得。子游能从小事之中发现这样的人，也说明子游慧眼识才，其自身也该是光明磊落、坦荡正派，而非蝇营狗苟、结党营私之人。当你能发现一个真正优秀的人，你同时也发现了你自己。

子游说的没错，澹台灭明是一个做事守规矩，不走"捷径"的人。史料记载：澹台灭明，字子羽，是东周时期鲁国人。他曾拜孔子为师，但因长相丑陋，受到冷遇。但他信奉孔子学说，勤于修身，严于律己，处事踏实端正。到吴国讲学时，其才德吸引门徒达三百之众，"名施乎诸侯"，位列孔门七十二贤。后来，孔子知道了，感慨说："以貌取人，失之子羽。"

行不由径或许走得慢了点，但一定走得稳、走得远，终有所获。而投机取巧抄近路，这个近路往往就是邪路，不但达不到目的，反而事与愿违。古谚云："巧诈不如拙诚。"巧诈是虚伪，耍小聪明玩弄技巧，而拙诚是老实，不欺人亦不自欺，更容易收获信任。行不由径就是一种拙诚，老老实实走正道，最终会胜过投机取巧走捷径。曾国藩有云："天道忌巧"，其中心意思与行不由径一致，都是强调老老实实做人，踏踏实实做事，出实招、下实功、求实效。

行不由径是脚踏实地、正道直行。行不由径走大道，在有些人看来好像笨了点、苦了点，但大道是光明的，会越走越宽。投机取巧走捷径，妄想快一点，结果却是"欲速则不达"。诚如哲学家培根所言："人生如同道路。最近的捷径通常是最坏的路。"当两条路摆在眼前时，每一个人都当思之、鉴之、慎之。

## 6.15

子曰:"孟之反不伐❶,奔而殿❷。将入门,策其马❸,曰:'非敢后也,马不进也❹。'"

**【译文】**

孔子说:"孟之反这个人不夸耀自己。军队败退的时候他殿后护卫,快进城门时,他鞭打自己的坐骑,说:'不是我敢于殿后,是马儿跑不快啊。'"

**【释读】**

❶ **孟之反** 即《左传·哀公十一年》之"孟之侧",鲁大夫。《左传》记载,鲁与齐战,鲁右师败逃,齐师逼近鲁都。孟之侧殿后,鞭策其马曰:"马不进也。"

**伐** 自夸。与《公冶长篇》5.26:"愿无伐善,无施劳。"之"伐"同义。

❷ **奔而殿** 军队败退时殿后护卫。奔,败退,溃败。

❸ **策** 鞭打。

**【读后】**

不自夸,不邀功,不居功自傲,人之美德。有此品德的人,也能自我保全,避免招致杀身之祸。

《史记·淮阴侯列传》:"臣闻勇略震主者身危,而功盖天下者不赏。"(我听说足智多谋勇猛无畏到让你的主上震惊的人,他自己就危险了;功劳大到天下第一的时候,这人不可能再得到封赏。)韩信之死,死于功高盖主,死于不懂退让。范蠡[lí]在越王勾践称霸之后,很快"乘舟浮海以行,终不返"。他逃跑后,还派人给同事文种说:"飞鸟尽,良弓藏;狡兔死,走狗烹;敌国破,谋臣亡。"劝文种赶紧隐退。文种不听,结果被勾践赐死。

《老子》第九章:"功遂,身退,天之道也。"(功业完成,含藏收敛,合乎天道。)孟之反深懂此理,且如此幽默,不露痕迹,实在是大智慧。

子曰:"不有祝鮀[tuó]之佞❶,而有宋朝之美❷,难乎免于今之世矣❸。" 6.16

**【译文】**

孔子说:"假如没有祝鮀那样的好口才,而仅有宋国公子朝那样的俊美,在今天这个世道,要想幸免于难(躲避灾祸),太难了。"

**【释读】**

❶ **不有** 表示假设语气,假若没有。
**祝鮀** 祝鮀即史鱼,字子鱼,卫灵公时任祝史,负责卫国对社稷神的祭祀,故称祝鮀。擅长外交辞令,能言善辩。《左传·定公四年》对祝鮀有记载。
**佞** 有口才,能言善辩。

❷ **而有** 仅有,只有。
**宋朝** 宋国的公子朝,长得俊美,因其俊美而屡引起祸端。传与卫灵公夫人南子有染,而卫灵公纵容公子朝和南子在洮[táo]地相会。本篇6.28章有关于孔子与南子的相关内容。

❸ **难乎** 乎,表示感叹的语气词,难啦,很困难啊。
**免** "免"字后不带宾语,一般指免于灾祸或灾难,免于某种坏事。幸而免,即侥幸逃过灾难。

**【读后】**

祝鮀之佞,宋朝之美,一个是口才好,一个是相貌俊,从字面上看,孔子是在赞祝鮀之佞,抑宋朝之美,也就是说,颜值在某些时候是靠不住的,还得靠才华。"佞",在此可引申为口才与才智,而不仅仅是口若悬河、能言善辩。但从最后一句"难乎免于今之世矣",孔子要表达的意思就明白了——口才再好,颜值再高,在今天这个社会都很难混下去。毕竟,从根本上讲,口才和颜值都不足以立身行事。

## 6.17 子曰:"谁能出不由户❶?何莫由斯道也❷?"

**【译文】**

孔子说:"谁能走出屋子不经过房门呢?可既然如此,为什么没有人从这条路上走呢?"

**【释读】**

图6.17-1

图6.17-2

❶ **出不由户** 即从屋子里出去不经过门。我们今天还说"出门"。

户,甲骨文"户"象一扇门形,一扇门曰户,两扇门曰门。本义为一扇门。(图6.17-1)皇侃《论语义疏》引范宁云:"人咸知由户而行,莫知由学而成也。"(人们都知道由门出入,却没有谁知道通过不断学习走向成功。)并孔安国曰:"言人立身成功当由道,譬犹人出入要当从户。"(是说一个人立身行事、追求成功应当遵循天道,就像一个人进出房间应当经过房门一样。)"户"为"半门",那全门是啥样子呢?"门",甲骨文象两扇门形。(图6.17-2)

❷ **何** 为何,为什么。

**莫** 否定代词,没有人,没有谁。

**由斯道** 经过这条道,从这条道走。那么,这条路是哪条路呢?《孟子·离娄上》:"仁,人之安宅也;义,人之正路也。旷安宅而弗居,舍正路而不由,哀哉!"(仁是人们的安居之所;义是人们的正确之路。空着安稳的房子不住,舍弃正确的道路不走,可悲啊!)

**【读后】**

正道并不好走,因为要约束自己、克制自己,还要不断修正自己,这会让人很不自在。在这个个性张扬的时代,人一旦被约束、不自在,就会感觉严重不适,就会认为是限制了自我心性与人权,泯灭了人的天性。趋利避害是人之本性,哪儿舒服哪儿去,哪儿舒服去哪儿待着,有捷径走,为什么要绕道走?——看看我们四周的花园那一条条歪歪斜斜的小径吧——有诱惑就随性而为,为什么

雍也篇第六 225

要限制个性?

然而,一个人要想成功,就必须约束自我,限制欲望,专注、坚持你的目标。追求圣人之道,"一箪食,一瓢饮,在陋巷,人不堪其忧,回也不改其乐"。"发愤忘食,乐以忘忧,不知老之将至。"如此,终将近于圣人之境,走上你人生的星光大道。立身行事,目直前方,心无旁骛,勇往直前。

## 6.18

子曰:"质胜文则野,文胜质则史❶。文质彬彬,然后君子❷。"

【译文】

孔子说:"质地胜过文采,就会显得粗野;文采胜过质地,就会显得虚浮。文采与质地配合恰当,浑然天成,这样才是真正的君子。"

【释读】

❶ **质** 本质,底子,品质,本性。本义为质押、抵押,以物或人作保证。

**胜** 胜过,超过。

**文** 文采。甲骨文"文",字象人身有花纹,本义文身。(图6.18-1)许慎《说文》:"文,错画也。象交文形。"引申为文采,外在的装饰,修饰。

**野** 质朴,不浮华,粗鄙,粗野。

**史** 本指执掌文书的史官。皇侃《论语义疏》:"史,记书史也。史书多虚华无实,妄语欺诈,言人若为事多文少实,则如书史也。"(史就是掌管文书的官吏。史书中大多虚华无实,妄语欺诈,一个人如果做事虚浮而不实,就如同那些写史书的记事官一样。)《论语义疏》引包咸曰:"史者,文多而质少也。"虚华多于实质。一说"史"为策祝,掌管宗庙祭祀。清代胡培翚[huī]《仪礼正义》:"策祝尚文辞,故谓辞多为史。"策祝崇尚语言华丽,虚饰浮夸,所以将这种语言华丽虚饰的叫史。

图6.18-1

❷ **文质彬彬** 皇侃《论语义疏》引包咸曰:"彬彬,文质相半之貌也。"文与质配合得恰到好处,文质相融,浑然一体的样子。

【读后】

这一章，是强调质与文，配合恰当，文质彬彬，文质兼备，不可偏废。所以，本章至少给我们表达了两个层面的意思：1. 文质彬彬，文质兼备而又相得益彰，恰到好处，这是一个君子的特质；2. "质"与"文"是一体的两面，不可偏废。太过"质"，虽然真实，但可能会显出粗野的特性；太过"文"，虽然华丽，但可能又会流于虚浮不实。（图6.18-2：文质彬彬，然后君子）

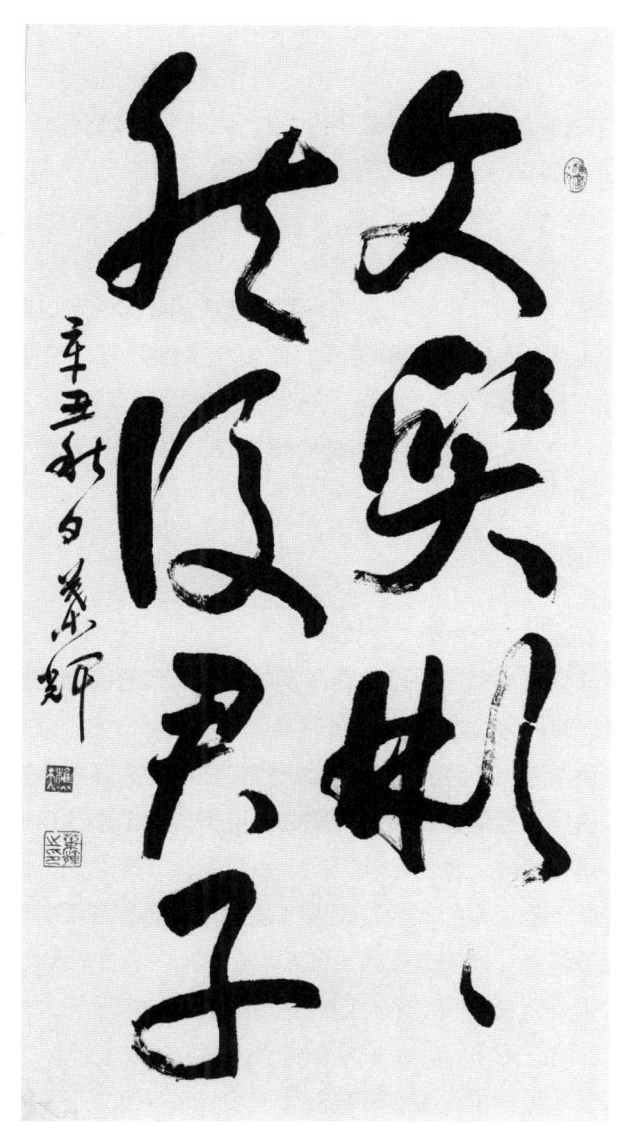

图6.18-2

子曰:"人之生也直❶,罔[wǎng]之生也幸而免❷。"  6.19

**【译文】**

孔子说:"人要以正直立身于世,不正直的人活着只是暂时侥幸免于灾祸而已。"

**【释读】**

❶ **人之生** 之,用于主谓之间的结构助词,取消句子独立性,使主谓结构的"人之生"成为整个句子的主语,后面的"直"作谓语。

**直** 正直,形容词。

❷ **罔** 本为迷惑、困惑、模糊、茫然不解之意;又解作诬陷、欺骗、蒙蔽,枉曲不直,无中生有,坑蒙拐骗等义。此处与"直"对,故解作枉曲不直之人,不正直的人,坑蒙拐骗之人。

**幸而免** 幸,侥幸。免,免于灾祸。幸而免,即侥幸逃过灾难。已见本篇6.16。

**【读后】**

这一章,道理大家都明白,但一翻译就出问题。我们综合各家,采取近于意译的方法来处理,似更达而雅。

这一章是在讲做人的正直问题。人的正直品性有这么重要么?法国作家维克多·雨果曾说过这样一段话:"在很特殊的情况下,一个人才会成为圣人,但做一个正直的人却是人生的正轨。尽管你们曾经犯错,曾经迷惘,你们也应当尽自己最大的能力去做一个正直的人。"英国文艺复兴时期著名哲学家、思想家、作家弗朗西斯·培根说:"即使那些行为并不坦白正直的人也会承认,坦白正直地待人是人性的光荣,而真假相混则有如金银币中杂以合金一样,也许可以使那些金银用起来方便,但是把它们的品质却弄贱了。"

米勒是法国近代绘画史上最受爱戴的画家之一,也是"巴比松画派"的创始人之一,为推进19世纪写实主义画风的崛起做出了开创性的贡献,其作品《拾穗者》《播种者》《晚钟》等几乎家喻户晓。凡·高一生崇拜米勒，把他当作艺术上的偶像，灵魂上的知己，临摹米勒的画长达整整十年。有一天，凡·高在米勒的书中读到这样一句话："你务必努力正直地活着。"凡·高茅塞顿开，终于成就了又一个伟大的画家。到今天，凡·高和他的画，依然深深撞击着人们的心灵，让人欲罢不能。

中国人在表达正直的情怀时，似乎显得更为含蓄而深邃。《封神演义》中有这样一个故事。周文王获得自由以后，决心治理好自己的国家，以便寻找机会，推翻商朝，报仇雪恨。但他看到自己身边虽然不缺文臣武将，可是缺少一位深具雄才大略的人来帮他筹划灭商伟业。有一次，周文王外出打猎，在渭水的支流磻［pán］溪边上遇见了一位钓鱼的老人。老人须发斑白，看上去有七八十岁了。奇怪的是，周文王仔细一看，老人钓鱼的鱼钩是直的，而不是弯曲的，上面也没有钓饵。文王看了很纳闷，便上前询问。这位白发老人说："岂可曲中而取鱼乎！非丈夫之所为也。吾宁在直中取，不向曲中求，不为锦鳞设，只钓王与侯。"哈哈！原来，这老人就是姜子牙，他不是在钓鱼，而是在等待明君的到来。

"宁在直中取，不在曲中求。"成了千古名言。

## 6.20　子曰："知之者不如好［hào］之者，好之者不如乐［lè］之者❶。"

**【译文】**

孔子说："对进德修业做学问，懂得它的重要性，比不上对它喜爱有加；而对它喜爱有加，又比不上因为有它而获得无限的快乐。"

**【释读】**

❶ **知之**　了解它，懂得它，弄明白它的意义所在。

**好之**　喜欢它，热爱它，迷恋它，把它当作生活的一部分。

**乐之**　以之为乐，意动用法。与它浑然一体，乐在其中，而浑然不觉。入此境，学则不再是刻意为之的事，更没有苦的感觉，而是以此为乐，乐由此生，并乐在其中。

**者**　三个"者"，大多注家释为"……的人"，但如果这样，放在句子里，却无法安顿。孔子说的是进德修业做学问的三种不同状态或程度：知之，即懂得其重要性；好之，即自发的喜爱，非强制性迫不得已，而是主动的喜欢；乐之，即以进德修业做学问为极大的快乐。从不自觉到自觉到以此为乐，这是三种态度或三个不同的程度。因此，三个"者"字，即为"……的状态或程度"，似更准确。具体翻译时，可省略不译出。

**【读后】**

孔子是在谈三种不同的境界：懂得进德修业做学问重要，即使不愿意，也得去做，有点勉强，有点无奈；如果是自觉地喜欢、热爱，这就是人们最渴望的内驱力，"不用扬鞭自奋蹄"。有了内驱力，也就离成功不远了。然而，这还不是最高境界。最高境界是，在漫长的进德修业做学问过程中，我们能以此为乐，其乐无穷。这是一种"回也不改其乐"的"乐"，一种大快乐。如此，祝贺你，你将功德圆满。

比如健身。相信大多数的人都知道健身的重要性，一时兴起，跑去健身房交钱办卡开练。但是，大多数的人最终都不能坚持健身，甚至办的卡都没能用完。知道健身的重要性，这只是第一步；喜欢健身，喜欢撸铁，喜欢酸爽的感觉，这是第二步；当把健身当成跟吃喝拉撒一样自然而然，成为生活的一部分，成为身体不可或缺的一部分之时，也就是健身的最好状态了——高度自觉而无须靠自律。

无论学什么、做什么、求什么，止于明白、了解、掌握是远远不够的，你还得爱它、迷恋它，否则不能长久；而止于热爱，止于迷恋，也还不够，还是有可能激情过后，归于平淡，还是有可能移情别恋，难以为继。最高境界就是，融入其中，乐在其中，浑然一体，分不出彼此。有人爱说一句话："我好像就是为你而生。"是的，当你发现你就是为一个人或一项事业而生，便欲罢不能，不可分离，你就会用尽毕生的精力，全身心去努力、去奋斗，沉迷其中，如此，天长地久，物我两忘。

一切的追求皆为刻意。只有当追求成了无意识的持久状态，成为你生命的轨道，成为你快乐的源泉，这才能达于至高境界。

**6.21** 子曰："中人以上，可以语上也[1]；中人以下，不可以语上也。"

【译文】

孔子说："中等才智以上的人，可以跟他讨论高深的学问道理；中等才智以下的人，不能够跟他讨论高深的学问道理。"

【释读】

❶ **中人** 中等才智的人，中等智慧的人。
**语上** 告诉他高深的学问、道理，与他谈论高深的学问、道理。

【读后】

很多《论语》注释版本都认为孔子这段话体现了孔子因材施教理念，这固然不错。但是，如果仅仅把这一章理解成孔子的因材施教理念，则未免失之偏狭。

孔子注重因材施教，但本章所表达的，应是更为普遍的道理，而不仅仅是教学。一个人立身处世，如何说话非常关键，几乎是情商的最重要表现形态。"良言一句三冬暖，恶语伤人六月寒。""酒逢知己千杯少，话不投机半句多。""我之蜜糖，他之砒霜。"……

在社会中，说话的重要性如此确定，大则毁掉江山社稷，中则毁掉一世英名，小则让即将成功的事功亏一篑。仔细分辨，其中，很大一部分问题，不是来自话术问题，而是说话没有分清对象，没有分清对方属于"中人以上"还是"中人以下"。完全相同的一句话，为什么说出去的效果，有时会截然不同甚至相反？我们往往把这一问题归结于话术不对，却可能忽略了一个事实，这就是人的智慧是有区别的，我们之所以不正视这一点，是担心被人攻击，以为自己在自夸，自诩高人一等，比别人更聪明更智慧，从而引火烧身。但是，孔子在两千多年前就明确说出了这个观点，我们为什么不能去面对这个问题呢。孔子说这话，并不是他想表明他比别人更智慧更聪明，而是要我们明白，人的智慧客观存在高中低等。而这高中低等，你可以理解为是慧根的高低，智慧的高低，也可能是相对于某一个领域或一个专业，或者某一个阶段而言，并非总体的智力判断。明白了这一点，我们在立身处世时，就应该自觉地去分辨你的说话对象。比如，我去跟一个数学家谈训诂学，这算不算是在与"中人以下"谈话？比如，你跟一个书法家讲微积分，算不算是在与"中人以下"交流？比如，你去跟幼儿园的小朋友谈人生、谈理想，算不算是在与"中人以下"沟通？而在对待小孩子教育的问题上，我们的家长们尤其容易犯这样的错误。在《公冶长篇》5.13，我们曾谈及这个话题，可参阅。

最好的沟通交流，就是分清对象，找对话题，这才可能实现有效沟通交流。否则，要么伤了对方，要么自取其辱，更有可能伤了彼此的和气，毁了大事。

**6.22** 樊迟问知[zhì]❶。子曰："务民之义❷，敬鬼神而远之❸，可谓知[zhì]也。"

问仁。曰："仁者先难而后获❹，可谓仁矣。"

### 译文

樊迟问怎么样才算智慧。孔子说："致力于引导、教化百姓的要旨，是让百姓敬鬼神而又远离鬼神，这样可算得上智慧了。"

樊迟又问怎么样才算有仁德。孔子说："有仁德的人先通过艰苦的努力，而后收获果实，这样可算得上是有仁德了。"

### 释读

❶ **知** 同"智"，智慧。

❷ **务民之义** 务，致力于，专力于，从事，致力。致力于引导、教化百姓的要义（关键、核心、要旨）。杨伯峻《论语译注》将本句释为："把心力专一地放在使人民走向'义'上。"即是把"之"释为动词"走"，似欠妥。

❸ **远之** 远，形容词作动词，远离它，疏远它，不迷信它。对鬼神怀有敬畏之心而又不过分沉迷于其中。

❹ **先难而后获** 先经历坎坷（先通过艰苦努力），然后再收获果实、成果、成功。《礼记·中庸》："力行近乎仁。"（努力实行便近于仁德。）

## 【读后】

对本章的释义，主要难点在第一问，即问智。孔子回答，智就是致力于教化百姓敬鬼神而远之。那么，问题来了：1.是谁敬鬼神而远之？2.为什么要敬鬼神而远之？

钱穆《论语新解》："用民字，知为从政者言……樊迟本章所问，或正值将出仕，故孔子以居位临民之事答之。"钱穆所言，应是从清刘宝楠《论语正义》："窃从夫子此文论仁知，皆居位临民之事。意樊迟时或出仕故也。"（我个人认为根据孔夫子本章谈论仁与智，都是在位从政的人考虑如何管理百姓的问题，估计是樊迟当时正要为官从政了。）

从以上资料及本章语义，孔子此言，虽是回答樊迟，实为针对"执政者"而言。执政者首先要考虑如何引导百姓、教化百姓，从而让百姓安居乐业。做好了这些事，执政者就算是有智慧了。那么，站在执政者的位置来看，孔子认为，要"敬鬼神而远之"，则为老百姓，而不是执政者。

那么，为什么要让老百姓"敬鬼神而远之"呢？程树德《论语集释·发明》引刘沅《四书恒解》："若不敬鬼神，即不知天命而不畏，任其心之所之，无恶不作，曰'吾远鬼神也'，小人而无忌惮，其祸己祸人曷有穷哉。"（如果不敬畏鬼神，就不知天命可畏，也就无所敬畏，于是随心所欲，无恶不作，称自己远离鬼神，小人一旦没有害怕的事，那害人害己，无恶不作就没有尽头了。）

《易经·观卦》："观天之神道而四时不忒［tè］（差错），圣人以神道设教，而天下服矣。"《易经·观卦》是讲祭祀。祭祀从开始"盥［guàn］"，浇水洗手，到随后的献祭品，整个过程表现出庄重、严肃、虔诚的气氛。祭祀是为了教化，主祭者的一举一动，是要让观者内心产生共鸣，受到感化。

神道不言而万物治，圣人取法神道所设之教化也是不言之教。"观"就是看，"观天之神道"，即看到天地神妙规律、四时运行自然顺畅，根据这种神妙规律设置教化，而天下百姓也自然顺从。

"神道设教"在古代是一个成语，可见其流行之广，也是当时为大家所接受的一种教化途径。用神道设立教化，是为了通过祭祀这种神道的方法来教化百姓，"慎终追远，民德归厚矣"（《学而篇》1.9）。慎重地对待死亡，追念远逝的先祖，祭祀先祖，这样民风就会变得敦厚、淳朴，而提倡祭祀是为了使民风淳朴，便于统治。

这就明白了，原来，孔子是说，治理百姓，首先要让其有敬畏之心。"祭如在，祭神如神在。"百姓没有了敬畏之心，天下必乱。但是，如果百姓天天祭

雍也篇第六　233

神拜鬼，陷入迷信，那也要出问题。整个社会都陷入疯狂的迷信之中，这是一件非常恐怖的事情。于是，孔子提出，"敬鬼神而远之"，就是让百姓既有敬畏之心，又不陷入疯狂的迷信之中。这，当然是需要智慧的了。所以，孔子针对执政者提出的思想主张是，让老百姓有敬畏之心而又不迷信。能如此，民风归厚，天下太平。

至于本章中关于"仁"的解答，实为勉励樊迟先付出再收获，先苦而后甜，体现的是尊长对晚辈的教诲与期望，也是作为老师对弟子的要求。

"仁"很大，"仁"的入口却是在举手投足的细微之处，因而求"仁"并不难。孔子说："仁远乎哉？我欲仁，斯仁至矣。"（《述而篇》7.30）

## 6.23

子曰："知[zhì]者乐[lè]水，仁者乐[lè]山❶。知[zhì]者动，仁者静。知[zhì]者乐[lè]，仁者寿。"

【译文】

孔子说："有智慧的人喜爱水的特性；有仁德的人喜爱山的特性。有智慧的人乐观活泼，有仁德的人沉静安稳。有智慧的人快乐，有仁德的人长寿。"

【释读】

❶ 知 同"智"，智慧，聪明。
  乐 动词意动用法，以……为乐，喜爱。

【读后】

水与山，在汉字里，就是两幅美丽的图画。（图6.23-1、图6.23-2）

水。蜿蜒的河流，波浪拍岸，两千年前，一个智者曾站在河边，久久凝视着眼前这永不停息的水流，仿佛发现了生命的延展，仿佛听到了时间的跫音，仿佛触到了宇宙的脉动。他长叹道："逝者如斯夫！不舍昼夜。"

老子《道德经》说："上善若水。水善利万物而不争，处众人之所恶，故几

图6.23-1

于道。"水的特性，已近乎道，这两位智者，对水是如此钟爱，如此情深。

山。犬牙交错，山浪峰涛，似动而静。无论是"言师采药去，云深不知处"的邈远幽深，还是"山舞银蛇，原驰蜡象，欲与天公试比高"的恢宏，抑或"相看两不厌，只有敬亭山"的如禅相应，山，总是以其巍峨、静穆而又神秘，牢牢粘住人们的心绪，让人欲罢不能。"高山仰止，景行行止。虽不能至，然心向往之。"司马迁这句话，说了两千年，也让我们思考了两千年，却也争吵两千年。欲登高山，山高路远。圣哲如高山，我辈虽不可登越，但崇敬之心，则如滔滔江水，绵绵不断。

"导之则水注，顿之则山安。"水的奔腾，山的静穆，让我们见水是水，见山是山；又让我们看水不是水，看山不是山。仁者见仁，智者见智，因此，看不够，思不止，这就是大自然的神奇，这也是人与自然的音声相和，同构共鸣……

老子说："人法地，地法天，天法道，道法自然。"这是老子在给孔子作注，还是孔子在为老子解读？

## 6.24 子曰："齐一变，至于鲁❶；鲁一变，至于道❷。"

【译文】

孔子说："齐国一变革，便可以达到鲁国的样子；鲁国一变革，便可达于先王之道。"

【释读】

❶ **齐一变，至于鲁** 齐，齐国。变，变革，改革。鲁，鲁国。

❷ **道** 先王之道。

【读后】

齐国一变只能赶上鲁国，而鲁国一变就可到达先王之道。这明摆着在贬齐国赞鲁国。虽然，司马迁在《史记·鲁周公世家》中对此有所记述，但总觉还没说到位。那么，孔子到底凭什么这样厚此薄彼地说齐国鲁国呢？

《说苑·政理》中有这样一段记述：周武王灭纣，分封天下，姜子牙封在齐国，周公封在鲁国。周公因为还要留在朝中摄政，辅佐成王，所以没有到鲁国去，由儿子伯禽代替。过了三年，姜太公（齐太公）到中央汇报工作，周公问他，你的国家这么快就治理好了？太公回答说，我是尊重人才，由外到内，先推行道义再推行仁政。"尊贤，先疏后亲，先义后仁"，这是成就霸业之路。周公说，太公的政治智慧能惠及后世五代。又过了两年，伯禽这才姗姗来迟，汇报政绩，周公问他，鲁国有这么难治理么？伯禽回答，推行以孝治国的"亲亲"之道，"亲亲，先内后外，先仁后义"。先内后外，先立德，再行义。这是走的先王之路。周公说，鲁国的德政可以惠及后世十代。

太公"尊贤，先疏后亲，先义后仁"，伯禽"亲亲，先内后外，先仁后义"。两人的政治主张看似先后顺序的不同，实际上是治国理念之别。太公施行的是霸业理念，把天下英才纳于麾下，为我所用。先治外，再治内，先解决当务之急，然后再修仁德。这有点像强盗杀人越货之后，再去找神父忏悔，希望重新做人。而伯禽的治国理念是，治理国家由内而外，先内后外，先建立起父慈子孝的孝道文化，筑好仁德基础，然后再推行道义，这是以孝治国，以德治国的理念。这，恰恰符合孔子的思想主张。

如此，我们也就不难理解孔子对齐、鲁两国变革的起点与终点的评述了。

**6.25** 子曰："觚［gū］不觚，觚哉！觚哉[1]！"

**【译文】**

孔子说："觚已不再是从前那个觚了。这还是觚吗？这还是觚吗？"

**【释读】**

[1] **觚** 古代盛酒的器皿，腹部及足部各有四条棱角，每器可盛酒二升（一曰三升）。

【读后】

《八佾篇》3.17：子贡欲去告朔之饩羊。子曰："赐也！尔爱其羊，我爱其礼。"子贡想取消鲁国每月初一祭祖庙宰杀活羊的仪式。孔子说："子贡啊！你舍不得那只羊，我舍不得那个礼。"

祭祀礼仪，不仅仅是一项表面的仪式，更是礼制的保存与延续；同样，一件旧制酒器，不仅仅是形制的改变，或限量的突破，而是礼乐制度的崩溃，人心不古，王道不再。因此，孔子所叹，并非一件酒器，而是旧制不再，礼崩乐坏。

形制，所表现出来的往往是一种形式特征，但这种形式特征，却暗含着一种规矩、规则，暗含着一种文化，是一种文化的外在表现。千万别小看了这个"符号"，因为，这可能是一个民族、一个公司、一个企业的灵魂所在。孔子为什么反对子贡取消每月初一宰杀饩羊这个看起来已经徒有其名的仪式？因为，那是礼制的一个符号，是一种文化的符号。如果连符号都不存在了，它所代表的文化还能存在吗？

天安门广场早晨的升旗仪式，算不算是一种形式？学校每周一早上的升旗仪式算不算一种形式？是。但这其实更是一种爱国主义的教育，是民族的文化仪式。我们不能小看了这种形式。

形式和形式主义有别，保留一定的形式或仪式，并不等于要走向形式主义。这一点，须分清楚。

## 6.26

**宰我问曰："仁者，虽告之曰：'井有仁焉❶。'其从之也❷？"子曰："何为其然也❸？君子可逝也，不可陷也；可欺也，不可罔也❹。"**

【译文】

宰我问（孔子）："一个有仁德的人，假如告诉他说：'井里有仁。'这个仁者是否会跟着跳入井里去呢？"孔子说："为什么会这样做呢？君子可以杀身成仁，随仁而去，但不能掉入别人设计的陷阱去；可以被欺辱，但不能被迷惑。"

雍也篇第六 237

【释读】

❶ **井有仁焉** 水井里有"仁",假如说水井里有"仁"。"仁者"是指具有仁德的人,仁德之人;而"井有仁焉"之"仁",后面无"者",则是指"仁"本义。这个"仁",有人解为"仁人",有一个有仁德的人掉进井里去了。但此处明明只一"仁"字,而非"仁者",所以,我们只能解读为"仁",或者"仁德"本身,而不是仁人。也有人把这个"仁"解为"人",即"仁"通"人"字,有人掉进井里去了,但依据不足。

❷ **其** 此为语气词,略等于"那""那么"。
**从之** 跟着"仁"跳下去。那他会不会跟着"仁"跳下去取"仁"呢?

❸ **何为其然也** 何为,即为何,为什么。其,这样,那样。然,……的样子。

❹ **逝** 最主要的含义有两个,一是往,离开;二是死亡。本章取后一义,死亡,意为为求仁而死,也就是可以为追求仁德"杀身成仁""舍生取义"。

【读后】

仁者可以慷慨赴死,杀身成仁,但要避免掉入别人设计的陷阱之中;仁者可以被欺辱,但不能被迷惑,不能迷失了自己的方向。

宰我设计的场景,虽然并没有这么险恶,却给他的老师出了一道难题。但是,孔子并没有陷入宰我设计的陷阱,反而进一步阐释了什么才是真正的"仁":君子可以杀身成仁,舍生取义,随仁而去,但不能掉入别人设计的陷阱中;可以被欺辱,但不能被迷惑。

子曰:"君子博学于文❶,约之以礼❷,亦可以弗畔矣夫❸!"  6.27

【译文】

孔子说:"君子广泛地学习文献典籍,再用礼制去约束自己,也就可以不离经叛道了。"

【释读】

❶ **文** 《诗》《书》《礼》《乐》等文献典籍,非今日之"文章"义。

❷ **约** 约束。

❸ **畔** 通"叛"。弗畔,即弗叛,不违背,不背离道,不离经叛道。矣夫,感叹词连用。

【读后】

博学于文而不约之以礼,则失于汗漫(浮泛不着边际,行为放纵不拘);约之以礼而不博学于文,则失于虚浮。只有内外兼修,内外配合,方合于道。

在日常生活中,我们经常遇到这样的人,读了不少书,甚至取得了硕士、博士学位,但是,在社会中,工作时,不懂基本的礼节,在他们眼里,没有规矩,没有制度,没有可以约束他们的东西,做事自我,不考虑别人,更不考虑公司、集体、社会和家庭,跟同事、朋友格格不入,自私、偏狭。你总觉得他们脑子里缺少一根筋,其实,多半是因为在成长的过程中,缺少对人性的约束与对人格的培养,说简单点,就是缺少管教。知识是有了,却放飞了自我,最后,知识反而成了他们立足社会的障碍,他们也成为社会和家庭的负担。

**6.28** 子见南子,子路不说[yuè]❶。夫子矢之曰❷:"予所否者❸,天厌之❹!天厌之!"

【译文】

　　孔子和南子见面（孔子去拜见南子），子路不高兴。孔子发誓说："我要是没说实话，老天都会厌弃我！老天都会厌弃我！"

【释读】

❶ 见　拜见。
　 说　即"悦"，高兴，开心。

❷ 矢　本义是箭，箭头。此处通"誓"，发誓。

❸ 予所否者　予，我。所否者，即所不者。春秋及战国早期誓词中，多有"所不"或"所不……者"，表示假如不怎么样……就（那就）。

❹ 天厌之　即"老天厌弃我"。天，上天，一说指南子，不从。厌，厌弃。

【读后】

　　在6.16章我们讲到"祝鮀之佞，宋朝之美"时，曾讲到宋国公子朝与南子的关系。公子朝因长得俊美，总是惹火烧身，跟南子有着说不清的关系。
　　本章是我所见对《论语》的解读中，最热闹、最凌乱、最乌烟瘴气以及最无权威意见的一章。
　　孔子为什么要见南子？子路为什么"不说"？"所否"到底怎么解释？"天厌之"的"天"到底是指南子还是上天？……
　　这一切，追根溯源，估计只有一个原因：南子是一个漂亮女人，而且是个被认为不检点而被朱熹称作"有淫行"的女人，偏偏这样一个女人还嫁给了据说比她大三十多岁的卫灵公。最要命的是，南子在出嫁前，就传跟宋国的公子朝有恋情，远嫁卫国国君卫灵公后，卫灵公还曾安排南子与宋国公子朝私会，而卫灵公还非常宠爱南子。于是，本可以冷静面对的，却从孔子到他的弟子，再到解读《论语》的各方"神圣"，都一下子不淡定了。
　　我们先来看看这一章的背景及《史记·孔子世家》里的记载。
　　鲁定公十四年，孔子56岁，升任大司寇兼助理国相之职，达到其政治生涯的顶峰。然而，这个时候，邻国齐国不淡定了。齐国人说，孔子当政，一定会称霸，而一旦称霸，齐国离鲁国最近，那一定先被鲁国吞并，不如趁现在局势未定，先割一块地给鲁国示好。这时候，齐国大夫犁鉏［chú］说，先尝试让鲁国精神堕落吧，如果这一计不成功，再割地不迟。于是，齐国挑选了八十个绝色美女，穿上华丽的衣服，学会跳《康乐》舞；又挑一百二十匹毛色斑纹特别漂亮的骏马，连人带马一齐送给鲁国的君王。但是，齐国不敢把美人骏马直接送到鲁国国君手里，而是在鲁国都城外搭起舞台、帐篷，天天在那里表演节目。当时的执政者是三桓之家的季桓子。他一个人穿着便装，偷偷溜出城门，连续三天，去观看表演，简直到了欲罢不能的地步。季桓子也不能私自把这些美人骏马带回府里，于是他叫上君王，一起去城外看美女的表演，还找了一个借口，说是要去外地巡视。结果，鲁王也上瘾了，顺理成章地把这些美女宝马带回城里。从此，鲁王和执政的季桓子对朝政再也没有兴趣，"从此君王不早朝"了。

孔子见状，一气之下，带着他的学生愤然离开鲁国，开始周游列国，大有"此处不留爷，自有留爷处"的愤慨。

孔子出国后，第一站就是卫国。到了卫国，卫灵公很尊重孔老夫子，问孔子鲁国给他的薪资待遇是多少，孔子说，年奉六万斗小米。于是，卫灵公也按这个待遇给孔子。这真不错，可好景不长，有人向卫灵公说孔子的坏话，至于说的什么，没人知道，反正卫灵公天天派人去孔子住处进进出出，孔子担心卫灵公要对他下毒手，赶紧带着学生跑了。这样，孔子第一站，只在卫国待了十个月。

孔子本来是打算去陈国，可有时候祸从口出。当他们走到卫国边境一个叫匡的地方时，给孔子赶车的颜刻用马鞭指着说，他曾经进入过这个城，从那个缺口进入的。结果这话被匡人听到了，再一看，孔子和他们一个仇人长得很像，以为是曾经抢劫过他们的鲁国人阳虎，于是，匡人把孔子他们团团围住，不让他们走，一围就是几天几夜。后来，孔子派他的一个学生去给卫国的宁武子当家臣，才终于解围。逃出匡邑，他们在一个叫蒲的地方休整了一个月，又折返卫国。就在回卫国后，卫灵公的夫人派人对孔子说自己要见他。

《史记·孔子世家》是这样记载的：卫灵公的夫人叫南子，她派人对孔子说："各国的君子凡是屈尊来到卫国想与我们的君王结为兄弟的，也一定会见君夫人。现在君夫人想见见你。"孔子婉拒了。但最后不得已还是去见了南子。南子坐在用葛布做的帷帐中。孔子进门后，向北面叩首行礼。南子在帷帐中两次还礼，她身上的玉珮叮当作响。孔子回来后对弟子说："我先前不打算

雍也篇第六　241

去拜见南子，后来还是去还了个礼。"子路不高兴。孔子发誓说："如果我说的不是真话，那就让老天爷厌弃我，让老天爷厌弃我！"过了一个多月，卫灵公外出，他和南子同乘一辆车，让宦臣雍渠同车侍候，而让孔子坐后面第二辆车，在大街上招摇而过。孔子说："我还没见过像喜爱美色一样喜爱美德的人。"孔子认为这是很不光彩的事情，于是离开卫国，去了曹国。这一年，鲁定公去世。

多么精彩的历史记载！

这是关于孔子的一段"八卦"。在这段"八卦"中，子路的率性可爱、孔子的憨厚可亲跃然纸上。

## 6.29

子曰："中庸之为德也，其至矣乎❶！民鲜久矣❷。"

**【译文】**

孔子说："中庸作为一种道德，大概已到达道德境界的最高点了吧！人们缺失中庸之道已经很久了。"

**【释读】**

❶ **中庸** 就是恰当，无过无不及。

**之** 句中语助词，无实义，在句中只起把句子变为词组的语法作用。"中庸为德"本为一个完整句子，加"之"后，变为词组，作整个句子的主语部分。谓语部分为"其至矣乎"。

**其** 表推测的语气词，大概，也许。

**至** 顶点，极致，到极点，最高的，而不是"到来"之意。

❷ **鲜** 少。

朱熹《论语集注》："中者，无过无不及之名也。庸，平常也。至，极也。鲜，少也。言民少此德，今已久矣。程子曰：'不偏之谓中，不易之谓庸。中者天下之正道，庸者天下之定理。'"（中，就是没有过头也没有不及的一种说法。庸，就是平常。至，极限、最高点。鲜，就是少。这句是讲人们缺失这样的道德已经很久了。程子说不偏于一边就叫中，恒久不变就叫庸。中，是天下之人所行的正道，庸，是天下之人所遵循的定律。）

**读后**

"过犹不及。"凡事做过头了不好，做不到位也不好，做到恰到好处才是真好。要做到这种程度，必须遵循事物发展的规律。中庸之道是调节社会矛盾的根本法则，从社会到个人，把握得好，就会是和谐、安定、向上的状态；否则，便是混乱、动荡、堕落的状态。

必须强调的是，中庸绝非平庸、庸俗的折中之道，不是那种哼哼哈哈、含含糊糊，中庸之道绝非凡事不偏不倚地取中间点，更不是没有原则地折中。"中庸"强调的是不偏激，行事合于礼制。如果凡事寻求中间点，便会滑入折中主义、滑头主义，成为抹稀泥的和事佬，丧失是非立场。而当这种庸俗化的"中庸"之道引入生活、工作和社会，便极易让人丧失斗志和原则，小富即安，小成即止。我们经常听到这样的话："比上不足，比下有余。"如果作为一种谦辞，尚可理解，但如果作为一种有满足感，或成就感的心态，就很有害。比如，在一个班，成绩中等的人如果认为比上不足，比下有余，那可能就没有了上进心，缺失进取意志和动力。

"中庸"不是折取中间点，而是恰当、适宜。这是中庸的关键点所在。要做到真正的中庸，需要大智慧。

## 6.30

子贡曰："如有博施于民而能济众，何如❶？可谓仁乎？"子曰："何事于仁！必也圣乎！尧舜其犹病诸❷！夫仁者，己欲立而立人，己欲达而达人。能近取譬［pì］，可谓仁之方也已❸。"

**译文**

子贡说："假如有人能对大众广施恩惠，又能救济天下百姓，怎么样？可以算是仁德吗？"孔子说："这哪里只是仁德的事情！这一定是圣人所为了！就连尧舜这样的圣人恐怕也会对此感到为难吧！其实，所谓仁德，就是自己想要立身于世，也尽力让别人立身于世，自己想要通达顺利，也尽力让别人通达顺利。能够从身边之事推及其他，从自己推及他人，就可以说是行仁的途径方法了。"

## 释读

① **博施** 博，大，广，丰富，广泛，普遍。施，施与。博施，广施（恩惠）。
**济众** 济，救济，拯救，帮助，救助，如佛教的普度众生，这里指救济天下百姓。
**何如** 即"如何"，怎么样。

② **其** 表推测的语气词，大概。
**病** 担忧，犯难，感到为难，就是我们说的成为心病，认为这事是难以做到的，为此事犯难。
**诸** "之乎"的合体字，前面已有涉及。病之乎，以之为病。

③ **能近取譬** 能够从身边之事推及别人（其他），从身边的事做起，从自己做起。
**仁之方** 方，道，途径。可称得上是（可算是）行仁的途径了。朱熹《论语集注》引吕氏（大临）曰："子贡有志于仁，徒事高远，未知其方。孔子教以于己取之，庶近而可入。是乃为仁之方，虽博施济众，亦由此入。"（子贡有志于仁，却务求高远，不知道方法途径。孔子教育他从自身做起，推己及人，这就差不多接近仁德而可以实行了。这才是行仁的正确途径，即使是要广施恩惠、拯济大众，也要从此开始入手进行。）

## 读后

孔子说，子贡你别成天去整那些没用的东西，空谈误国，实干兴邦。先从身边的事做起，从自己做起吧。

博施于民而能济众，这是圣人所为，就连尧舜这样的圣人也未必能做到。

子贡自视过高，务求高远，把圣人都未必能做到的事当作想去实行的"仁德"，实际上是对"仁"的理解还不够深透。因此，孔子教育子贡，所谓仁德，不是你说的那种"高大上"的难为之事，而是从身边的事推及其他，从自己推及他人，具体说就是，自己想立起来，成就功业，也尽力让别人立起来，成就功业；自己想要通达顺利，也帮助别人通达顺利。

  普度众生，施惠于天下，愿望当然是好的，但完全不具备可操作性。你有多大的能力去做呢？连圣人都犯难的事，你能做到吗？所以，行仁，就是从身边的事做起，推己及人。这才是对"仁"的正解。

  其实，又岂止是行仁如此？

束脩以上吾未嘗無誨焉子曰不憤不啓不悱不發舉一隅不以三隅反則不復也子食於有喪者之側未嘗飽也子於是日哭則不歌謂顏淵曰用之則行舍之則藏惟我與爾有是夫子路曰子行三軍則誰與子曰暴虎馮河死而無悔者吾不與也必也臨事而懼好

# 述而篇第七

## 7.1

子曰："述而不作❶，信而好古❷，窃比于我老彭❸。"

**【译文】**

孔子说："记述、传承而不创作、阐述，真实传达并喜爱古籍文献，在这方面，我斗胆把自己跟商代的老彭作比。"

**【释读】**

❶ **述** 传述，传承既往，继往古之绝学。
**作** 创作，发挥，创立新说，建立新的思想体系。

❷ **信** 如实，即如翻译三原则"信、达、雅"中的"信"。
**古** 古代的典籍和文明。信是与述相对应的，好古是与不作相对应的。

❸ **窃比于我老彭** 即"窃比我于老彭"。窃，自谦之辞，暗自，私底下，此处意为不敢自信、不自量力、斗胆。老彭，此指商贤大夫。程树德《论语集释》本章按："包咸注：'老彭，殷贤大夫。'"比，比照，作比。

**【读后】**

关于对"述而不作"的释读，似乎没有太大分歧，老老实实地把古人的思想文化传承下来，读懂，消化，融合，而不是急于自立门户、标新立异，不急于创立新说。可惜，我们似乎正在反其道而行之，"新官上任三把火"的思维定式，便是一个反证。

对"信而好古"的理解，应与"述而不作"结合起来。孔子既然是"述而不作"，那么，尽力如实、准确地传述古籍文献就是一种严谨的治学态度。

## 7.2

子曰："默而识[zhì]之❶，学而不厌❷，诲人不倦❸，何有于我哉❹？"

【译文】

孔子说:"默默思考并记住所学,不断学习而永不满足,教导别人而不知倦怠,对我来说,难道是困难的事吗?"

【释读】

❶ **默** 有默而思、默默领悟之意。
  **识** 记住。此义也作"志"。

❷ **厌** 本义为饱,即"餍",饱足,引申为满足、厌弃、厌烦。此处释为"满足"。多本作"厌烦""厌弃"讲。不从。

❸ **诲** 教诲,教导。

❹ **何有** "不难之辞",没有困难,同前4.13、6.8之"何有"义。本句直译为"对我有什么困难的呢?"换个说法,即"对我来说,这有什么困难的吗?""对我难道是困难的事吗?"

【读后】

孔子在面对道德修养境界或被别人称颂其圣时,他非常自谦,但在学习、教导弟子方面,则并不刻意谦虚,反而能坦然客观地评价自己。

孔子不仅强调学习的重要性,同时也把教育别人看得同等重要,因为,教学相长,教与学是一体的两面。把学与教上升到内在生命的高度自觉与自然而然,这不是每一个人都可以做到的,现在,这种人几乎绝迹了。如果有,那一定是"稀有生物"!

**7.3** 子曰:"德之不修❶,学之不讲❷,闻义不能徙〔xǐ〕❸,不善不能改❹,是吾忧也。"

述而篇第七 249

【译文】

孔子说:"品德不修炼涵养,学问不讲习传授,明知义之所在而不跟从,自身的缺点不能够勇于改正,这些都是我所忧虑的事啊。"

【释读】

❶ **德之不修** 修,培育,修炼,养蓄。之,主谓之间的"之",取消句子独立性,使之成为一个句子成分。下文"学之不讲"同。朱熹《论语集注》引尹氏(尹焞[tūn])曰:"德必修而后成,学必讲而后明,见善能徙,改过不吝(本义为舍不得花钱、吝啬,此处意为惜,顾忌,心慈手软——引者注),此四者日新之要也。苟未能之,圣人犹忧,况学者乎?"(德一定要修炼才可以圆满功成,学一定要讲习才可以深悟明了,见善能从,改过而不姑息手软,这四者,是每天进步的关键之处。假如不能做到,圣人都深感忧虑,何况是我等一般学人呢?)

❷ **讲** 讲习,传播,传授,交流。

❸ **闻** 听到,了解,知道,明白,懂得。
**徙** 甲骨文"徙"从彳,从二止,本义为迁移。(图7.3-1)此处释为跟随、跟从、趋赴。钱穆释为"徙而从之"。明知义之所在,却不跟从。

❹ **不善** 缺点。

图7.3-1

【读后】

道德品行、人格的修养蓄积,永无尽头,永不停息,只有日日修德求学,行义改恶,才能日日更新自我,止于至善。商汤《盘铭》:"苟日新,日日新,又日新。"意思是,假如我今天洗尽污垢更新了自我,那就天天自我更新吧,从此每天如此,清除污垢,不断更新。

孔子此讲,实为修德、授业、行义、完善自我,这是人生的必修课,需要时时反省、不断努力的人生大课,也是人生臻于至善的必由之路。

## 7.4 子之燕居❶，申申如也❷，夭夭如也❸。

**译文**

孔子休闲在家的时候，神态舒展自然，面色和悦安详。

**释读**

❶ **之** 结构助词，取消句子独立性。

**燕居** 闲居，闲暇无事的安居。郑玄注："退朝而处曰燕居。""燕"通"宴"。安乐，安闲。

❷ **申** 甲骨文"申"，字象闪电，为"电"之初文。（图7.4-1）本义是电，引申为舒展。小篆后基本看不出原字的字形字义。（图7.4-2）

**如** "……的样子"。

图7.4-1

图7.4-2

❸ **夭夭如也** 夭，甲骨文"夭"，独体字，字象人奔走时两臂摆动貌，本义是奔走。（图7.4-3）郑玄注："夭夭，美盛貌。"舒适，愉悦。夭夭如，即体貌和舒的样子。皇侃《论语义疏》："夭夭者，貌舒也。"朱熹《论语集注》引程子曰："此弟子善形容圣人处也。为申申字说不尽，故更著夭夭字。今人燕居之时，不怠惰放肆，必太严厉。严厉时著此四字不得，怠惰放肆时亦著此四字不得，惟圣人便自有中和之气。"（这是孔子弟子善于形容圣人的地方。因为申申二字还不能足以表达，所以再用夭夭二字来形容。现在的人闲居的时候，不是怠惰放肆，就定显得过分严厉，而严厉的时候无法用申申夭夭四个字，怠惰放肆的时候也无法用上这四个字，只有圣人能够从容淡泊、平和可亲，有一种发自内心的气定神闲之气。）杨伯峻本译为："孔子在家闲居，很整齐的，很和乐而舒展的。"杨逢彬本译为："孔子在家闲居，既整齐端庄，又舒缓自然。""整齐"或"整齐端庄"，总跟后面不搭。无法想象一个人怎么做到又整齐端庄，又舒缓自然。不从。

图7.4-3

述而篇第七 251

**[读后]**

　　在弟子的心目中，老师恐怕永远都高居云端、严肃深沉、凛然难近。然而，弟子也许偶然间会惊讶地发现，原来老师还有另一面，申申如，夭夭如，如此平和随性、平易近人，淡然而悠闲。在老师脸上，读不出一个字来，就这么淡然、自然，如一丝淡淡的清风。把老师放在人堆里，就是一个平常普通、和蔼可亲的老头儿，怎么看也看不出特别之处。能活出本色，能于大素之中透出斑斓，能将圣贤化为寻常，这才是真正的"素以为绚兮"，这才是真圣人。唯其如此，我们在读《论语》时，才能始终感觉，一个普通老头儿，坐在你面前，一边用一根小棍儿撩着火塘，一边煮茶，一边和你聊天，但一句仿佛不经意的话，就可以让你参悟半生。

子曰："甚矣吾衰也❶！久矣吾不复梦见周公❷！" 7.5

**[译文]**

　　孔子说："看来我真是老得厉害啊！我已经很久不再梦见周公了！"

**[释读]**

❶ **甚矣吾衰也**　即"吾衰甚矣"，"甚"字提前，是强调程度之深，古人多用此法。下一句句式同。

❷ **不复**　不再。
　**梦**　甲骨文"梦"，会意字，字象一人卧床而睡，手舞足蹈之状。（图7.5-1）
　**周公**　姬旦，周文王之子，武王之弟。在灭商兴周中功勋卓著，后又辅助成王，巩固了周王室的统治。鲁国的开国之君为周公（姬旦），因辅佐成王，而派儿子伯禽代为受封成为鲁国之君。传周公制礼乐，为周乃至中华文化奠定了基础，深深影响了孔子和儒学，被后世尊为儒学"元圣"。《八佾篇》3.14，子曰："周监于二代，郁郁乎文哉！吾从周。"在孔子心目中，周代的礼乐制度是最完善的社会形态范本，是建立社会秩序的最佳方案，因此竭力推崇周代礼乐制度。

图7.5-1

**|读后|**

对本章的理解，大多版本都认为，孔子因一生推崇周公之道，但从青年至壮年，从壮年至老年，孔子周游列国，颠沛流离而壮志难酬，待到两鬓霜白，他不禁长叹：我老了！周公也不再入梦。

这个观点来自朱熹《论语集注》："孔子盛时，志欲行周公之道，故梦寐之间，如或见之。至其老而不能行也，则无复是心，而亦无复是梦矣，故因此而自叹其衰之甚也。"意思是，孔子年轻时，立志推行周公之道，所以在梦境之中，会时时梦见周公。到他年老而无法有所作为时，也就不再有这个雄心，也就不再有这个梦境了，所以才自叹年老体衰。朱熹这一观点影响甚广，以至于今人在解注本章时，仍毫不犹豫地采用朱熹的观点。

但是，结合孔子整体思想认识，认真品味本章，我们觉得，朱熹的观点并不完全准确。孔子在这里所叹，并非年老体衰，不再有那份雄心，也没有那个体力去推行周礼，而实际上，还是在喟叹世间的礼崩乐坏，而尤感任重道远。孔子念念不忘的周公之道，其实对孔子来说，早已成为一个文化符号，就是建立社会秩序的一种理想制度，他所推崇的周礼，实际就是一种稳定社会的礼乐制度，一种社会契约，一种无论长幼尊卑，人人遵行的契约。越是到后期，孔子越明白，社会已变，世风日下，礼崩乐坏，这样的理想很难实现。周公之道，只是一个代名词而已，孔子叹不复梦周公，就是在叹世风之坏，叹责任之重、使命之切，他不过是借言年老体衰，再也梦不见周公作一个话题罢了。

我们在整个《论语》中，读不到孔子的"自叹其衰之甚"，相反，我们读到的是一心求仁、死而后已的壮烈。有人说，梦想还是要有的，万一实现了呢？孔子感叹无梦，但是，孔子有坚定的追求与使命，有"烈士暮年，壮心不已"的雄心壮志。

## 7.6  子曰："志于道❶，据于德❷，依于仁❸，游于艺❹。"

**|译文|**

孔子说："潜心求道，坚守德行，不离仁德，遍习六艺。"

述而篇第七 253

【释读】

❶ **志** 即朱熹"心之所之之谓",也即"吾十有五而志于学"之"志",立志于此。清刘沅[yuán]《四书恒解》:"志者,专一向往也。"

**道** 朱熹谓"人伦日用之间所当行者是也",即人在天地间立身行事之中必须遵守的准则,法则。道,有时指天地万物之规律,也指天道,而有时指社会普遍遵循的准则,这就是朱熹所谓"人伦日用之间所当行者"。

❷ **据于德** 据,据守,坚守,坚持。德,德行,美德。

❸ **依** 依靠,依傍,跟随。

**仁** 仁德。即《里仁篇》4.5"君子无终食之间违仁;造次必于是,颠沛必于是"之"仁"。(君子哪怕是吃一顿饭的工夫也不会背离仁德,仓促急迫的时候,一定也会如此,动荡困顿的时候,一定也会如此。)

❹ **游** 此应为"遍习",浸淫、徜徉于其中。艺,"礼、乐、射、御、书、数"六艺。

【读后】

这一章有点像是一个人的修养求学行为总则,内容涵盖了确定人生目标——潜心求道;行为准则——坚守德行;实现途径——不离仁德;才学研修——遍习六艺。

《雍也篇》6.18子曰:"质胜文则野,文胜质则史。文质彬彬,然后君子。"《雍也篇》6.27子曰:"君子博学于文,约之以礼,亦可以弗畔矣夫!"孔子的相关论述,实际上都体现在本章这一总纲里面。这个总纲看似简单,要细化起来,并运用于实践之中,却是需要毕其一生之力。

我们可以发现,孔子在教育弟子时,总是把思想品德与知识积累紧密结合,纵观《论语》,可以说,德、智、体、美、劳都有了。在孔子门下,要做一个合格的学生,实非易事。孔子尤其注重德修与才学的兼善。如果只讲德修,有可能成为伪君子;而只重才学,有可能华而不实,虚浮而无根可寻。灵魂没有落脚之处是可怕的,而道德没有才学的支撑,就会走向不道德,同样是可怕的。只有品学兼优,才能立身于世。

# 7.7

子曰:"自行束脩[xiū]以上❶,吾未尝无诲焉❷。"

【译文】

孔子说:"只要送我一束肉脯以上见面礼的人,我没有不教诲他们的。"

【释读】

❶ **束脩** 脩[xiū],干肉,又叫脯[fǔ]。每条脯叫一脡(挺),十脡为一束。束脩就是十条干肉。古时候拜见尊长或敬重的人,有一种"贽[zhì]礼",也就是见面礼。在古时候,学生拜师学艺,那是要带礼物的,礼可以有厚礼薄礼之别,但不能空手拜师。"束脩"是初次拜师的时候送的薄礼。束,甲骨文"束"从木,从丝,字象绳索捆木之形。(图7.7-1)本义是捆。许慎《说文》:"束,缚也。"

图7.7-1

❷ **未尝** 未曾,没有不。
**诲** 教导,教诲。

【读后】

读这一章有一个障碍,这就是"束脩",拜先生所送的薄礼——十条肉脯。但仔细领会,孔子这里说的重点却不是这十条肉脯,更不是说只要送他礼物,哪怕是十条肉脯这样的薄礼,他也同意教学生。孔子所强调的是送礼人的身份低微。再穷的学生,他也不会不教。这就是孔子教育思想中的"有教无类"。我们曾讲,孔子作为一个大教育家,其教育思想有非常突出的特点,那就是"因材施教"和"有教无类"。因材施教方面的内容,我们已读到不少,而有教无类方面的内容,这一章第一次出现。孔子是中国历史上第一位私人办学的老师,他的因材施教、有教无类思想,打破了教育被贵族垄断独享的社会现状,更是一次文化的阶层突围。没有有教无类的教育理念,就不可能有如此众多的寒门弟子有机会来接受教育,中国文化,尤其是儒家文化也不可能如此广泛地得以传播。

子曰:"不愤不启,不悱[fěi]不发。举一隅[yú]不以三隅反,则不复也①。" **7.8**

【译文】

孔子说:"一个人不到他反复思考也找不到答案的时候,不去启发他的思路;一个人不到努力表达也说不清楚的时候,不去帮助他顺畅表达。告知他一个角落(方位),他不能由此推导出其他三个角落(方位),就不再往下教他了。"

【释读】

① **不愤不启** 愤,冥思苦想而找不到答案,百思不得其解之时,求知而未得的状态。非"愤怒"义。启,开导,启发。

**不悱不发** 悱,想说又说不出来的样子。发,启发。

**举一隅不以三隅反** 隅,角落。反,类推。

**复** 再,又。不复,即不再教了。

朱熹《论语集注》:"愤者,心求通而未得之意。悱者,口欲言而未能之貌。启,谓开其意。发,谓达其词。物之有四隅者,举一可知其三。反者,还以相证之义。复,再告也。"(愤,就是反复思考找不到答案;悱,就是努力表达也表达不清楚。启,是帮助人理清思路;发,是帮助人顺畅表达。物有四角,举出一角,便可知其他三角,是指举一反三。反,反过来相互类推,证明的意思。复,就是再次告之。)

【读后】

这段话表明了孔子两个教学理念:一,他不给你现成答案。在你没有经过自己的努力去寻找答案之前,他不会启发你的思路;在你没有去努力尝试表达清楚之前,他不会教你如何顺畅表达。二,当你还做不到告诉你一而知三的时候,孔子便不再往下讲,原因是你还没有弄明白当下的问题,或者,你没有动脑筋努力去做到举一反三。

这样,我们就明白孔子所说的"诲人不倦",不是埋头去无效教学,而是采取启发式教学，更重要的是，还要掌握好启发的时机，在时机不到的时候，不启发，当学生不能做到举一反三时，不再往下讲。

《孟子·告子下》："教亦多术矣，予不屑之教诲也者，是亦教诲之而已矣。"孟子说，教育的方法也有很多，我不屑去教诲他，这也是教诲的一种方式呢。

## 7.9　子食于有丧者之侧❶，未尝饱也❷。

【译文】

孔子在办丧事的人家旁边吃饭，从未吃饱过。

【释读】

❶ **于有丧者之侧**　介宾词组，作补语，表示"在……的旁边"，表处所。有丧者，正在办丧事的人（家）。

❷ **未尝**　不曾，从来没有过。副词，作状语。

何晏《集解》："丧者哀戚，饱食于其侧，是无恻隐之心。"（服丧的人哀痛悲戚，如果这种时候在他们身边自顾吃喝，酒足饭饱，这是没有悲悯同情心的人。）朱熹《论语集注》："临丧哀，不能甘也。"（面对丧事，一定有哀戚之心而食不甘味。）

【读后】

儒者，最早是一种职业，也就是助葬，帮助丧者家料理丧事。表面看，孔子是有职业道德的人，实质上，是表明孔子的悲悯之心。悲悯即仁。仁从哪儿来？举手投足之间。"能近取譬，可谓仁之方也已。"

仁者无小事。

## 7.10　子于是日哭，则不歌❶。

【译文】

孔子在这一天哭过，就不再唱歌。

【释读】

❶ 于是日　在这一天，介宾词组，作状语。
哭　朱熹《论语集注》："哭，谓吊哭。一日之内余哀未忘，自不能歌也。"（哭，是指吊丧时的哭。一天之内，心里的哀伤还不能忘怀，自然不能唱歌。）

【读后】

悲悯之心是仁德，也是人之常情。发自内心的情感，绝不同于表演或仪式。爱恨情仇，绝不是可以转瞬即逝的虚假做派，而是发自内心的真情实感。也因此，才能如朱熹所说的："余哀未忘，自不能歌也。"

细节是最重要的语言。"魔鬼藏在细节中。"你的举手投足会反映出你的所有内涵与教养。

## 7.11

子谓颜渊曰："用之则行，舍之则藏❶，惟我与尔有是夫！"
子路曰："子行三军，则谁与❷？"
子曰："暴虎冯［píng］河，死而无悔者，吾不与也❸。必也临事而惧，好［hào］谋而成者也❹。"

【译文】

孔子对颜渊说："国家任用我，就发挥才能去施展抱负；国家不任用我，就隐藏自己的志向才华，这是只有我和你才有的胸怀吧！"

子路说："老师您如果统领三军，那么，会让谁跟您一起共事呢？"

孔子说："跟老虎肉搏，徒步渡河，还到死也不知后悔的人，我不和他一起共事。我要共事的，是那种面临大事谨慎小心，善于谋略以求成功的人。"

【释读】

❶ **用之则行** 用，任用，重用。之，指代自己。行，实行，实行自己的理想抱负。

**舍之则藏** 舍，不用，不任用。藏，隐藏，收藏，收敛，藏道于身不使外露，怀抱理想而不施行于世。

❷ **子行三军** 子，对孔子的尊称，您。行，从事，此处指率领三军，统领。三军，此处泛指军队。周朝制度，天子六军，诸侯三军，一军一万二千五百人。

**则谁与** 即"则与谁"，与，参与，参加，此处指共事。那么，你会要谁跟随你一同做事呢。

❸ **暴虎冯河** 《诗经·小雅·小旻》："不敢暴虎，不敢冯河。"邢昺《论语注疏》："空手搏虎为暴虎，无舟渡河为冯河。"朱熹《论语集注》："暴虎，徒搏。冯河，徒涉。"不借助工具徒手斗虎；不借助舟船徒步渡河。

❹ **必也临事而惧** 必也，如果不能……那就一定要……。临事，面临大事。惧，临深履薄，戒惧谨慎。

**好谋** 善于谋略。成，成功。

【读后】

这一章讲什么？知进退；有敬畏；讲谋略。一句话，能知进退的人，不多；不怕死的人，不要。

孔子时时敲打子路，就因为子路是个不怕死的人，有勇无谋瞎胆大。

**7.12** 子曰："富而可求也❶，虽执鞭之士，吾亦为之❷。如不可求，从吾所好❸。"

**【译文】**

孔子说:"财富如果可以求得,即使是低贱的执鞭之士,我也愿意去做。如果财富不可求,那还是去做我爱好的事吧。"

**【释读】**

❶ **而** 如果,表假设。参见《为政篇》2.22"人而无信"句释读。

❷ **执鞭之士** 《周礼·秋官·条狼氏》:"条狼氏掌执鞭以趋辟。王出入则八人夹道,公则六人,侯、伯四人,子、男二人。"(条狼氏负责拿着鞭子走在前面清除行人。天子出入,由八人夹道负责,公出入由六人负责,侯、伯出入由四人负责,子、男出入由两人负责。)另,《周礼·地官·司市》:"凡入市,则胥［xū］执鞭度守门。"(凡是进入市场交易,就会有小吏拿着鞭杖及量器把守在市场门口。)从上面的相关资料可以看出,执鞭之士,无论是指为王公贵族外出时执鞭夹道开路,让行人让路的差役,还是执鞭、度以维持秩序的市场守门人,在当时都是一种低微的职业。朱熹《论语集注》:"执鞭,贱者之事。"(执鞭,卑贱之人所从事的工作。)

**为之** 为,做,干,从事。之,代词,代执鞭之士那样的低贱职业。

❸ **从** 从事,做。

**【读后】**

《里仁篇》4.5:子曰:"富与贵,是人之所欲也,不以其道得之,不处也。"孔子的财富观,一、人人想得到财富,但君子爱财,取之有道。本篇7.16孔子就说:"不义而富且贵,于我如浮云。"二、不拒绝财富,但不强求财富。子夏曾说:"死生有命,富贵在天。"孔子并不视金钱如粪土,但不偏执于财富,而是以一种平常心去看待财富。

富贵天定不是认命,而是不强求,因为,一旦强求,一切都变了味儿,人性也会扭曲。既然不可强求,如果得不到,那就退而去做自己喜欢的事。生命之花不只是在一个地方绽放,而往往是"失之东隅(东方日出之处),收之桑榆(日落之处,日暮之时)"。

## 7.13  子之所慎❶：齐［zhāi］，战，疾❷。

**译文**

孔子小心谨慎对待的事：斋戒、战争、疾病。

**释读**

❶ 慎  谨慎，即"临事而惧"。

❷ 齐  音、义同"斋"［zhāi］，斋戒，斋，就是敬，就是诚，祭祀前洁净身心以示虔诚。

**读后**

朱熹《论语集注》："齐（斋）之为言，齐（读本字——引者注）也，将祭而齐（读本字——引者注）其思虑之不齐（读本字——引者注）者，以交于神明也。诚之至与不至，神之飨与不飨，皆决于此。战，则众之死生、国之存亡系焉；疾又吾身之所以死生存亡者，皆不可以不谨也。"意思是，斋叫作"齐"，是在即将祭祀时让自己的身心都洁净，以便与神明沟通交流。诚意到还是未到，神灵享用还是不享用，都取决于此。战争则关乎生死、国家存亡；疾病又是自身生命存亡之事，都不能不谨慎小心。

斋，是对神灵的虔诚。老子说："兵者，天下之凶器，圣人不得已而用之。"慎战，便是对生灵的敬畏。慎疾，是对生灵的慈爱，是对生命的悲悯。

这便是儒家的大德大仁，也是一个国家、一个社会理当谨慎对待的大事。

## 7.14  子在齐闻《韶》，三月不知肉味❶，曰："不图为乐［yuè］之至于斯也❷。"

述而篇第七

【译文】

孔子在齐国听到《韶》乐，三个月吃不出肉的味道。孔子说："没想到音乐能美妙到这种地步啊。"

【释读】

❶ 三月　未必是确数，解为数月、几个月。

❷ 不图　即没料到，没想到。
为乐［yuè］　直译就是"作为音乐"，意思是音乐这种艺术、音乐这东西。
至于斯　能达到这种地步，能美妙到这种程度，能让人着迷到这种程度。斯，这，这样。此处意为这样美妙的境界。

【读后】

《礼记·乐记》："治世之音安以乐，其政和。乱世之音怨以怒，其政乖。亡国之音哀以思，其民困。声音之道，与政通矣。"意思是，盛世之音安详而快乐，政治清明和谐；乱世之音充满怨气和愤怒，政治乖张、社会混乱；亡国之音哀愁而忧思深重，百姓生活水深火热、困顿不安。声音所蕴含的道理与政治息息相通。

音乐是流动的建筑，建筑是凝固的音乐。音乐是极高的审美活动。莫扎特说："音乐不是一切，但没有音乐什么都不是。"尼采说："如果没有音乐，生活就是一个错误。"莎士比亚说："一个人，要是他内心没有音乐，听到美妙的和声也无动于衷，那么他就是为非作歹的料子，他的灵魂像黑夜一样昏沉，他的心胸像地狱一般幽暗。"福楼拜说："音乐使一个民族的气质更高贵。"

音乐通过高低、强弱、张弛、发音状态、节奏与速度五种特性，直接作用于人的情绪，调动人的情绪，并使人产生"同构联觉"现象，从而引起共鸣，使灵魂得以净化与升华，并持续作用于人。没有音乐的生活是枯燥乏味的，不热爱音乐的灵魂是苍白而不丰盈的。

中央音乐学院音乐教授周海宏在《音乐何需"懂"：面对审美困惑的思辨历程》一书中说："音乐是人类最自由、最能够直接唤起情感体验的艺术，它让我们激动，让我们兴奋，让我们伤感，让我们无言。"

## 7.15

冉有曰："夫子为[wèi]卫君乎❶？"子贡曰："诺；吾将问之。"

入，曰："伯夷、叔齐何人也❷？"曰："古之贤人也。"曰："怨乎❸？"曰："求仁而得仁，又何怨？"

出，曰："夫子不为[wèi]也。"

**[译文]**

冉有说："老师会赞同卫君吗？"子贡说："好的，我去问问老师。"

子贡进屋去问孔子："伯夷、叔齐是什么样的人呢？"孔子说："是古时候的贤人。"子贡问："他们会怨悔吗？"孔子说："他们追求仁德，便得到了仁德，又有什么可怨悔的呢？"

子贡从屋里出来，对冉有说："老师不赞同卫君。"

**[释读]**

❶ **夫子** 弟子尊称孔子。

**为** 在此读为[wèi]，帮助，支持，赞成，站在……一边。后文"不为"的"为"，义同。

❷ **何人** 什么样的人，怎样的人，不是"什么人"。

❸ **怨** 怨恨，怨悔，后悔，指互相推让，不肯做国君而逃离之事。

据《史记·卫康叔世家》载，卫灵公三十九年，太子蒯聩和灵公夫人南子交恶，太子想杀南子。蒯聩和他的手下戏阳速谋划，让戏阳速去杀南子。戏阳速反悔，没有行动。蒯聩多次给戏阳速使眼色，结果被南子发现了，南子害怕，大声喊道："太子要杀我！"卫灵公发怒了，太子蒯聩逃到宋国，接着又投奔晋国赵氏。史料还记载，卫灵公死后，他的孙子辄继位，而辄的父亲蒯聩在晋国赵鞅的帮助下返回卫国的戚邑，此后一直居于此，并密谋夺权。后来，蒯聩里应外合，逼儿子辄逃离卫国，蒯聩夺取君位。这是典型的父子争位，为孔子不耻。

【读后】

　　本章很具有画面感。冉有显得拘谨、胆小，有想法却不敢直接去问老师，估计也不知道该怎么去问老师；子贡不愧是言语科的高才生，会说话，为人机敏，也自信满满，底气十足；而作为老师的孔子，沉稳而睿智，总能以最简洁的语言，直抵关键所在，像一把万能钥匙，什么样的锁都能开，什么样的疑难杂症都可以解决。而文中一"入"一"出"，动感十足，让剧情首尾相应，以"入"设悬念，以"出"解疑团，演出一幕生动有趣的独幕剧。

　　然而，子贡以极具故事性的伯夷、叔齐两个历史人物作为话题的中心，又是子贡的聪慧表现。子贡其实对卫君的态度很明确，否则他就不会以伯夷、叔齐来作话题，而伯夷、叔齐的故事，其实早有定论，用一个早有定论的历史故事来作话题，其语言指向性已非常确定。只是，子贡并不会自作聪明，他要听听老师的见解，一方面是尊重老师，一方面也是印证自己的看法。这就是子贡聪明的地方。

　　钱穆《论语新解》说："此'仁'字亦可作'心安'解……孝弟之心，即仁心。孝弟之道，即仁道。夷齐在当时，逃国而去，只求心安，故曰求仁而得仁，何怨也。"

　　我们在《公冶长篇》5.19、5.23曾经讲过关于伯夷、叔齐的事以及他们的品格。在孟子看来，伯夷、叔齐是"圣之清者也"，是清正刚直的圣人。在伯夷、叔齐的故事里，最重要的一点是，兄弟二人推让君王之位，充分体现了孝悌之心，也即仁心。这样的人，求仁得仁，得仁而心安，不违孝悌，不违仁德。

　　相比较，蒯聩与儿子辄却有父子争位之嫌，与伯夷、叔齐相比，高下立判。所以，孔子无须多说，子贡无须多问，冉有之问，答案昭然。

　　这里多说一点，从这一章子贡凭孔子夸伯夷、叔齐便知孔子的态度这一点，也提醒我们注意语言指向性问题。孔子夸伯夷、叔齐，其语言指向性不是伯夷、叔齐这件事，而是批评蒯聩与其子之间的争位，这才是真正的指向，所以，子贡才不再多问，直接出来告诉冉有老师的态度。夸奖一个人，有可能便是对其他人的最委婉的批评，夸奖一种社会现象，实际上就是对其他社会现象的批评或否定。赞扬的作用，不仅是在赞扬，更多的是在批评。正因为此，在我们评价一个人、树立一个榜样的时候，一定要注意到其反面效应。我们说，榜样的力量是无穷的，这是说，榜样是在表明我们要倡导什么、支持什么。但是，如果不能预估树立榜样所带来的负面效应，榜样会成为孤家寡人，不仅害了榜样，还可能带来一些消极反应。

## 7.16

子曰:"饭疏食❶,饮水❷,曲肱[gōng]而枕之❸,乐[lè]亦在其中矣。不义而富且贵,于我如浮云❹。"

**【译文】**

孔子说:"吃粗粮,喝凉水,弯着胳膊,头枕在胳膊上,逍遥自在,快乐也就在其中了。通过不正当途径获取的财富与权贵,对我来说,就如同浮云一般。"

**【释读】**

❶ **饭疏食**  饭,此处作动词,吃(饭)。疏食,粗粮。

❷ **饮水**  古代"汤"与"水"有别,汤指热汤,水指冷水、凉水。

❸ **曲肱而枕之**  曲,使动用法,使……弯曲。肱,此处泛指胳膊。枕,动词,以头枕物。今有成语"枕戈待旦"。

❹ **不义而富且贵,于我如浮云**  财多为富,位高为贵。通过不正当途径获取的财富与权贵,对我来说,就如浮云一般。朱熹《论语集注》:"圣人之心,浑然天理,虽处困极,而乐亦无不在焉。其视不义之富贵,如浮云之无有,漠然无所动于其中也。"(圣人的志向,与天理(天道)同在,即使身处困窘之中,快乐也无处不在。对不义之财富与权贵,视之如浮云一般。)程子曰:"非乐疏食饮水也,虽疏食饮水,不能改其乐也。不义之富贵,视之如浮云然。"又曰:"须知所乐者何事。"(程子说:"不是喜欢吃粗粮喝凉水,而是说即使吃粗粮喝凉水,也不改变他的快乐心情。不义之财富与权贵,对他们来说就如飘浮在天上的云朵。"又说:"必须明白让他快乐的是什么事。")

**【读后】**

我们讲过,孔子并不排斥、拒绝富贵,而只是排斥、拒绝通过不正当手段或途径获取的富贵。孔子的人生态度是积极进取的人生态度,富贵来临,欣然受

述而篇第七 265

之；富贵不来，淡然处之。安贫乐道，不是喜欢贫穷，而是即使贫穷，也要快乐无忧。而之所以能如此坦然、淡然，源自内心的强大，而内心的强大，源自志存高远，来自"君子儒"的使命与担当。这也是程颐"又曰"的那句话："须知所乐者何事。"

李泽厚在《论语今读》说："天际浮云，与我无关也。'乐'是什么？某种宗教的心理感情状态也。前面已讲过它高于任何物质生活和境遇本身，超乎富贵贫贱之上。而此语诗情画意，更使人流连不已，千古传诵。说它为审美境界，固宜。"

李泽厚认为，这是一种类似宗教情感般的情感状态，也就是一种自然的情感归依。并且，不仅超越富贵贫贱等物质生活状态，更是一种人生的审美情感，一种审美境界。

## 7.17

子曰："加我数年，五十以学《易》❶，可以无大过矣。"

【译文】

孔子说："再多给我几年工夫，从五十岁开始研究《易》，便可以少犯大的过失了。"（如果上苍多给我些时间，那我定会从50岁就开始学习《易经》，这样也就少犯大错少走弯路了。）

【释读】

❶ **加** 增加，给。一说通"假"，假借，给予。

**五十** 到50岁就开始研读《易》。关于这一句，有两种理解，一是皇侃《论语义疏》观点，即孔子说这话的时候四十五六岁，再增加几年，就50岁，正好学《易》；一是孔子已届年老，回想往事，在学《易》这件事上，他追悔没能在50岁开始学《易》，而是到晚年才学，因为他在学《易》过程中发现了《易》可以穷理达性的奥妙，如果早学，也会避免犯大错。我们采用后说。

《史记·孔子世家》说："孔子晚而喜《易》，序《彖〔tuàn〕》《系》《象》《说卦》《文言》。读《易》，韦编三绝。曰：'假我数年，若是，我于《易》则彬彬矣。'"（孔子晚年特别喜欢《易》，他为《易》

写了《象辞》《系辞》《象辞》《说卦》《文言》。他反复翻读《易》，以至于把穿竹简的皮条都翻断了好多次。他说："要是能够再多给我几年时间，我对于《易》也就能领会得更透彻而融会贯通、运用自如了。"）从《史记》记载看，孔子晚年开始喜欢《易》，但这并不等于早年没学过。这里的"学"，应是深入研究，正如我们学《论语》，以前在大学时就学过，但跟深入研究《论语》却不可同日而语。

[读后]

《易》本是占卜算卦的方式，通过太极、阴阳、四象、八卦的符号系统和数理逻辑组成六十四卦来认知世界，这种方法就是"易"。

《易》有太极，太极生两仪（阴、阳），两仪生四象（太阳、太阴、少阳、少阴），四象生八卦（乾、坤、震、巽[xùn]、坎、离、艮[gèn]、兑），八卦生吉凶，吉凶生大业。因此，《易》最早是具有宗教和神秘色彩的占卜算卦方法。由于《易传》的出现，使得《易》具备了义理富赡[shàn]、博大精深的思想内容，这便使得《易》出现了两种精神：一是占卜解疑的数术学；一是教化人心、安邦治国的经学。

有人说，《易经》六十四卦，就是人的生活境遇中六十四种可能遇到的情况。在这种境遇、状态之下，你该怎么办，《易经》提供了一个思考的路径和行动的指南，所以孔子说要是早一点学通《易》，可以少走弯路，少犯错。

孔子很少谈及天命与人性，但从他深入研究《易》可知他对天命与人性有极深的参悟。只是，他的学生大多在"中人以下"，不足以言天命与人性这样高深的学问，所以子贡才说："夫子之文章，可得而闻也；夫子之言性与天道，不可得而闻也。"（《公冶长篇》5.13）

在本章中，孔子不是要让大家去用《易经》占卜问卦，而是告诉我们，学《易》可通天地之道、事物之理，从而趋利避害，少犯错误。

## 7.18 子所雅言❶，《诗》、《书》、执礼❷，皆雅言也。

[译文]

孔子用雅正之言讲话：诵《诗》、读《书》、主持仪礼的时候，都用通用语言。

**[释读]**

❶ **雅言** 雅正之言，与方言土话相对，官方语言，官话，犹今之普通话。一说雅言为当时中原各国通行的语言；一说雅言即为"夏言"，周、夏统治中心相近，故周代以夏言（今陕西一带）为官方通用语言。孔子生于鲁，平时皆用鲁语。子所雅言，即孔子以雅正之言说话的时候。

❷ **执礼** 执，掌，即主持。主持仪礼，主持仪式的时候。

**[读后]**

孔子的学生大多是鲁国人，孔子也是鲁国人，所以平常讲话当多用鲁语。但是，孔子在诵《诗》读《书》、主持仪礼的时候，却很正式地使用通用的官方语言，这其实显示出孔子对文化的尊重、对人的尊重，也是孔子为人庄重、行事严谨的表现。看似小事，实则小中见大。

**7.19** 叶公问孔子于子路，子路不对❶。子曰："女[rǔ]奚不曰❷，其为人也❸，发愤忘食，乐以忘忧，不知老之将至云尔❹。"

**[译文]**

叶公向子路打听孔子是怎样一个人，子路不回答。孔子说："你怎么不说，他这个人啊，发愤用功到忘记吃饭，心情愉悦到忘掉烦忧，完全不知道自己正慢慢老去这回事，如此而已。"

**[释读]**

❶ **叶公** 叶，旧读[shè]，地名，今河南叶县南三十里古叶城。叶公，楚国

叶地的行政长官沈诸梁，字子高。"叶公好龙"说的就是这家伙，但要注意，千万别以为"叶公"姓叶啊！

**问孔子** 了解，打听，询问关于孔子的事。

**不对** 不回答。

❷ **女**[rǔ] 汝，你。

**奚** 怎么，为什么。

❸ **其为人也** 直译就是，他的为人啊。现代白话文说"他这个人啊"。为人，指他的所作所为。

❹ **云尔** 如此而已，如此之类，句末语助词连用。

【读后】

　　这一章像是孔子的自画像。

　　孔子一直说自己没啥，就好学。"十室之邑，必有忠信如丘者，不如丘之好学也。"（《公冶长篇》5.28）"默而识之，学而不厌，诲人不倦。"孔子的好学精神，远非常人能及。其实，又岂止是好学一端。孔子为推行自己的思想主张，拯救苍生于水火，"匪兕匪虎，率彼旷野"，四处奔波，永不言弃。其"发愤忘食，乐以忘忧，不知老之将至"的描述，不也正是孔子的真实写照吗？

　　钱穆《论语新解》说："学者就此章，通之于《论语》全书，入圣之门，其在斯矣。""入圣之门，其在斯矣。"要深入参悟孔圣人的博大精深，窥探孔夫子"化境"之妙，这一章便是进入孔门之入口。（图7.19-1：发愤忘食，乐以忘忧，不知老之将至。）

图7.19-1

子曰："我非生而知之者，好［hào］古❶，敏以求之者也❷。" 7.20

**【译文】**

孔子说："我不是生来就知道一切的人，我只是喜爱前人的文献典籍和思想文化传统，并且勤奋勉力、孜孜以求的人。"

**【释读】**

❶ **好古** 喜爱古籍文献，喜好古代文化，探求古代文化与文明。

❷ **敏以求之者也** 敏，勤奋勉力。求，孜孜以求。之，指代其所有知识学养及认知能力。同前"非生而知之"的"之"。

**【读后】**

天赋高，天资聪颖，甚至于天赋异禀，这是幸事。但是，如果把天赋当作知识文化学养，那结局就会很惨。孔子并不否认有生而知之者，但他说，他不是生而知之者，而且他一再强调，他只是好学而已，这既是自谦之辞，也未尝不是成就大业的必由之路。

天赋不等于知识学养，更不能依仗天赋而不再努力。这世界，最靠不住的，就是所谓天赋。一个人，一旦被天赋所迷惑，你的人生之路也就到头了。王安石《伤仲永》所记之事，我们大多还记得。天资聪颖的方仲永，从不识字，却在5岁那年忽然哭着要书写工具，他父亲把书写工具拿给他，结果他立即写了一首诗。这一下惊动了四邻，上门找他写诗的人越来越多，还靠写诗挣得不少银两。于是，他父亲就带着他四处写诗挣钱。结果，没几年工夫，一个神童因为没有接受教育，如流星一般陨落。那一句"泯然众人矣"——全然就一个普通人之叹，可谓刻骨铭心。其实，神童在各朝各代都不断出现，又不断消失，在现代社会中，也同样在继续上演。然后，其结局大多令人扼腕叹息，"伤仲永"三个字，也成了这一幕幕悲剧的代名词。

## 7.21 子不语怪，力，乱，神❶。

**【译文】**

孔子不和别人谈论怪异之事、超常之力、人伦悖乱、鬼神巫道。

**【释读】**

❶ **语** 和别人讨论、探讨、议论。
**怪，力，乱，神** 怪，怪异之事；力，超常之力；乱，纲纪悖乱；神，鬼神巫道。

**【读后】**

《庄子·齐物论》："六合之外，圣人存而不论。"东西南北上下为六合，泛指天下。人间之外的事，圣人存疑，却不去谈论。

《为政篇》2.18子曰："多闻阙疑，慎言其余，则寡尤；多见阙殆，慎行其余，则寡悔。"多听，有疑问的地方存疑，小心谨慎地表达自己能明白的那一点，这样就会少犯错误；多看，有疑问的地方存疑，小心谨慎地去实行自己有把握的事，这样就会减少后悔。在这里，不懂的东西，存疑，而不是急于去弄明白甚至去解答，更不是不懂装懂，胡说八道。

《为政篇》2.17子曰："由！诲女知之乎！知之为知之，不知为不知，是知也。"知道就是知道，不知道就坦然承认不知道，而不是佯知。天底之下，我们的认知总是有限的，不可能穷尽一切事理，所以，承认自己不懂，对不懂的东西存疑，多闻、多见，才是正道。

## 7.22 子曰："三人行，必有我师焉❶：择其善者而从之，其不善者而改之❷。"

述而篇第七 271

【译文】

孔子说:"几人同行,必定有我可以学习借鉴的人;选择优秀的去学习,而把不好的作为自己的借鉴,以修正自己。"

【释读】

❶ **三人行** 三人,言多人,非确指。行,同行,一起走。
  **师** 师从的人,效法的人,学习的人。
  **焉** 于此,在同行的人之中。

❷ **择其善者而从之** 择,选择。其善者,一、他们中优秀的人;二、他们身上优秀的地方。从之,跟从他,学习他。
  **其不善者而改之** 其不善者,一、他们中不优秀的人;二、他们身上不好的地方,缺点,不足之处。改之,以他人为鉴,修正自己的不足之处。

  其善者、其不善者,一解指人,二解指事。均可通。但结合上一句话意及相关论述,我们选择第一种说法,其善者,他们之中优秀的人;其不善者,他们中不好的人,有缺点的人,不优秀的人。老子《道德经》:"故善人者,不善人之师;不善人者,善人之资(借鉴)。"(善人是不善之人的老师;不善之人是善人的借鉴。)

【读后】

朱熹《论语集注》引尹氏曰:"见贤思齐,见不贤而内自省,则善恶皆我之师,进善其有穷乎?"意思是,见到贤德之人就努力赶上他,见到不贤之人就反省自己,那么,善与恶都是我可以借鉴学习的,努力增加自我贤德还有停止的时候吗?

注意,这句话里的"则善恶皆我之师",就是善与恶都是可以学习借鉴的,这也正是孔子这一章的意思,善——从之;不善——改之(不是改变别人,而是自省,引以为戒,修正自己)。

因此,孔子所说的"必有我师"的"师",是两方面的"师":可以让我跟着学习的老师;可以做我反面教材、让我引以为戒的"师"。

## 7.23

子曰:"天生德于予❶,桓魋[tuí]其如予何❷?"

**【译文】**

孔子说:"上天赋予了我道德使命,桓魋又能把我怎么样?"

**【释读】**

❶ **德** 大德,德性,品德。

❷ **桓魋[tuí]** 姓向,名魋,宋国司马向魋,因为是宋桓公的后代,所以又叫桓魋。《史记·孔子世家》记载:孔子离开曹国到了宋国,和弟子们在一棵大树下演习礼仪。宋国的司马桓魋想杀死孔子,就把那棵大树推倒了,孔子离开了大树。弟子们说:"可以走快点吧。"孔子说:"老天赋予了我道德和使命,桓魋又能把我怎么样?"孔子作为早已名扬天下的圣人,是什么事导致桓魋恶向胆边生,要起歹心杀掉孔子?我们在《礼记·檀弓》里找到一点线索:"昔者夫子居于宋,见桓司马自为石椁[guǒ],三年而不成。夫子曰:'若是其靡也,死不如速朽之愈也!'死之欲速朽,为桓司马言之也。"(从前孔夫子居住在宋国,看见桓司马为自己建造石椁,让工匠精雕细琢,耗费了几年时间也没有完工,孔夫子就说:"像他这样的奢侈浪费,人死了不如快点儿腐烂的好!"说死了之后快点儿腐烂,这话就是针对桓司马而说的。)桓司马为自己精修棺椁,也就是要图个死而不朽,孔子却骂他死了烂快点更好,这简直就是在结仇啊,难怪桓魋要杀孔子。

**其如予何** 其,加强语气。如……何,这个结构在前面讲过,把……怎么样。予,我。

**【读后】**

孟子说:"仁者无敌。"有道德力量的人,是不是都不怕死?道德的力量有多大?

有一个词叫"贼输一眼",是指做贼的人因无道而心虚,遇到正义化身的警察,就会露怯,而不敢理直气壮地面对。常言说,邪不压正,作为警察,一身正气，自带一分正义与杀气，邪恶之人，也会有所收敛或胆怯。这，也许就是道义的力量、道德的力量、正义的力量。

那么，一个心底无私、一心向善、充满道德正能量的人，面对邪恶之人，也会多出一分勇气来，因此才有"仁者无敌"之说。这远远不是李泽厚所说的"一个普通壮胆的话罢了"或者人们常说的"走夜路吹口哨，自己给自己壮胆"可以解释的。

**7.24** 子曰："二三子以我为隐乎？吾无隐乎尔❶。吾无行而不与二三子者，是丘也❷。"

【译文】

孔子说："弟子们以为我对你们有所保留吗？我没有什么保留的呀。我的所作所为没有一点不展示给你们的，这，就是我孔丘的（为人）风格。"

【释读】

❶ 二三子　指弟子们、学生们，这在《论语》中是一种很亲切的称谓。

以　认为。

隐　隐瞒，有所保留。

乎尔　语气词连用，用于句末，表示感叹，可译为"啊""呀"。

朱熹《论语集注》："诸弟子以夫子之道高深不可几及，故疑其有隐，而不知圣人作、止、语、默无非教也，故夫子以此言晓之。与，犹示也。"（弟子们认为老师的道行高深而不可企及，所以怀疑老师是不是有所保留，却不知道孔圣人无论是行或止，无论是说话还是沉默，都是在教他们。所以孔子用这段话让他们明白这个道理。与，即示之义。）

❷ 行　行为，做事，言行举止。此处之"行"，即包含作、止、语、默，不只是行动，不行动也是"行"。

与　朱熹谓"与，犹示也"，显示，展示，表现出来。

**读后**

程树德《论语集释·发明》引《反身录》："夫子以行示范，而门人惟言是求，故自明其无隐之实以警之，与'天何言哉'之意同。又曰：'师之于及门，有言教有身教，言教固所以教其行，然不若身教之得于观感者尤深……故不言之教，不从耳入而从心受，根于心，斯几于行矣。'"意思是说，孔夫子以"行"作示范，而弟子们只是关注到了孔子所说的话，所以孔子解释他没有任何保留以提醒弟子们，这和"天何言哉"的意思相同。又说："老师对于求学之弟子，有言教有身教，言教固然是教学生言行举止，但不如身教给予受教者有更深刻的感受……所以，不言之教，不从耳入，而是从内心去感受，根植于心，才能够更好地体现在行动上。

不说话也是一种表达方式，正如前面所讲，"不教"也是一种"教"。孔子重"言传"，更重"身教"，而"身教"虽无语，却更直观，更容易让受教者深刻领会。这也提醒我们的家长、老师，在对待子女、学生的教育上，需要"言传"与"身教"结合，而"身教"尤为重要。一个天天沉迷于麻将之中的家长，怎么去教育孩子热爱学习？一个行为粗鲁之人，怎么教育孩子谦恭待人？四川有一句顺口溜："龙生龙，凤生凤，生个耗儿（老鼠）打地洞。"这句话的意思是，你是什么，你的后代就可能是什么，连你的走路姿势都有可能影响孩子。这也是孔子重"行"的一贯主张所在，不可不知。

## 7.25  子以四教：文，行，忠，信❶。

**译文**

孔子从四个方面教育学生：文献典籍诗书六艺；将所学运用于实践；尽心忠诚；遵守规则而信实可靠。

**释读**

❶ **文** 文献典籍，诗书六艺，古代文化。
 **行** 一说孝悌恭睦，也就是孝敬父母、尊重兄长、与人为善这样的行为；另

述而篇第七　275

一说，"学而时习之"，学以致用，社会实践。二者皆可称之为"行"。

**忠、信** "尽己之谓忠，以实之谓信。""心无私隐之谓忠，言有准实之谓信。"

### 读后

文行忠信四者，"文"是学养，人无学养，"质胜文则野"，终流于粗野鄙陋；"行"是实践，"学而时习之"，将所学运用于实践。"知行合一"是孔子一直强调的，只有"知"而无行，便可能是个书呆子，或者虚浮矫饰，华而不实。忠、信可归于行为准则之中，人无忠信，行之不远，忠信为立世根本。没有行为准则，没有道德底线，那可能就会堕入深渊。有一句调侃的话说："流氓不可怕，就怕流氓有文化。"所以，忠、信，也可以理解为道德情操的培养与积蓄，是一个人走正道的基础。

教书育人不易，莘莘学子也不易。

## 7.26

子曰："圣人❶，吾不得而见之矣；得见君子者，斯可矣。"

子曰："善人，吾不得而见之矣；得见有恒❷者，斯可矣。亡［wú］而为有，虚而为盈，约而为泰，难乎有恒矣❸。"

### 译文

孔子说："圣人，我不能见到了，能够见到君子就可以了。"

孔子说："善人，我不能见到了，能够见到坚守自我节操的人，也就可以了。本来没有却装作有，本来空虚（虚浮）却装作充实（实诚），本来困窘却装作奢华，在这样的风气之下，很难坚守自我节操了。"

### 释读

❶ **圣** 甲骨文"圣"，从人，从耳，从口，突出耳部。徐中舒《甲骨文字典》："以耳形著于人首部位强调耳之功用；从口者，口有言咏，耳得感知者为声，以耳知声则为听；耳具敏锐之听闻之功效是为圣。"（图7.26-1）

图7.26-1

《易·乾卦·文言》九四："知进退存亡而不失其正者，其唯圣人乎？"（懂得进退存亡之理而不离失正道，这恐怕也只有圣人才能做到吧？）能够敏锐接收天地信息，并把这信息传达出来，即所谓智通于大道，能知进退存亡，能预知万物之发展趋势，这就是圣人。

❷ **恒** 保持，坚守不变，把持得住。如"慎独"之意，独处之时保持自我，守住底线。

❸ **亡** 音、义同"无"。
**约而为泰** 约，穷困。泰，安泰，奢华，骄奢。

**[读后]**

圣人，善人，实际上是想象中的"完人"，是人人追慕的理想人格。孔子一生追求完美，孜孜不倦，学而不厌，走上一条漫漫的求道之路。而正是在这艰辛的求道之路上，孔子一路学习，一路传播，一路完善自我，最终，开创了儒学，成就了"圣人"伟业。

孔子眼里的"圣人""善人"在现实生活中并不存在，他是给社会也是给自己设定了一个崇高的人格目标。因此，我们认为，本章的主旨，并非是在喟叹世上无"圣人""善人"，而是在鞭策、提醒人们，要努力追求，止于至善至圣。我们能看到、能做到的便是"君子"和"有恒者"。德才兼备的人，坚守节操而不随波逐流的人，这是我们可以见到的，也是可以努力达到的，而对于"圣人""善人"，"高山仰止，景行行止。虽不能至，然心向往之"。那是一个崇高而美好的伟大目标。

## 7.27 子钓而不纲，弋［yì］不射宿❶。

**[译文]**

孔子钓鱼但不用网捕鱼，射鸟但不射归巢夜宿的鸟。

述而篇第七 277

【释读】

❶ **纲** 网上的大绳叫纲，即"纲举目张"之"纲"。此处作动词，意为用网捕鱼。

**弋** 音[yì]，系有绳子的箭，用来射鸟。此处名词用为动词，指用带绳的箭射鸟。

**宿** 指夜宿的鸟。

【读后】

　　不妄杀滥捕，是取之有度，更是仁心所在。朱熹《论语集注》引洪氏曰："此可见仁人之本心矣。待物如此，待人可知；小者如此，大者可知。"意思是说，这可以看出仁德之人的本心了。对待鱼鸟这些东西都是这样有仁爱之心，对待人就可想而知了；对待小事情都这样具有仁心，对待大事也就可想而知了。

　　《淮南子·主术训》："故先王之法……不涸[hé]泽而渔，不焚林而猎……草木未落，斤斧不得入山林；昆虫未蛰，不得以火烧田；孕育不得杀，鷇[kòu]（雏鸟）卵不得探；鱼不长尺不得取，豕希[zhì]不期[jī]年不得食。"这段话的意思是，先王的法规是：不放干水来捕鱼，不焚烧山林来捕猎……草木未凋的时候，刀斧不能入山；昆虫还未蛰伏时，不能用火烧田；怀孕的动物不能猎杀，幼鸟或鸟蛋不能掏取；鱼不长到一尺长不能捕，猪不长满一年不能宰杀。

　　许多人却不遵循古训，有的人不仅用网捕鱼，所用之网的网眼还特别小，连虾米都不放过。更有甚者，干脆用雷管炸药炸鱼，一声巨响过后，水面便白花花的一大片，极大地破坏了生态系统。

　　"没有买卖，就没有伤害。"这句公益广告，几乎深入人心。买卖是什么？是指买卖交易吗？不，是指人的贪欲。人的贪欲无穷无尽。多一份仁爱，少一份贪欲，这就是对大自然最大的仁爱，也是对我们自身最大的仁爱。

　　《论语》这一句话，只有九个字，虽是两千五百年之前的一句话，却对两千五百年后的今天的社会具有如此深刻的警示和现实意义。孔子的伟大，就伟大得如此普通，而又伟大得如此深远。

**7.28** 子曰："盖有不知而作之者，我无是也❶。多闻，择其善者而从之；多见而识[zhì]之❷；知之次也❸。"

【译文】

孔子说："大概有无知却妄自创立新说的人，我不是这样的人。多听，选择好的去学习；多看，把对自己有益的牢记在心。这便是除生而知之之外，唯一获取真知的正确途径了。"

【释读】

❶ **盖** 表推测的句首语气词，大概、也许之意。

**不知而作之者** "不知而作之"修饰"者"（……的人）字，构成名词性词组，作"有"（谓）的宾语，即有（谓）不知而作的人（宾）。不知而作，不懂却妄作，妄自创作，造作，妄自创立新说，即本篇首章"述而不作"的"作"。

**我无是也** 我不是如此，我不是这样的人。

❷ **多闻** 多听，博闻。

**择其善者而从之** 选择好的去学习，吸取知识，即要善闻，不仅多闻，还要善闻。

**多见** 即多看，见识广泛，见多识广。

**识** 同"默而识之"的"识"，记住。

❸ **知之次也** 这是除"生而知之"之外，能获取真知的正确途径。次，次一等，差一等，在本章即是指"生而知之"之外，要想获得真知，便只能退而求其次，多听，多看，多记。

【读后】

在孔子时代，获取知识的途径，除了有限的典籍文献这样的"书本"知识，更多的恐怕就只能靠多闻、多见、多记了。而就是这有限的"书本"知识，在春秋时代，纸张还没有被发明出来，除了绢帛，就都是写在竹简、木简上面（甲骨文"册"就是竹简状），因此，阅读非常困难。有人曾计算，那时候的"学富五车"，按一根竹简写三十个字左右，那时的一辆马车能装五千片左右竹简，所以，一辆马车能装的总字数约十五万字，五车也不过七十五万字左右，也就相当

述而篇第七　279

于现在的一本厚实点的书或上下两册书而已。虽然,文言文的字数与白话文的字数不可相提并论,但几十万字,也的确不算巨大。当然,学富五车只是一个成语,形容其人学识渊博,并不拘于具体的几车书。但是,从这一侧面,我们可以推知,当时的人,要从"书本"这一载体获取知识,学习古代和当代文化,能学到的实在是非常有限的。所以,多听、多看、多记,便成为获取知识的重要途径,除非你"生而知之"。

孔子反对"不知而作",强调多听、多看、多记,不仅仅是在告诉大家求知的途径,也是告诉大家,"书本"知识太有限,而无限的求知途径是在广阔的社会之中。

## 7.29

**互乡难与言❶,童子见,门人惑。子曰:"与其进也,不与其退也,唯何甚❷?人洁己以进,与其洁也,不保其往也❸。"**

【译文】

互乡这个地方的人世风不善,难以交流。有一个小青年求见孔子,孔子答应并见了他,孔子的弟子却大感不解。孔子说:"要鼓励他上进,而不是鼓励他退步,为什么要拒绝他呢?一个人虚己自洁而求进步,那就要鼓励他洁身自好的行为,至于他过去做了什么,谁能够去保证呢?"

【释读】

❶ **互乡** 乡名。
**难与言** 按朱熹的观点,那里民风不善,难以和他们说向善的话题。

❷ **与** 此处为赞同、鼓励、赞许、肯定。
**唯何甚** 唯,语助词。何甚,意为"为什么要做得太过分呢?""何必做得太过分呢?"

❸ **洁己以进** 即洁身自好以求进步,虚心自洁。
**不保其往** 保,守,担保,保证。

**往** 过去。

### 读后

钱穆《论语新解》:"此章孔子对互乡童子,不追问其已往,不逆揣其将来,只就其当前求见之心而许之以教诲,较之自行束脩以上章,更见孔门教育精神之伟大。"

一个人虚心自洁而求进步,那就要鼓励他的洁身自好之心,至于他过去是怎么样的,今后又会怎么样,那谁也无法保证了。意思就是,他当下有心进步,就该鼓励,而不是拒绝。至于他过去是好人还是坏人,今后又会变成好人还是坏人,那是不能保证的事,至少,他现在的行为是值得鼓励和赞许的。

这就是孔子"有教无类"思想的延伸。有教无类,不仅在于无论学生富贵贫穷、高贵卑微,还在于无论学生过去是怎样一个人,今后又会是怎样一个人,只要当下愿意追求进步,洁身虚己,立志向善,就当教诲。孔子不会因为学生过去有污点就不教诲,也不会因为学生今后有可能同流合污就不教诲。立足当下,在其愿意向善求学的时候,及时地积极鼓励,而不是拒之门外。这就是孔子有教无类的伟大之处。

## 7.30 子曰:"仁远乎哉❶?我欲仁,斯仁至矣❷。"

### 译文

孔子说:"仁德离我们很遥远吗?我想要仁德,仁德就会到来了。"

### 释读

❶ **乎哉** 连用是加强反问语气。"乎"一般是疑问语气,"哉"是反问语气,如果是"仁远乎",可译为"仁远吗?"而加上"哉"成为"仁远乎哉",则为"仁难道离我们很远吗?"这就明显加强了反问的意味。

❷ **欲** 想要,想要得到。

述而篇第七 281

**斯**　那么，就，便，表承接的连词。

**读后**

在前一篇的最后一章，孔子对"仁"有一个很形象真切的讲述："夫仁者，己欲立而立人，己欲达而达人。能近取譬，可谓仁之方也已。"

"仁"离我们远吗？孔子从不轻易许人以"仁"，似乎"仁"非常"高大上"，就如"圣人"一般，高高在上，遥不可及。然而，孔子一再告诉我们，"能近取譬，可谓仁之方也已"，从自己做起，从身边的事做起，"己欲立而立人，己欲达而达人"，这样，"仁"就在眼前而触手可及了。

所以，问题的关键不是"仁"离我们有多远，而是我们会不会去做。"为仁由己，欲之则至，何远之有？"（朱熹《论语集注》引程子言）"仁"不仅仅是一种"心理情感"，更是一种需要通过社会实践才能得以呈现、实现的道德内核。也就是说，"仁"是一种心理追求，更是一种社会实践。因此，"我欲仁，斯仁至矣"，这，既是一种心理追求，更需要我们从自身做起，从身边做起，推己及人，如此，"仁"还远吗？

突然想起惠能在《坛经》中说的一段话。惠能说，释迦牟尼佛在舍卫城中讲法时说，阿弥陀佛（西方极乐世界之佛）在西方极乐世界化度众生。西方极乐世界离我们有多远？有十万八千里。而释迦牟尼真正的意思是，人有十恶八邪，以此比喻十万八千里。下根人心中有十恶八邪，离佛土就远；而上智人无十恶八邪，离佛土就近。所以，惠能说："心地但无不善，西方去此不遥；若怀不善之心，念佛往生难到。今劝善知识，先除十恶，即行十万；后除八邪，乃过八千。念念见性，常行平直，到如弹指，便睹弥陀。"意思是，心地若无不善，西方极乐世界就离你不远；若怀不善之心，即使天天念佛，欲求往生，也很难到达。所以，惠能劝大家，只需自净本心，除去心中十恶，就等于走了十万里；再灭八邪，便是又走了八千里。念念自觉本性，不作外求，不起善恶是非分别心，直心而行，到西方极乐世界，亲见阿弥陀佛，也就在弹指之间。

惠能要是读到孔子本章内容，他一定能心领神会，拍案而起。

## 7.31

陈司败问："昭公知礼乎❶？"孔子曰："知礼。"

孔子退，揖［yī］巫马期而进之❷，曰："吾闻君子不党，君子亦党乎❸？君取于吴，为同姓，谓之吴孟子❹。君而知礼，孰不知礼❺？"

巫马期以告❻。子曰："丘也幸，苟有过，人必知之❼。"

## 译文

陈国司败询问孔子："鲁昭公知礼吗？"孔子回答说："知礼。"

孔子离开后，陈国司败向孔子弟子巫马期拱手行礼，请巫马期靠近，说："我听说君子都是不会偏私结党的，君子也会偏私结党吗？鲁君娶吴国的女子为夫人，但鲁国与吴国是同宗的姬姓，所以改称他的夫人叫吴孟子。像鲁君这样的人都算知礼的话，还有谁不知礼呢？"

巫马期把陈国司败的话告诉了孔子。孔子说："我真是幸运，假如我有什么过错，别人就一定会知道。"

## 释读

❶ **陈司败** 陈国相当于司寇的官。司败，陈、楚、唐诸国官名，相当于他国的司寇。杨伯峻《论语译注》释"陈司败"为人名。不从。

**昭公** 鲁昭公，名裯[chóu]，襄公庶子，继襄公位而为鲁君。"昭"为谥号。

❷ **退** 退出来，离开。

**揖** 拱手行礼，作揖。

**巫马期** 孔子学生，姓巫马，名施，字子期，小孔子30岁。

**进之** 进，使之进，不及物动词作及物动词用，使动用法。请巫马期走近，靠近。

❸ **党** 名词在此处作动词用，结党，偏私，勾结。

❹ **君** 鲁君昭公。

**取于吴** 从吴国娶回这位夫人。取，同"娶"。

**吴孟子** 春秋时代，国君夫人的称号一般是她娘家所在国家的国名加她的本姓。鲁娶于吴，这位夫人应该称为"吴姬"。鲁国为周公之后，吴国为太伯之后，同为同宗"姬"姓，昭公娶于吴违背"同姓不婚"的周朝礼法，因此改称为"吴孟子"，以掩人耳目。

述而篇第七 283

❺ **而** 同《为政篇》2.22章"人而无信"的"而"。

❻ **以告** 以之告，把这件事告诉了孔子。省略的宾语"之"，指代陈司败与巫马期所谈的内容。

❼ **丘** 孔子自指，《论语》中常用。
**苟** 假如，如果。

**【读后】**

朱熹《论语集注》："孔子不可自谓讳君之恶，又不可以娶同姓为知礼，故受以为过而不辞。"朱熹说，孔子不能够自己解释他这样说是为其君避讳，但又不能把鲁君娶同姓女子为夫人说成知礼，所以只能接受责难，把这过错承担下来而不推辞——就是自己替鲁君背黑锅。

《史记·仲尼弟子列传》："臣不可言君亲之恶，为讳者，礼也。"臣子不能够谈论君王的错误过失，做"为尊者讳"的人，这是礼制所规定的。

孔子最后一句话"丘也幸，苟有过，人必知之"，给我们传达出三个信息：一是孔子对自己的过错不推诿，不粉饰，并认为被人指出过错是幸运的事，足见孔子坦荡的人格；二是孔子承认是自己的错，便也是承认了陈司败所指是有道理的，是对陈司败的肯定；三是既然肯定了陈司败的话，又承认是自己的错，其实也就间接表明鲁昭公的行为是不知礼，这就表明了孔子的态度，"为尊者讳"是面对外人，但对内，孔子也不能违背周道，违心奉承鲁君。

**子与人歌而善❶，必使反之，而后和［hè］之❷。** 7.32

**【译文】**

孔子和别人一起唱歌，如果唱得好，他一定会让那人再唱一遍，然后跟着一起唱。

【释读】

❶ **而** 表面理解是表顺连的连词，但这里有一种推进、递进的意味。善，唱得好，唱到尽兴处。

❷ **反** 同"返"，重来一次，重唱一次。
**和** 唱和，一起唱，跟着唱。

【读后】

这是描写孔子唱歌的一个生活片段，这个生活片段非常有意思，把孔子乐观、旷达、率性和对音乐的热爱甚至痴迷的形象呈现了出来，生动，有趣，迷人。

孔子热爱音乐，我们在前面的学习中已有所了解，而本章从一个新的角度为我们展示出孔子与音乐的不解之情。音乐是一种直抵人心的艺术，是一种深层的审美与体验，进入音乐，也就是进入天堂般美的境界。

在中国传统美学中，孔子开创了儒家美学传统。儒家美学的出发点和中心，是探讨审美和艺术在社会生活中的作用。孔子是中国历史上第一个重视和提倡美育的思想家，孔子所提出的"诗可以兴"（借景抒情，引发联想）的命题，"知者乐水，仁者乐山"的命题，对后世产生了深远的影响。而孔子认为，最高的人生境界乃是一种审美境界。

本章7.14：子在齐闻《韶》，三月不知肉味，曰："不图为乐之至于斯也。"

这就是一种审美体验、审美感受，以至于沉迷其中，难以自拔。

## 7.33

子曰："文，莫吾犹人也❶。躬行君子，则吾未之有得❷。"

【译文】

孔子说："文献典籍方面的学问，我大概和别人差不多。而在努力做一个身体力行的君子方面，我就还没能做到。"

述而篇第七　285

【释读】

❶ **文** 文献典籍。
**莫吾犹人也** 莫，约莫，大约，大概，差不多。犹人，犹，如同，好像。犹人，和别人差不多。

❷ **躬行** 亲身实践，亲身实行。
**未之有得** 未有得之，还没有成功，还没有达到（目标）。

【读后】

孔子一直强调学与行。在学习方面，孔子认为他是勤于学习、刻苦学习的人，这方面，他很自信。"十室之邑，必有忠信如丘者焉，不如丘之好学也。"但是，对于亲身实践达到什么程度，孔子往往非常谦逊，总是告诉你，他一直"在路上"。

孔子所创立的儒学，其基本的路径，便在"学"与"行"的结合，而儒学精神的最大魅力和指向就是——"在路上"。孔子周游列国之举，便是最好的证明。也许，凡是布道者，不可避免地，会一直在路上。

## 7.34

子曰："若圣与仁，则吾岂敢？抑为之不厌，诲人不倦，则可谓云尔已矣❶。"公西华曰："正唯弟子不能学也❷。"

【译文】

孔子说："如果说'圣'和'仁'，那我怎么敢当？如果说我努力去做而不厌倦，教导别人而不倦怠，那还可以说是大体如此罢了。"公西华说："这正是学生们学不到的地方啊。"

【释读】

❶ **抑** 转折连词，不过，只不过。

**为之** 努力去做，努力去实践、践行。

**云尔已矣** 云尔，如此。已矣，语气词连用，罢了。云尔已矣，即如此罢了、大体如此而已。

❷ **正唯** 这正是。

**〖读后〗**

孔子并不看重"圣"与"仁"之名，而是努力学习，努力实践，去践行，"为之不厌，诲人不倦"，正如上一章所讲，孔子及其追随者，永远在路上。

孔子周游列国，带领他的弟子们一路走，一路学，一路传播，一路践行，在弟子们眼里，孔子已至"圣"与至"仁"，但孔子辞其名，而居其实，学习，学习，学习，行动，行动，行动。一切伟大，都在过程之中呈现，而不是在结果中呈现出来。只是，我们往往只看重结果，而忽略了过程之伟大。

**7.35** 子疾病❶，子路请祷❷。子曰："有诸？"子路对曰："有之；《诔[lěi]》❸曰：'祷尔于上下神祇[qí]❹。'"子曰："丘之祷久矣。"

**〖译文〗**

孔子病重。子路请求为老师祈祷。孔子说："有这样做的吗？"子路回答说："有的；《诔》文上说：'为你向天地神灵祈祷。'"孔子说："我已经祈祷很久啦。"

**〖释读〗**

❶ **疾病** "疾病"连用，多指重病。
❷ **请祷** 请为孔子祈祷。
  **有诸** 诸，"之乎"合音，即有之乎？有这么做的吗？有这回事吗？

述而篇第七　287

❸ **诔** 许慎《说文》作"讄",生者祈祷文。与哀悼死者的"诔"不同。

❹ **神祇** 古人称天神为神,地神为祇。此处泛指天地神灵。

**读后**

朱熹《论语集注》点评本章时说:"其素行固已合于神明,故曰丘之祷久矣。"意思是,他平常的行为本来便已经与神明相合,致力于护佑苍生,所以说:"丘之祷久矣。"

其实,理解孔子此语,还是要回到"为天地立心,为生民立命,为往圣继绝学,为万世开太平"的"横渠四句",回到孔子周游列国,一路学习,一路传播,一路布道的艰辛努力,回到孔子"学而不厌,诲人不倦"的大仁大圣之举。

孔子一直努力建立以"礼乐"为基础的社会秩序,以达到周公时代那样的昌盛和乐的理想世界。为此,孔子用其毕生精力,孜孜以求,呕心沥血,却从不知倦怠。孔子不求天地之神,却无时无刻不在为苍生奔走,为百姓祈祷,希望万世太平,人民安康。"丘之祷久矣",祷在此,久在此。鞠躬尽瘁,死而后已的孔子,磊落而心地无私,只为天地立心,为生民立命,为往圣继绝学,为万世开太平,这还不是祈祷是什么呢?

**7.36** 子曰:"奢则不孙[xùn]❶,俭则固❷。与其不孙[xùn]也,宁固。"

**译文**

孔子说:"一个人如果奢侈就会傲慢无礼,而过于节俭就会显得固陋寒碜。与其傲慢无礼,宁可固陋寒碜。"

**释读**

❶ **孙** 音、义同"逊",谦恭平和。不逊,即不谦恭,傲慢无礼。

❷ **固**　固陋，狭隘。粗鄙。

**【读后】**

人富贵了是好事情，但如果因此而骄奢，就会变得傲慢无礼，盛气凌人；节俭本是一种美德，但过分的节俭，就会变得寒碜而粗陋，流于卑微低贱，粗鄙不堪。衣冠不整、不修边幅可能是艺术家的范儿，却也容易流于失礼而不恭。

做人难，而要做一个周全之人更难。我们不提倡八面玲珑、左右逢源，但也不主张随性而为，直而无度。一切都在礼中，一切都需有节。这在后一篇《泰伯篇》8.2中有进一步的阐述。

# 7.37　子曰："君子坦荡荡，小人长戚［qī］戚❶。"

**【译文】**

孔子说："君子坦坦荡荡，磊落无私，小人患得患失，忧心忡忡。"

**【释读】**

❶ **坦荡荡**　心地光明磊落，心胸宽广无私，不纠结于名利物欲，不算计得失。朱熹《论语集注》引程子曰："君子坦荡荡，心广体胖。"（程颐说："君子坦荡荡，便可心宽又体胖。"）

**长戚戚**　长，就是一直保持在一种状态之中，老是，总是，与"常"义有别。戚戚，患得患失，忧心忡忡，心胸局促，不敞亮。

**【读后】**

《孔子家语·在厄［è］》记载，子路问孔子："君子也会有忧虑吗？"孔子说："没有。君子立身修行，在没有收获时，会为他所确立的目标、理想而快乐，而一旦有了收获，又会为他的修为结果感到高兴，因此，有终身之乐，没有一日之忧。小人就不是这样了，在他没有成功或达到目标时，他会担心是否能成

述而篇第七　289

功或达到目标，而一旦成功之后，又害怕失去它，所以有终身之忧，没有一日之乐啊。"君子之乐，小人之忧，在这段话里，说得明明白白。

我们常讲，心底无私天地宽。什么叫"无私"？无私并非特指大公无私、无私奉献，而是指没有算计，没有太多的欲望，不计较名利得失，对人对事包容、平和。一个君子，应该具有坦荡的胸怀，仁爱，友善，包容，光明磊落，坦率真诚。只有这样，人才能活得舒泰安详，快乐无忧。如此，天宽地阔，天蓝风清，山苍树秀，水活石润，活得像一首山水诗。

小人的生活缺少阳光，算计，纠结，患得患失，总有无法满足的欲望，总在声色犬马的名利场穿梭，永远有一颗无法满足的心，永远没有踏实的安定之感，所以总是忧心忡忡、眉头紧锁、神色凝重。

所以，君子活得轻松，小人活得心累。

## 7.38

子温而厉，威而不猛，恭而安❶。

【译文】

孔子温和而又严肃，威严而不凶猛（粗鲁），谦恭而又安详。

【释读】

❶ 厉　严肃。

【读后】

这一篇文字虽简，却生动形象，两千年前的孔子，高贵平和、典雅朴实，威严而又温和可亲的圣人形象跃然纸上。对此，不少注家对本章都有精到的点评。

在讲完本篇三十八章之后，尤其在讲完这最后一章之后，孔子的音容笑貌，已然清晰地呈现在我们的眼前。最后一章及在讲解本章时所引用的几段话，集中展现了孔子作为儒家学说开创者的形象气质。

王大毛在《超解论语》中说："这章很美，散发着诗的气息和黄金般柔和的光泽。"而这一切，是孔子一生孜孜不倦的学习、践行、坚韧的求索与传道所磨砺出来的特有气质。这一章结束时，好像一个大幕徐徐降下，孔子作为这一幕的主角，也随着大幕的降下而渐渐淡出。但是，当我们继续往后阅读，我们会发现，大幕虽然降下，孔子虽然渐渐淡出，孔子的形象却在我们心目中更加清晰，更加立体，更加亲近，仿佛能听到他的呼吸声，仿佛能听到他的脚步声，又仿佛能听到他给弟子们讲课的洪亮而低缓并带着浓浓的山东口音的那种特殊的圣音。孔子没有淡去，他越来越鲜活，越来越清晰，越来越吸引着我们，去倾听，去领悟，去践行。于是，我们和孔子一道，继续前行，继续，在路上……

夫曾子有疾孟敬子問之曾子言曰鳥之將死其鳴也哀人之將死其言也善君子所貴乎道者三動容貌斯遠暴慢矣正顏色斯近信矣出辭氣斯遠鄙倍矣籩豆之事則有司存曾子曰可以託六尺之孤可以寄百里之命臨大節而不可奪也君子人與君

# 泰伯篇第八

## 8.1

子曰："泰伯，其可谓至德也已矣❶。三以天下让❷，民无得而称焉❸。"

**【译文】**

孔子说："泰伯，真可以说是品德至高之人了啊。多次把天下让给弟弟，老百姓却因为不知此事而没有称颂过他。"

**【释读】**

❶ **泰伯** 周朝祖先古公亶[dǎn]父的长子，本应是君位继承之人。泰伯有两个弟弟：仲雍、季历。季历的儿子就是周文王姬昌。传说古公预见到姬昌的圣德，想把君位传给幼子季历，再由季历传给姬昌。太伯（泰伯）为实现父亲的意愿，偕同仲雍出走勾吴，成为吴国的始祖。姬昌继位后，扩张国势，拥天下三分之二，到他的儿子周武王姬发，灭殷兴周，一统天下，开创了周王朝大业。《史记·周本纪》对此有记载。
**其** 副词，表测度，也许，大概。一说为代词，复指"泰伯"，一说为语气词。
**至德** 品德的极致，最高的品德。
**也已矣** 语助词连用。

❷ **三** 多次，非确数。

❸ **民无得而称焉** 即百姓因为不知道此事（三让天下）而没有称颂过他。钱穆《论语新解》说："泰伯之让，无迹可见。相传其适吴，乃以采药为名，后乃断发文身卒不归，心在让而无让事，故无得而称之。"意思是说，泰伯让位是假借上山采药，悄无声息地走了几千里路到了吴地，并断发文身，立志不归。泰伯虽立志让位却没有轰轰烈烈的事迹表现出来，所以老百姓也并不知道，更别说去赞美这件事了。朱熹《论语集注》："无得而称，其逊隐微，无迹可见也。"无得而称，是指泰伯让位做得很隐秘，没有什么言行让人发现。

**【读后】**

在《公冶长篇》5.19，我们曾讲过关于孤竹国的伯夷、叔齐两兄弟让国的事。在《论语》中，孔子对伯夷、叔齐赞赏有加，称他们是"古之贤人"，认为他们是"求仁而得仁"（《述而篇》7.15）。而伯夷、叔齐的故事，更是让人津津乐道，流传至今。

在本章，泰伯与仲雍两兄弟，为了让出王位，一起出走勾吴，断发文身，以示决绝之意。这一让，让出了周朝八百年基业，让出了孔子孜孜以求的周礼和魂牵梦绕的"郁郁乎文哉"的理想盛世，以及"甚矣吾衰也！久矣吾不复梦见周公"的叹惋。

《孟子·尽心下》："孟子曰：'好名之人能让千乘之国。'"意思是，喜好名声的人，可以让出拥有千辆兵车规模的国家的王位。然而，孟子说的肯定不是泰伯两兄弟。因为他们离家出走后，从今天陕西岐山，一口气就走到了今天的江苏无锡，且断发文身，绝不西归，就这么默默消失，连国人都不得而知。

所以，泰伯之"让"，"让"得高级，"让"得伟大。于是，才有了孔子"其可谓至德也已矣"之叹。孔子一生追求恢复周礼，周礼，便是孔子的理想社会模式。一个让国还不为国人所知的泰伯，怎不叫孔子深情赞美！

## 8.2

子曰："恭而无礼则劳❶，慎而无礼则葸[xǐ]❷，勇而无礼则乱❸，直而无礼则绞❹。君子笃于亲，则民兴于仁❺；故旧不遗，则民不偷❻。"

**【译文】**

孔子说："恭敬却不知礼就会劳顿不堪，谨慎却不知礼就会胆怯懦弱，勇敢却不知礼就会闯祸生乱，直率却不知礼就会尖刻伤人。在位之君厚待亲族，百姓就会走向仁德；不遗弃故旧老友，百姓就不会冷漠无情。"

**【释读】**

❶ **恭而无礼则劳** 恭，恭敬，恭顺。劳，劳顿，劳倦，忧烦。

泰伯篇第八　　295

❷ **慎而无礼则葸** 慎，谨慎，小心。葸，害怕，畏惧，胆怯。

❸ **勇而无礼则乱** 勇，勇敢，此指胆大而无谋。乱，闯祸，悖乱，生出祸端。

❹ **直而无礼则绞** 直，直率，直爽。绞，尖刻伤人。

❺ **君子笃于亲，则民兴于仁** 君子，此处指在位之人。笃，诚实以待，厚待。兴于仁，兴，兴盛，兴起，意为一同走向仁德，按照仁德来做事。

❻ **故旧不遗** 故旧，老友。遗，遗弃，遗忘。
**偷** 指人情淡薄、淡漠、不厚道，非"偷窃"意。

【读后】

极端的道德就是不道德。恭、慎、勇、直虽为美德，但是如果不以礼去约束，就会偏离四德，走向四德的反面。

《礼记·仲尼燕居》："子曰：'敬而不中礼谓之野，恭而不中礼谓之给（［jǐ］，便给，巧舌如簧，逢迎谄媚，油腔滑调），勇而不中礼谓之逆。'"这段话是说，虔诚却不合于礼制叫作粗鄙；谦恭却不合于礼制叫作谄媚；勇猛却不合于礼制叫作乱逆。

《荀子·大略》："礼，节也，故成。"礼，就是节制，能事事处处懂节制，才能走向成功。礼便是尺度、规范，便是一种约定俗成的社会秩序与契约，没有法律的强制性，却在情理之中牵制、限定着你的言行举止。

古希腊时代后期，西方曾出现过一个哲学流派——享乐主义，也叫"快乐主义"。一听这名字，大家脑子里立即冒出来的可能是舒适，安逸，奢华，纵欲……但是，享乐主义哲学的主张却是——"真正的快乐是温和的自我节制"。也就是说，一切的快乐，不仅仅是快乐本身，还在于节制，是保持一种和谐的有度的状态。

节制是什么？有度，有约束，不会泛滥，更不至于乐极生悲。这个节制，有度，有约束，在孔子这里，就是"礼"。

**8.3** 曾子有疾，召门弟子❶曰："启予足！启予手❷！《诗》云：'战战兢兢，如临深渊，如履薄冰❸。'而今而后，吾知免夫❹！小子❺！"

【译文】

曾子（参）病重，他把弟子们叫到身边说："看看我的脚！看看我的手！《诗经》里说：'战战兢兢，如临深渊，如履薄冰。'从今往后，我知道我不会损伤父母给我的身体了！弟子们！"

【释读】

❶ **门弟子**　即门下弟子，及门弟子，古时候指到老师家里来受教的弟子。

❷ **启**　即"啓"，甲骨文有此字，指以手开门，前面讲过。此处指省视，非打开义。何晏《集解》引郑玄说："启，开也。曾子以为受身体于父母，不敢毁伤，故使弟子开衾（[qīn]，被子）而视之也。"王念孙《广雅疏证·释诂》认为，《论语》里这"启"字就是《说文·目部》的"瞽"[qì]字。《说文》："瞽，省视也。"郑、王二人对"启"的释读均为"省视"义。那么，曾子为什么要对他的弟子说，看看他的脚，看看他的手？《大戴礼记·曾子大孝篇》："父母全而生之，子全而归之，可谓孝矣；不亏其体，可谓全矣。"（父母完完整整把孩子生出来，孩子再完完整整地归还父母，这也算是孝了；不损伤他的身体，这就叫全。）《孝经》："身体发肤，受之父母，不敢毁伤，孝之始也。"（全身上下都是父母给的，不能轻易损伤，这是孝的开端。）这样便可以说得通了。曾子是个大孝子，有此言行，不足为怪。

❸ **战战兢兢，如临深渊，如履薄冰**　此句引自《诗经·小雅·小旻[mín]》，指行事谨慎小心，随时保持一种临深履薄之心。《毛诗传》："战战，恐也。兢兢，戒也。如临深渊，恐坠也。如履薄冰，恐陷也。"（战战，就是恐惧。兢兢，就是戒慎。如临深渊，是害怕坠落。如履薄冰，是害怕陷入其中。）

❹ **而今而后**　从今往后。而，语助词，无实义。
**吾知免乎**　免，前面讲过，"免"后不带宾语，即通常意为免于灾祸、免于死亡。此处指不会有损伤父母给我的身体的事情发生。

❺ **小子** 孩子们，弟子们。指曾参的学生们。

## 读后

《为政篇》2.6：孟武伯问孝。子曰："父母唯其疾之忧。"孝，就是要少让父母担忧、牵挂、操心。

曾参是孔子学生中有名的孝子，在病重之时，还不忘受之父母的身体是否完整之事，"父母全而生之，子全而归之"，其孝之深厚可见。而他所引述《诗经》里的诗句，倒是提醒我们，立身行事，不可鲁莽，要有如临深渊、如履薄冰的谨慎之心。当然，正如鲍鹏山在《论语导读》本章导读中所说："曾子这里说的对身体的珍爱，固然是行孝的人必须注意的问题，但是，它并非人生的最高境界，也不是孝道的最高境界。我们还须记得孔子'杀身成仁'和孟子的'舍生取义'，这才是'立身行道'的最高境界，也是孝道的最高境界。"

## 8.4

曾子有疾，孟敬子问之❶。曾子言曰："鸟之将死，其鸣也哀；人之将死，其言也善。君子所贵乎道者三❷：**动容貌，斯远暴慢矣**❸；**正颜色，斯近信矣**❹；**出辞气，斯远鄙倍矣**❺。笾［biān］豆之事，则有司存❻。"

## 译文

曾子病重，孟敬子去探视他。曾子对孟敬子说："鸟儿快死的时候，它的叫声特别的哀伤；人快要离世的时候，他所说的话充满善意。君子所要看重的礼仪之道有三点：使自己容貌端庄持重，这样才能远离他人的粗暴放肆；以真诚的态度待人，这样才能信实可靠，赢得信任；说出的话，言辞得体，语气得宜，这样才能避免别人的粗野荒谬之言。至于那些祭祀礼仪中的琐碎事务，自然有专职人员去操办。"

## 释读

❶ **孟敬子** 姓仲孙，名捷，鲁国大夫。曾在《为政篇》2.6出现。

**问之**　探视曾子，探问曾子。

❷ **道**　本文之"道"，联系上下文看，应是"礼仪之道""礼制之道"。何晏《集解》："郑曰：'此道，谓礼也。'"所贵乎道者三，看重的礼仪之道有三点。

❸ **动容貌**　其实就是要使自己衣着打扮、言行举止端庄、持重、谦恭。动，在此有注意修正、改变，使之合宜之义。
**斯远暴慢矣**　斯，副词，才，这才，这样就。远，形容词作动词用，使动用法。暴慢，粗暴放肆，粗鲁傲慢。

❹ **正颜色**　即孔子所说"色思温"。正，端正，今有"正色"一词，指态度严肃，神态严厉。颜色，指脸色、神态、神情。
**信**　信实可靠，令人信服。

❺ **出**　由内而外叫"出"，发出，说出，在此为说出的话。
**辞气**　辞，言辞。气，语气。"辞气"即言辞语气（得体）。良言一句三冬暖，恶语伤人六月寒。说话是一门艺术，言辞得体，语气和顺，便能得到正向的反馈；相反，言语不合宜得体，语气生硬张扬，恶语相向，也会招致同样的反馈。
**鄙倍**　鄙，粗鄙，粗俗不雅。倍，通"背""悖"，不合理的，荒谬的。鄙倍，鄙倍之言，粗鄙不堪、不讲道理的荒谬之言。

❻ **笾豆**　笾，古代竹制的礼器。豆，古代盛食物的木质容器。笾、豆都是用于祭祀典礼中的容器。笾豆之事，则指祭祀仪礼中琐碎之事，具体事务。
**有司**　主管具体事务的小吏，专职人员。
**存**　在。这里指办事。

**┃读后┃**

《礼记·冠义》："礼义之始，在于正容体，齐颜色，顺辞令。容体正，颜色齐，辞令顺，而后礼义备。"意思是说，礼仪的开始，在于使自己的容貌举止端庄持重，面色表情真诚不虚，言辞语气和顺得体。这之后，礼仪才算完备周全了。

曾子是孔子学说主要的继承人和传播者，他在70岁时一病不起，鲁国大夫孟敬子去探望他。据史料记载，孟敬子为人任性，生活奢侈，曾子规劝他说："君子所贵乎道者三：动容貌，斯远暴慢矣；正颜色，斯近信矣；出辞气，斯远鄙倍矣。"后人将"动容貌、正颜色、出辞气"合称为曾子的"三贵之道"，被奉为人际交往的准绳。

### 动容貌

所谓"动容貌"，关注的是与人交往时的形象，在人际交往时可以减少阻力、提高沟通效率。在第一次接触时，对陌生人所形成的判断叫作第一印象。英国一位著名的形象设计师曾说：这是一个两分钟的世界，你只有一分钟展示给人们你是谁，另一分钟则用来让他们喜欢你。从心理学的角度来看，第一印象通常会在人们初次会面后的数十秒内形成，许多人都依赖第一印象所获得的信息对与其交往的对象予以判断。在商务交往过程中，第一印象对于生意的顺利推进并获得一系列有利的交易条款非常重要；对于一位上任伊始的管理者来说，在员工面前的第一次亮相也非常关键。

在这方面，孔子对自己的要求非常严格，他要求自己"出门如见大宾，使民如承大祭"。出门就像接待贵宾一样庄重，役使百姓就像承当大祭典一样庄严。孔子是这么说的，也是这么做的。

那么，什么是"动容貌"的最佳境界呢？孔子给出了答案："貌思恭。"

### 正颜色

"巧言令色，鲜矣仁。"孔子的这一价值判断发人深省。话说得动听，脸色装得友善，但如果不是发自内心的，又怎能称得上是仁呢？因此，"正颜色"不仅仅关注"颜色"的表象，更为关注"颜色"的实质，即透过表面颜色所透出的底色，这种"颜色"不是伪装出来的。

在一些情形之下，"令色"未必是讨好权贵之人，也可能是为了自欺欺人、自抬身价。有些人底气不足，生怕别人看不起自己，因此拿腔拿调，装腔作势，哗众取宠，满脸虚伪之色；有些人自惭形秽，自愧不如，只好将自己封闭起来，冷若冰霜，满脸拒人千里之外的冷漠之色。

如此看来，在"正颜色"的背后，首先是正心。完善的顾客服务需要出自肺腑的同心感和亲和力，和谐的企业人际关系需要企业内部人与人之间将心比心。

**出辞气**

"出辞气"是一门艺术。在说话的时候,只有注重措辞和语气,讲究方式和技巧,才能取得良好的沟通和激励效果。孔子认为,"言未及之而言谓之躁,言及之而不言谓之隐,未见颜色而言谓之瞽。"(《季氏篇》16.6)还没到说话的时候先说,叫作急躁;到了该说话的时候却闭口不言,叫作隐藏;不看别人脸色就随便说话,则是"睁眼瞎"。孔子告诫我们,要言而有度。

在人际交往中,要讲究说话的方式,中国人讲究"打人不打脸,揭人不揭短"。在现代人的眼中,曾国藩是位不苟言笑的沉稳君子。但年轻时的曾国藩却是一个心直口快、爱出风头的人。他多言健谈,甚至常常与人争得面红耳赤,还有背后议论人短处的毛病,经常得罪人。有一次,曾国藩的父亲做寿,曾国藩的朋友前来贺寿,席间两人观点不和,争论不休。后经父亲教导,曾国藩意识到给人留面子的重要性,并亲自去朋友家道歉。此后,给人留面子成为曾国藩为人处世的基本准则。

不仅要注意说话的言辞和态度,而且在说话前要思考哪些话该讲,哪些话不该讲。要做到孔子主张的"讷于言而敏于行",君子应"先行其言,而后从之",即先实行自己想要说的话,再把这些话说出来。古希腊有一句谚语:"聪明的人,借助经验说话;而智慧的人,根据经验不说话。"

## 8.5

曾子曰:"以能问于不能,以多问于寡❶;有若无,实若虚❷;犯而不校[jiào]❸。昔者吾友尝从事于斯矣❹。"

**【译文】**

曾子说:"自己有才能却向没有才能的人请教,自己博学多知却向知识贫乏的人请教;有学问却看起来像没有学问的样子,内心充实却看似空虚的样子;被别人的冒犯而不去计较。过去我的一位朋友就是这样做的。"

**【释读】**

❶ **以能问于不能,以多问于寡** 以,用。问于不能,即问于不能之人。自己有才能却向没有能力的人请教,自己博学多知却向知识贫乏的人请教。《淮南

子·主术》："文王智而好问，故圣；武王勇而好问，故胜。"（周文王智慧，却虚心好问，所以成了圣人；周武王勇猛，却虚心好问，所以成就了伟业。）

❷ 若　看似。

❸ 犯而不校　犯，冒犯，被冒犯。校，同"较"，计较。

❹ 昔者吾友尝从事于斯矣　昔者，从前，过去。吾友，我一个朋友，后人一般认为是"亚圣"颜渊。尝，曾经。从事于斯，做过这件事，这样做过。

[读后]

　　尺有所短，寸有所长，人各有自己的所长，也有自己的短板。再牛的智者也有盲区，孔子尚且种菜不如老农，种花不如老圃。关键是，我们应该随时保持虚心好学、谦逊进取的心态，不断学习，不断进步。我们常说，人要保持空杯心态，空杯即是有而若无，只有这样，我们才能有学习的动机，才能有更新自我的动力与后劲。

　　大成若缺，大盈若冲，这样的道家境界是一种虚怀若谷、胸怀宽广的精神状态，是一种目中无我、心中无我的君子盛德，是生如夏花之绚烂的勃勃生机与生命境界。

　　犯而不校，面对冒犯，却能不去计较，这很难做到，尤其是我们这个个性张扬的时代，又处在一个很多人觉得"唯我独尊"的现代社会，在这种自私、狭隘、独尊、以自我为中心的社会精神现状下，这是最不容易做到的事。社会上一直流行这样的话："忍无可忍，无须再忍。""该出手时就出手。"这样的人生处世世俗哲学大行其道，我们有必要好好领会曾子所言，努力让社会充满友爱、包容、和谐。这也是孔子所代表的儒家所倡导的"礼乐"境界，一种祥和文明友爱的社会秩序。

　　这不是无原则的忍让、怯懦，而是原则之下的包容与礼让。

## 8.6

曾子曰："可以托六尺之孤❶，可以寄百里之命❷，临大节而不可夺也❸。君子人与［yú］？君子人也。"

302　细读论语·上册

## 译文

曾子说:"能够把幼小的孤儿(幼主)托付给他,能够把国家的命运交到他的手里,面临国家生死存亡的重大关头而不改变节操,这就是君子吗?这就是君子。"

## 释读

❶ **托** 托付。

**六尺之孤** 还未成人的小孩。周朝一尺约等于23.1厘米,六尺约为138厘米。郑注:"六尺之孤,年十五已下。"

❷ **寄百里之命** 寄,委托。百里,方圆百里的地方,指方圆百里的诸侯国,也指一个国家。命,诸侯国的命运。

❸ **临大节而不可夺也** 临,面临,遇到。大节,重大的变故,国家生死存亡的重大关头。夺,强取,改变。钱穆《论语新解》:"不可夺,在其志,而君子所重,亦更在其德。"《子罕篇》9.26:子曰:"三军可夺帅也,匹夫不可夺志也。"(一国军队可以丧失它的将帅,一个男人,却不可以改变他的节操(意志)。)

## 读后

历史上有两次托孤的事件值得一提:

一是周武王去世后,其弟周公姬旦辅佐年幼的周成王,肩负起了托孤之重,并辅助成王,使周王朝走向昌盛,而等成王年长之后,周公又主动交权,最终不辱使命。

另一次托孤事件是三国时期,刘备在白帝城托孤。公元223年春,刘备病危之时,召丞相诸葛亮、尚书令李严,把儿子刘禅托付给二人,希望二人辅佐刘禅。《三国志·蜀书·诸葛亮传》记载:章武三年春,先主刘备在永安病危,便把诸葛亮从成都召去,嘱咐后事。刘备对诸葛亮说:"你的才能是曹丕的十倍,一定可以安邦定国,终将成就大业。如果儿子可以辅佐,你便辅佐他,如果他不能成才,你可以直接取代他。"诸葛亮痛哭流涕,说:"我定当竭尽全力,尽忠贞之节，鞠躬尽瘁，死而后已。"刘备又颁诏书给儿子刘禅说："你与丞相共事，要视丞相如父。"

　　托孤，往往是悲壮的、撼人心魄的。一方面，托付之人把全部的希望与信任寄托在受托之人身上，另一方面，受托之人当有超拔的能力、高尚的节操与品德，值得担此重任。因此，托六尺之孤，绝非小事。曾子所称能托六尺之孤，这样的人，必是君子，能将国家的命运交付与他的人，必是君子，能临危不惧、坚贞不屈之人，必是君子。这是对人格的考验，这也是对信任的最高礼赞。

　　这样的人，乃国之栋梁，得之者幸！

## 8.7

　　曾子曰："士❶不可以不弘毅❶，任重而道远。仁以为己任，不亦重乎❷？死而后已，不亦远乎❸？"

**【译文】**

　　曾子说："士子不能够不发扬刚毅果决的精神，因为他肩负重任而道路漫长。把追求仁德作为自己（义不容辞）的责任，不也就是责任重大吗？直到生命结束才可停止，不也就是道路漫长吗？"

**【释读】**

❶ **士** 我们依前解读，译为"士子""士人"，或不译出。

　　**弘** 即指发扬光大，此处为动词。《王力古汉语字典》："弘"的基本义为"大"，引申为动词，使大。如《卫灵公篇》："人能弘道，非道弘人。"

　　**毅** 坚定，果决。

　　许慎《说文》："毅，一曰有决也。"何晏《集解》本章"毅"，"强而能断也"。

　　皇侃《论语义疏》引包氏（咸）曰："弘，大也。毅，强而能决断也。士弘毅，然后能负重任致远路也。"（弘，就是大。毅，就是刚强而决断。士能弘毅，才能担负重任而坚持下去。）《子路篇》13.27：子曰："刚、毅、木、讷近仁。"（刚强，果决，质朴，慎言，这些品质近于仁德。）

　　按李学勤《字源》所述，此字最早出现于西周时期，意为持械坚定不移地做事，小篆有意识进行了笔画省略，《说文》"有决"便是取此义。"毅"，坚定而果决之精神。一个要做大事的人，一个以天下为己任的人，没有坚定的意志，果敢决断的品格，不足以成就大业，也就是要有一股坚韧不拔而又果敢决断的狠劲儿。因此，我们在释读"弘毅"二字时，将"弘"视为动词，发扬，弘扬之义。弘毅，即弘扬坚定的意志、坚韧不拔而又果敢决断的品格、精神。

❷ **仁以为己任** 即以仁为己任，把追求（实现）仁德作为自己的责任。

❸ **已** 停止。

**|读后|**

人是需要有一种使命感和社会责任感的，为此，他需要满怀激情、有足够的胆识，汇聚力量，勇往直前。不把坚韧不拔的意志和果敢决断的品格、精神发扬光大，便不能担此重任。我们不能只盯着自己这一个"小我"，还要关注天下，关注苍生，为社会贡献自己的一份力量。

使命感和责任感，是中国知识分子作为社会中坚力量所必须具备的品格。

## 8.8

子曰："兴于《诗》❶，立于礼❷，成于乐［yuè］❸。"

**|译文|**

孔子说："从《诗》中开始自己的人生旅程；在礼制秩序中寻求（建立）立身安命之所；在艺术中让生命臻于完美。"

**|释读|**

❶ **兴于诗** 意思就是，人生从学《诗》开始。皇侃《论语义疏》引包氏（咸）曰："兴，起也，言修身当学《诗》也。礼者，所以立身也。"引孔安国曰："乐，所以成性也。"（兴，就是兴起，是说修身应当学《诗》。礼，

便是立身行事所依凭的根基。乐，便是修养性情，塑造人格。）

❷ **立于礼** 意思是，立身安命在遵循礼制中建立起来。在礼制中建立自己的人生平台。《季氏篇》16.13：子曰："不学礼，无以立。"《尧曰篇》20.3：孔子曰："不知礼，无以立也。"

❸ **成于乐** 在艺术中让自己的生命更加完美。朱熹认为，音乐"可以养（滋养）人性情，而荡涤（清洗）邪秽，消融（消除）其渣滓"。《论语集注》引程子曰："古人之乐，声音所以养其耳，采色所以养其目，歌咏所以养其性情，舞蹈所以养其血脉。"可见，乐不只是音乐，包括音乐、舞蹈、绘画等艺术，也就是说，乐，其实是指艺术。艺术的功能是什么？审美。审美的功能是什么？塑造人格、陶冶情操、滋养灵魂，提升人的生活品质。

**「读后」**

兴于《诗》，兴，可以"引类比喻"（孔安国语），启发人的联想与想象，激发人的创造激情和审美情感；可以"感发意志"（朱熹语），培养人的道德情操，引导人的价值取向，尤其是个人品性的培养。现在，我们大多注意了诗的审美特性，却往往忽略了它的社会功能。

《礼记》："礼者，天地之序也；乐者，天地之和也。"礼，就是秩序，就是规矩，就是人们约定俗成的行为准则。孔子致力于推行"礼制"，便是希望在社会上建立一个人人遵守的社会契约精神与秩序。

"礼之用，和为贵。""礼"与"和"的关系，孔子在《学而篇》1.12便清晰地表达出来了。冰冷地照章办事，铁面无私，那是没有温度、没有感情的工具。而一味的讲"和"，甚至为和而和，无原则的和，将丢失底线和原则。只有将"和"融入"礼"之中，才能让人间充满阳光，让世界充满爱。

"和"从哪里来？"乐"，艺术审美。不辨美丑，无以知善恶，因为一切美好的东西，总是与真、善相统一，相伴随。"子谓《韶》，尽美矣，又尽善也。谓《武》，尽美矣，未尽善也。"（《八佾篇》3.25）孔子很早就注意到，美不是孤立存在的，一旦美被孤立出来，那也就不再是美。

一个人的高贵，来自审美，而不是财富，财富所带来的只是富贵。仅此而已。

## 8.9

子曰："民可使由之❶，不可使知之❷。"

**【译文】**

孔子说："对于老百姓，可以让他们跟着走，但不能够让他们懂得为什么这样做。"

**【释读】**

❶ **由之** 《学而篇》1.12："小大由之，有所不行。"小大由之，大事小事都按照这个原则（准则）去做。由，从此行走。按照一个方向（原则、准则）走。引申为介词，从，自。本章"由"，意为跟着走，按照所指的路跟着走。

❷ **不可使知之** 不能够让他们知道（懂得）为什么要这样做。不必让他们懂得为什么这样做。《史记·商君列传》："民不可与虑始，而可与乐成。"（老百姓，开始做事的时候，不能够跟他们一同谋划、商量，只能够跟他们分享成果。）

**【读后】**

孔子因这句话被很多人认为是在鼓吹愚民思想，并被历来具有民主思想的人所诟病。也因此，历代注家都有意识地去维护圣人形象，把一句简单明白的话解读得五花八门。

朱熹《论语集注》引程子曰："圣人设教，非不欲人家喻而户晓也，然不能使之知，但能使之由之尔。若曰圣人不使民知，则是后世朝四暮三之术（使用骗术欺骗人）也，岂圣人之心乎？"即圣人建立的教义，并不是不想要人人都明白，但是，如果不能让人懂得全部道理，就只能让人跟着做就是。如果说圣人是不想让人明白，那就是后世那些玩弄骗人之术的人所干的事，这哪里是圣人的意思呢？

什么是"朝四暮三之术"？《庄子·齐物论》："狙（[jū]，猕猴）公赋芧（[xù]，栗子），曰：'朝三而暮四。'众狙皆怒。曰：'然则朝四而暮三。'众狙皆悦。"意思是说，有一个养猴人喂猴子吃栗子，他对群猴说："早上给你们三升，晚上给你们四升。"这些猴子很生气。养猴人又说："那就早上给你们四升,晚上给你们三升。"这些猴子听了,都很开心。这个故事是讲养猴人以骗术来欺骗猴子,后来,朝四而暮三便指用骗术或手段欺骗人。此处用"朝四暮三之术"来形容玩弄手段,欺骗、愚弄百姓之人,可谓入木三分。

## 8.10

子曰:"好勇疾贫,乱也❶。人而不仁,疾之已甚,乱也❷。"

**【译文】**

孔子说:"一个人假如好勇斗狠又厌恶贫穷,就会制造祸端。一个人如果不仁,对这样的人憎恶太过,也同样会制造祸端。"

**【释读】**

❶ **好勇** 喜欢逞血气之勇,好勇斗狠。
**疾贫** 疾,在此为动词,厌恶,讨厌,憎恨,厌恶贫穷,厌恶贫困。
**乱** 生乱,闯祸,制造动乱。厌恶贫穷又好勇斗狠,就一定会尽力去改变现状,进而铤而走险,制造祸端。

❷ **已甚** 太过,太过分,走到极端。

**【读后】**

朱熹《论语集注》:"好勇而不安分,则必作乱。恶[wù]不仁之人而使之无所容,则必致乱。二者之心,善恶虽殊,然其生乱则一也。"一个人好勇斗狠又不安分守己,就一定会制造祸端。憎恶不仁的人,而使不仁之人走投无路,不为世人所容,就一定会导致祸乱。两者的出发点,虽然善恶有别,但他们制造祸乱的结果却是一样的。朱熹这段话是对本章的最好解读。

当我们面对不仁之人时,如果我们采取极端的行为,其后果与行恶无异。这就是孔子要告诉我们的道理。以暴制暴,以牙还牙,未必是最佳的选择,至少,从道德选择上,孔子不提倡这样。

## 8.11

子曰:"如有周公之才之美❶,使骄且吝[lìn]❷,其余不足观也已。"

**【译文】**

孔子说:"如果有周公那样的才华和美德,但恃才凌人而又不以自己的才华帮助他人,那纵有再好的才德也不值一看了。"

**【释读】**

❶ **之才之美** 即才、美,才能,美德。一说"才能的美妙"或"美好的才华""美丽才华"。不从。

❷ **使** 假使,假如。
**骄且吝** 骄,恃才凌人。吝,吝啬。钱穆《论语新解》:"吝者,私其才不以及人。"把自己的才华隐藏起来,而不施展出来帮助别人。

**【读后】**

周公之才之美是什么样的?《韩诗外传》卷三有一段被称为中国第一部家训的精彩文字:"成王封伯禽于鲁,周公诫之曰:'往矣!子无以鲁国骄士。吾,文王之子,武王之弟,成王之叔父也,又相天下,吾于天下亦不轻矣。然一沐三握发,一饭三吐哺([bǔ],咀嚼着的食物),犹恐失天下之士。"

意思是,周成王把鲁国分封给伯禽,周公告诫伯禽说:"去了鲁国,你不能因为是鲁国之君而怠慢了贤德之人。我,周文王的儿子,周武王的弟弟,周成王的叔父,如今还辅佐天子管理天下,我对于天下之人来说,也不算无足轻重了吧。但是,为接待客人,我尚且洗一次头三次绾起头发,吃一顿饭三次吐出正在吃的饭食。就这样,还担心失去天下的贤德之人。"这就是"周公之才之美"。

## 8.12

子曰:"三年学,不至于穀❶,不易得也。"

## 译文

孔子说："读了多年的书，还没有去做官的念头（打算），这是难能可贵的。"

## 释读

① **穀**，古代以穀米作为俸禄，转指"从政为官"。本章中，意为"做官的念头或打算"。谷、穀本为两字，今二字合一，把"穀"简化为"谷"，于是造成意思上的混乱。

甲骨文"谷"为会意字，上半部象溪流出自山涧流入平原之状，下面"口"表谷口。本义为两山之间的水流。（图8.12-1）《淮南子·说山》："江河所以能长百谷者，能下之也。夫惟能下之，是以能上之。"（长江黄河之所以能够成为百谷之长，是因为它能居于百谷之下。也正因为江河能居其下位，所以也才能大于百川。）许慎《说文》："谷，泉之通川为谷。从水半现，出于口。"一说，两山分处是为谷，口为谷口（李孝定）。从本义引申指两山中间的低洼地，再由两山之间的低洼地引申比喻困难，如"进退维谷"，意为无论是进还是退，都处于困境之中。形容处境艰难，进退两难。

穀，形声字，甲骨文无此字，出现于战国时期。庄稼、粮食的总称，从禾，其余为声部。（图8.12-2）郑注："穀，所以养人。"引申为食物、供养，生，通假"禄""告"，今简化为"谷"。许慎《说文》："穀，百穀之总名。"《宪问篇》14.1："邦有道，穀；邦无道，穀，耻也。"文中"穀"即指做官拿俸禄。

图8.12-1

图8.12-2

## 读后

朱熹《论语集注》："为学之久，而不求禄，如此之人，不易得也。"朱熹解读说，孔子的意思是，读了很久的书，却不追求官禄，这样的人，不容易遇到。

从古至今，读书或是为了谋求一个职位、一个"饭碗"，或是为了改变自己的命运，冲破自身的阶层，读书成为一个跳板，一把开启命运之门的钥匙。"书中自有黄金屋，书中自有颜如玉。""万般皆下品，唯有读书高。"这些观念深深根植于国人的观念之中。因此，读书被赋予了浓厚的功利色彩，于是，三年学而不至于穀，更为难得。

## 8.13

子曰："笃信好学，守死善道❶。危邦不入，乱邦不居❷。天下有道则见［xiàn］，无道则隐❸。邦有道，贫且贱焉，耻也；邦无道，富且贵焉，耻也。"

**【译文】**

孔子说："有坚定的信念而又刻苦学习，有誓死守道的决心而又很好地依道而行。危机四伏的国家不要进入，动荡混乱的国家不要居留。世道清明太平就施展才华，世道混乱动荡就隐退不仕。国家政治清明，却贫困卑贱，这是耻辱；国家政治黑暗，却大富大贵，这也是耻辱。"

**【释读】**

❶ **笃信** 笃，坚固，坚定。信，信念，信仰。
**好学** 刻苦学习，努力学习，发愤学习。
**守死** 坚守信念、真理，一直到死。
**善道** 依道而行，这句话是说，顺正道而行，坚定不移依道而行。钱穆《论语新解》："善道者，求所以善明此道，善行此道。"善道，就是探索真理、践行真理。一说，"善道"即真理、正道，或好的思想主张。似与前文不恰。

朱熹《论语集注》："笃，厚而力也。不笃信，则不能好学；然笃信而不好学，则所信或非其正。不守死，则不能以善其道；然守死而不足以善其道，则亦徒死而已。盖守死者笃信之效，善道者好学之功。"（笃，就是深厚而坚定不移。不具备坚定不移的精神，就不能去刻苦学习；但是，只有坚定的信念，却不刻苦学习，那么，所坚信的就有可能并非正道。不具备誓死守道的决心，就不能很好地依道而行，那么也只是白白丧命而已。这大概就是，誓死守道是坚守信念的基础或结果，而很好地依道而行是刻苦学习的结果。即，坚守信念是守死的前提，刻苦学习是很好地依道而行的前提。）只是笃信而不好学，可能滑入迷信荒唐；只是好学而无信仰，便会迷茫，也不会长久。只是守死而不善道，那是白白送死；只是善道而无誓死守道的精神，也终不能善道。

❷ **危邦** 危机四伏的国家。

泰伯篇第八　311

**乱邦** 动荡混乱的国家。

《大戴礼记·盛德》："官属不理，分职不明，法政不一，百事失纪，曰乱也……地宜不殖，财物不蕃，万民饥寒，教训失道，风俗淫僻，百姓流亡，人民散败，曰危也。"（官员归属无条理，不明确职责，政策法规不统一，做事没有头绪，这叫乱……土地好却种不出庄稼，物质财富不增长，百姓受饥寒，教育迷失方向，世风败坏，老百姓流离失所，人心离散而无信仰，这叫危。）

❸ **见** 同"现"，出现，此指施展自己的才华。

## 【读后】

这一章到底在讲什么呢？钱穆《论语新解》对本章解读中有一段话，可以启发我们："合本章通体观之，一切皆求所以善其道而已。可以富贵，可以贫贱，可以死，可以不死，其间皆须学。而非信之笃，则亦鲜有能尽乎其善者。"钱穆的意思是说，纵观本章全文，就在讲"善道"二字。你可以富贵，可以贫贱，可以死，可以不死，这都须刻苦学习，然而刻苦学习又需要有坚定的信念，没有坚定的信念，最终也不能刻苦学习，也就很少有能走好正道的。

刘宝楠《论语正义》说："修身即是尽道，亦即是'善道'……盖言'不入''不居'云云，皆言善道之事。"学习便是修身，修身便是行道，也便是依道而行。而"不入""不居"等行为，都是在说依道而行。

从以上引述我们能得到本章的思路：人要有坚定的信念、信仰，但光有信念、信仰而不学习，你便容易迷信、迷惑，便会迷失方向，所以除了有坚定的信念、信仰，还得不断地刻苦学习，不断提高自身修养，在此基础上，也才能誓死守道，践行正道，也才能危邦不入，乱邦不居。邦有道则大展才华，邦无道，不同流合污，你才能够在国泰民安的盛世，把握机遇；在动乱黑暗的时代，守住底线。因此，这一章的核心是：笃信好学，守死善道。

需要指出的是，孔子的"无道则隐"绝不是贪生怕死、油滑世故的懦夫哲学，而是告诉我们，在黑暗混世之中，不与世俗相俯仰，以保持自己高洁的人格。孔子是坚定的，"知其不可而为之"；孔子又是务实的，"有道则见，无道则隐"，既勇于斗争，更善于斗争。如此，修身，行道，死而后已。

## 8.14 子曰："不在其位，不谋其政❶。"

**【译文】**

孔子说："不在那个职位上，不去过问那个职位的事。"

**【释读】**

❶ **其** 那，那个。非泛指，而是专指"位""政"。如果泛指，则表述为"不在位，不谋政。"《易·艮［gèn］》象曰："兼山（上艮下艮，两山叠峙，是谓之兼山。），艮。君子以思不出其位。"思，谓考虑事情。位，所处之分。一方面指职限、本位、本分，同时也是指"时位"，即时机环境。君子因此度虑谋事不超越职限。一个人考虑事情，做决策，要在自己力所能及的范围内。本分、本位既是不越位，不超越本分，也是不超越自己的能力，更要考虑天时地利环境等因素，所谓天时地利人和。《孟子·万章下》："位卑而言高，罪也。"（地位卑下而谈论上位之事，这是罪过。）钱穆《论语新解》译文："不在此职位上，即不谋此职位上的事。"

**【读后】**

我们总是活在两难之中。一方面，我们要恪［kè］守不在其位，不谋其政，思不出其位的古训，休谈国事，明哲保身。《诗经·大雅·烝民》："既明且哲，以保其身。"另一方面，又要具有天下兴亡，匹夫有责，位卑未敢忘忧国的忧国忧民的民族大义和情怀。于是，要么渐渐麻木不仁，事不关己，高高挂起；要么慷慨激昂，以天下为己任，赴汤蹈火，死而后已。

孰是孰非，至今无解。很多人强行引导，却终究难免空泛无力。不如不解，各自造化。

## 8.15 孔子曰："师挚［zhì］之始❶，《关雎》之乱❷，洋洋乎盈耳哉❸！"

【译文】

孔子说:"从太师挚演奏乐曲开始,直到最后演奏《关雎》之乐,汪洋恣肆,美妙绝伦,不绝于耳。"

【释读】

❶ **师挚**[zhì] 鲁国的太师(乐官之长),名挚。

**始** 杨伯峻《论语译注》本章注释:"始"是乐曲的开端,古代奏乐,开始叫作"升歌",一般由太师演奏。师挚是鲁国的太师,名挚,由他演奏,所以说"师挚之始"。

❷ **乱** 乐曲的结束。由"始"到"乱",叫作"一成"。"乱"是"合乐",如同当今的合唱。合乐时,奏《关雎》的乐章,叫作"《关雎》之乱"。甲骨文无"乱"字,"乱"字最早出现于西周金文,会意字,象上下两只手持工具理顺乱丝。到战国时,在其右加"乙"旁,此后一直保留此种结构。(图8.15-1)楷书"乱"字的繁体字为"亂",完全保留了初字结构,后简化为"乱",也就看不出初字的结构了。本义为理丝和丝乱。这在古汉语中为独特的现象,叫"正反同词"。许慎《说文》:"乱,治也。"后由理丝引申为治理,由丝乱引申为混乱。后再引申为辞赋最后一段总括的话。朱熹诗:"临风一长啸,乱以归来篇。"《楚辞·离骚》:"乱曰:已矣哉!国无人,莫我知兮,又何怀乎故都!"

图8.15-1

❸ **洋洋乎** 形容乐曲优美盛大的样子。

**盈耳** 充满双耳。盈,动词,充盈,充满。

【读后】

这好像是孔子去听一场规模宏大的音乐会之后,整个身心依然沉浸在音乐之中,而情不自禁发出的一声感叹。孔子再一次想起他的理念:"兴于《诗》,立于礼,成于乐。"音乐的作用,不是一般的教条理论可以替代的,其重要程度再一次得到验证,音乐会结束很久,孔子依然激动不已,无法平静,师挚演奏的和风细雨,《关雎》的恢宏浩大,让孔子深深陶醉。

## 8.16

子曰:"狂而不直❶,侗[tóng]而不愿❷,悾[kōng]悾而不信❸,吾不知之矣。"

**【译文】**

孔子说:"狂妄而不正直,无知而不老实,无能而不信实可靠,这样的人,我就搞不懂了(不知道该怎么办了)。"

**【释读】**

❶ **狂而不直** 狂,轻狂,狂妄。直,直率,正直。

❷ **侗而不愿** 侗,幼稚,无知。愿,老实,厚道。

❸ **悾悾而不信** 悾悾,平庸,无能,愚蠢。信,诚实,信实,信用。

**【读后】**

遇到这样的人,孔子很无奈。其实,纵然是上帝,面对这样的人,大概也同样束手无策。所以,李泽厚《论语今读》本章【记】也说:"因后者或可补前者之失,二项皆失,不好办了。经验之谈,亦现象分析,今日似仍有效。"

## 8.17

子曰:"学如不及❶,犹恐失之❷。"

**【译文】**

孔子说:"学习就好像总是追赶不上一样,即使追赶上了,却又生怕失去它。"

【释读】

❶ **如** 好像。
**不及** 追不上，赶不上。

❷ **犹恐失之** 犹，还。恐，怕，害怕，担心。失之，失去它，失去所学到的知识学问。

【读后】

孔子在这里其实是在说学习态度或心态。

孔子一生学而不厌，"发愤忘食，乐以忘忧，不知老之将至"，那是因为"吾生也有涯，而知也无涯"，是因为胸怀苍生，"为天地立心，为生民立命，为往圣继绝学，为万世开太平"的崇高而漫长的使命，因为"仁以为己任，不亦重乎？死而后已，不亦远乎？"的任重道远的悲壮情怀。

子曰："巍巍乎，舜禹之有天下也而不与焉❶！" 8.18

【译文】

孔子说："多么崇高伟大啊！舜、禹虽拥有天下，却不把天下据为己有，不追求个人私利。"

【释读】

❶ **巍巍** 此处意为崇高而伟大。朱熹《论语集注》："巍巍，高大之貌。"（巍巍，高大的样子。）
**不与** 与，此义古读 [yù]，参与，关联。指舜、禹虽管理、统治天下，却不参与分享四海的好处，也即是无个人私利追求。

【读后】

老子《道德经》："太上，不知有之；其次，亲而誉之；其次，畏之；其次，侮之。信不足焉，有不信焉。"意思是，最好的君王，是老百姓不知道他的存在；其次，老百姓亲近他、赞美（称颂）他；再次，老百姓畏惧他；更次，老百姓轻侮他。统治者没有足够的诚信，老百姓自然就对他缺少信任。

舜和禹，受天下之祸而不享天下之福；担天下之责而不享天下之利；任天下之重而不专天下之权。这，才是真正的崇高传大。孔子盛赞舜禹之美德，便是对当时政治的评判与抨击，态度坚决而肯定。

## 8.19

子曰："大哉尧之为君也❶！巍巍乎，唯天为大，唯尧则之❷。荡荡乎，民无能名焉❸。巍巍乎，其有成功也❹；焕乎，其有文章❺！"

【译文】

孔子说："真是伟大啊，尧作为一代君王！高远浩瀚啊，只有上天无限广阔，只有尧能效法天道！浩渺无垠啊，百姓不知道该如何去赞美他！无上崇高啊，他的丰功伟绩；光辉灿烂啊，他所创立的典章制度！"

【释读】

❶ **大哉尧之为君也**　此为倒装句，即尧之为君也大哉，强调其大，故将谓语"大"提前。

❷ **巍巍**　高大的样子，上一讲出现过。此处指高远浩瀚。
**唯天为大**　只有上天是无边无际的。
**唯尧则之**　则，动词，效法，遵循。只有尧能去效法上天，遵循上天的规律。

❸ **荡荡**　浩渺无垠，广阔无涯。
**名**　此处为称颂，赞美。

泰伯篇第八　317

❹ **成功** 功绩，功业。

❺ **焕** 光辉灿烂，色彩斑斓。
**文章** 礼乐典章制度。一说创立的文明。

▎**读后**▎

　　细品本章，其实是孔子的一首赞美诗。孔子怀着满心的崇敬与景仰，歌颂天之高远，歌颂尧之伟大，歌颂丰功伟绩，歌颂灿烂文明。

　　这是一种虔诚的崇敬与景仰，这是一个朝圣者对圣人的恭慕与讴歌。我们不必刻意去挖掘其深刻的内涵，不必去理性而无趣地阐释其思想脉络，我们且尽情沐浴在有如贝多芬第九交响乐"大合唱"的圣洁而虔诚、宏大而壮阔的礼赞之中吧。

## 8.20

　　舜有臣五人而天下治❶。武王❷曰："予有乱臣十人❸。"孔子曰："才难，不其然乎❹？唐虞［yú］之际，于斯为盛❺。有妇人焉，九人而已❻。三分天下有其二，以服事殷❼。周之德，其可谓至德也已矣。"

▎**译文**▎

　　舜有五位贤臣便使天下大治。周武王说："我有十位善于治国的贤臣。"孔子说："人才难得，不是这样吗？唐尧虞舜之时，人才济济。周武王有十位贤臣，但有一位是妇女，所以也就只有九位贤臣而已。周文王拥有三分之二的天下，却仍然称臣侍奉殷商。周朝的大德，可以说是至高无上啊。"

▎**释读**▎

❶ **有臣五人** 有五个贤臣。舜有五个贤臣而天下治。禹、稷［jì］、契［xiè］、皋陶［gāo yáo］、伯益。大禹治水。后稷播五谷，管农业。契布五常之教，父义、母慈、兄友、弟恭、子孝。皋陶掌管刑狱。伯益掌管山泽。有此五人，舜想要做的，都由这五个人去执行，使得天下之人都心归于舜，而天下大治。

**治**　大治，太平。

❷ **武王**　周武王。姓姬，名发，继承文王遗志，率军东征，牧野之战取得决定性胜利，灭商兴周，建立西周王朝。

❸ **乱臣十人**　"乱"字在本篇8.15"《关雎》之乱"一句释读时，曾作详解。本章之"乱"意为治理。"乱臣"指善于理政、善于治理国家的大臣。乱臣十人，周公旦、召［sháo］公奭［shì］、太公望、毕公、荣公、太颠、闳［hóng］夭、散宜生、南公适［kuò］、邑姜。

周公姬旦，武王的弟弟，也是武王最重要的助手。武王去世后，又为成王的辅政大臣、周朝的实际执政，他制定的礼仪制度奠定了中华文明的基础。

召公奭，召公的弟弟，在武王时代，周公为太师，召公为太保，一左一右，辅佐武王。武王去世后，他坚定地支持周公执政，为稳定周朝立下功勋。

太公望，就是家喻户晓的姜太公。

毕公，也是周公的弟弟。辅佐周武王，在灭殷的战争中立下战功。武王去世后，又辅佐成王。成王去世，又作为顾命大臣辅佐康王。在毕公等人的辅佐下，成王、康王时期，天下安定四十多年没有使用过刑罚，史称"成康之治"。

荣公，也是与武王同辈的姬姓贵族，文王时期就在朝任事。

太颠、闳夭、散宜生、南宫适，史称"文王四友"，是周文王留给武王的重臣。

还有一个是文母。文母是位女性，所以孔子说"有妇人焉，九人而已"。那么，这个"文母"又是谁呢？主要有两种说法：一说是武王的母亲，也就是文王的夫人太姒［sì］；一说是武王的妻子邑姜。朱熹说："九人治外，邑姜治内。"他认为"文母"应该是邑姜，姜太公的女儿，成王之母。因为文母也是武王的臣子之一，那就不应该是他的母亲。

❹ **才难**　人才难得。
**不其然乎**　然，如此，这样。不是这样吗？

❺ **唐虞之际**　唐虞，唐，尧的国号；虞，舜的国号。际，时期，时候。
**斯**　代词，这。在此指人才。

❻ **九人** 言武王称自己有十位善于治国的贤臣，孔子纠正说，其实只有九位，因为还有一位女人，古时候女性不正式参政。

❼ **三分天下有其二** 相传当时天下分为九州岛，文王得六州，占三分之二。
**服事** 侍奉，称臣侍奉。

**【读后】**

在本篇8.1，孔子说："泰伯，其可谓至德也已矣。"

周朝祖先古公亶父有三个儿子，长子泰伯，次子仲雍，三子季历（周文王姬昌之父），泰伯让出王位给季历，才有了文王、武王，才有了彬彬之盛的周王朝。因此，孔子盛赞泰伯"至德"。本章再言"周之德，其可谓至德也已矣"，由赞人到赞国，有至德之人，才有至德之国。文王虽三分天下有其二，却并未自立为王，而是继续称臣侍奉殷商；武王灭纣兴周，而成就"郁郁乎文哉"之盛世。无至德，难以有八百年之盛。

孔子盛赞尧舜文武得贤臣而天下大治，其实是在强调，要治理好一个国家，要振兴民族文化，人才是最重要的。而最终的落脚点："周之德，其可谓至德也已矣。"欲得人才，先修其德。无至德，也留不住人才。

孔子是在给礼崩乐坏的乱世开药方。

## 8.21

子曰："禹，吾无间［jiàn］然矣❶。菲［fěi］饮食而致孝乎鬼神❷，恶［è］衣服而致美乎黻［fú］冕［miǎn］❸，卑宫室而尽力乎沟洫［xù］❹。禹，吾无间［jiàn］然矣。"

**【译文】**

孔子说："对大禹，我无可挑剔了。吃的饮食粗陋，而祭祀鬼神却虔诚恭敬，祭品丰盛；穿的衣服粗糙，而祭祀时的祭服却很华美；住的居室低矮狭小，而尽心竭力为百姓整修沟渠。对大禹，我无可挑剔了。"

## 释读

閒 閁 閒

图8.21-1

❶ 间　在本文中，读为［jiàn］，指挑剔、批评、非议。间，繁体字为"閒"，本为"閒"字的俗字，閒，按李学勤《字源》，此字最早出现于西周，会意字，门有间隙，从门内可以看到月光之意。本义指缝隙。（图8.21-1）许慎《说文》："閒，隙［xì］（隙）也。"徐锴《系传》："夫门当夜闭，闭而见月光，是有间隙也。"段玉裁《注》："（从门月），会意也。门开而月入，门有缝而月光可入，皆其意也。"《王力古汉语字典》：间，由门缝引申为空隙，引申为人与人之间有隔阂、嫌隙，引申为钻空子、间隔、离间。作副词时，意为秘密地；用作名词时，指侦探敌情的人、侦探、间谍。其他义项有参与、交错、不同等。以上意义，皆读为［jiàn］。读［jiān］音时，为中间；作副词时，为近来、一会儿；也作量词。以上两义，后简化为"间"。读［xián］音时，为閒暇，无关紧要的。此意后简化为"闲"。

❷ 菲　有两读，读［fēi］时，形容花草美、香味浓。读［fěi］时，本义为萝卜一类的菜。后指菲薄、不丰盛。本文中为形容词用作动词，"饮食"为"菲"的宾语。"恶衣服""卑宫室"结构同此。

❸ 黻　祭祀时穿的礼服。
   冕　古代大夫以上的人所戴的帽子叫冕，后来专指帝王戴的帽子。本文中指祭祀时戴的帽子。

❹ 洫　田间的水道，沟洫指水沟、水渠，泛指田间水渠、水利工程。史载大禹治水，使民安居乐业。

## 读后

我们经常听到"全心全意为人民服务"这句话，什么意思？读了本章，我们也就知道了，大禹便真做到了。

斯文也天之未喪斯文也匡人其如予何太
宰問於子貢曰夫子聖者與何其多能也子
貢曰固天縱之將聖又多能也子聞之曰太
知我乎吾少也賤故多能鄙事君子多乎
哉不多也牢曰子云吾不試故藝子曰吾有
知乎無知也有鄙夫問於我空空如

## 子罕篇第九

子罕言利與命與仁達巷黨人曰大哉孔子博學而無所成名子聞之謂門弟子曰吾何執執御乎執射乎吾執御矣子曰麻冕禮也今也純儉吾從眾拜下禮也今拜乎上泰也雖違眾吾從下子絕四毋意毋必毋固毋我子畏於匡曰文王既沒文不

## 子罕言利与命与仁❶。

9.1

**【译文】**

孔子很少谈论利、命和仁。

**【释读】**

❶ **罕言** 很少谈论，很少说到。杨伯峻认为，《论语》一书，讲"利"的有六次，讲"命"的有八九次，若以孔子全部语言而论，可能还算少的。而《论语》中虽讲"仁"最多，但一方面，多半是和别人问答之词，另一方面，"仁"又是孔门的最高道德标准，正因为少谈，孔子偶一谈到，便有记载。不能以记载得多便推论孔子谈得也多，诸家之说未免对于《论语》一书过于拘泥，恐怕不与当时事实相符，所以不取。（详见杨伯峻《论语译注》本章注释。）朱熹《论语集注》引程子（颐）曰："计利则害义，命之理微，仁之道大，皆夫子所罕言之。"（计较利益就会伤害道义，命的规律深奥微妙，仁的内涵广大高远，都是孔夫子很少谈及的。）黄怀信《论语新校释》：此章说孔子为人。"君子喻于义，小人喻于利"，故罕言利；"死生有命，富贵在天"，故罕言命；不以仁者自许，故罕言仁，谦也。《述而》："若圣与仁，则吾岂敢？"

**【读后】**

**利**

《里仁篇》4.16：子曰："君子喻于义，小人喻于利。"《子路篇》13.17：子曰："无欲速，无见小利。欲速，则不达；见小利，则大事不成。"《史记·货殖列传》："故曰：'天下熙熙，皆为利来；无下攘攘，皆为利往。"天下纷纷扰扰，熙熙攘攘，一切为利而来，为利而去。禅门中人说："世人慌慌张张，不过图碎银几两。"

孔子言"利"，总是和"小人"连在一起。在孔子思想体系中，"仁、义、礼、智、信"，没有"利"的位置。程树德《论语集释》引《集解》："利者，义之和也。命者，天之命也。仁者，行之盛也。寡能及之，故希言也。"利，义的总和；命，天命；仁，人的至高道德境界。因为很少有人能做到，所以孔子很少谈及。崇尚功利、利益，如果不以"义"为前提，如果缺失诚信和"礼"的约束，容易导致道德沦丧，唯利是图，社会价值必将崩溃。

### 命

孔子在《论语》中第一次谈到"命"，是在《为政篇》2.4章，"五十而知天命"。对天命、命运之类，孔子很少谈及，更没有正面的解答，因为，"中人以上，可以语上也；中人以下，不可以语上也"（《雍也篇》6.21）。宇宙深邃而神奇，命运扑朔而迷离，高深而微妙，谈论命，更易让人迷惑。

### 仁

按杨伯峻统计，《论语》言"仁"一百零九次。这也是很多学人肯定地认为孔子并不罕言仁的证据。

"仁"在儒学中，是最高的道德境界，是极大的使命感与责任感。因此，在谈论"仁"时，孔子要么回答"不知"，要么引导弟子从小事做起，从身边的事做起，由己及人，由此及彼，而不是去空谈、妄谈。

利是人最基本的需求，但如果有人将其视为追求的终极目标，那便是孔子眼里的"小人"、胸无大志之人；命神秘深奥，是人与天的对话与互动，人总是既领天命，又竭尽全力突破天命之边际，这更多的是行动与抗争；仁是至高至远之大德，却又需要由己及人，由近及远。求仁之路，漫长而悠远。"士不可不弘毅，任重而道远。仁以为己任，不亦重乎？死而后已，不亦远乎？"怎么能轻言"仁"！

## 9.2

达巷党人[1]曰："大哉孔子！博学而无所成名[2]。"子闻之，谓门弟子曰："吾何执？执御乎？执射乎？吾执御矣[3]。"

**[译文]**

达巷这个地方的人说："多么伟大啊，孔子！博学多知，无法用某一项专长去赞誉他。"孔子听说后，对他的弟子说："我去做点什么呢？去驾车？去射箭？我还是去驾车吧。"

子罕篇第九　325

[释读]

❶ **达巷党人** 即达巷这个地方的人。泛指。达巷，地名。

❷ **博** 广大。是说孔子之学广博精深，博学多知，而不能用哪一个具体方面去称赞他。

**无所成名** 即像尧的大德广阔无边，老百姓都不知道怎么去称颂他一样。钱穆《论语新解》："言其不可以一艺称美之。孔子博学，而融会成体，如八音和为一乐，不得仍以八音之一名之。"（八音：金、石、丝、竹、匏［páo］、土、革、木八种不同材质制造的乐器。——引者注）

❸ **执** 繁体字为"執"，甲骨文"执"从人，从幸，幸为刑具，枷锁。字象一人双手被枷锁锁住之形。（图9.2-1）本义是捕捉罪人。许慎《说文》："执，捕罪人也。"引申为持、拿，又引申为掌握、掌管、主持、控制、施行、坚持、固执。由"持、拿"引申为持、拿的东西，即凭据，如"回执"。在本章意为"专门从事""专门去做"。

图9.2-1

[读后]

孔子听到有人说他博学多知，都不知道说他是哪一项的专家，或者说，不知道称赞他哪一项具体技能才好。所以，他调侃地说，那还是去做一项具体的事吧，但是，是去驾车呢，还是去射箭呢？好吧，那还是去驾车吧。轻松幽默，却不反驳，从中可以感受到孔子胸怀广大，至于化境，而不与人争辩，也不必做更多的解释。

"气傲皆因经历少，心平只为折磨多。"何况是博学多知的孔子呢。《雍也篇》6.13：子谓子夏曰："女为君子儒！无为小人儒！"《卫灵公篇》15.32："君子忧道不忧贫。"孔子所追求的，实在于此。跳出功利及眼前利益，追求至高至远的理想。

这才是孔子，一个专注于自己的崇高使命、"谋道不谋食"、不在意快速掌握某一项实用技能去谋取眼前利益的圣者。

## 9.3

子曰："麻冕，礼也❶；今也纯，俭，吾从众❷。拜下，礼也；今拜乎上，泰也❸。虽违众，吾从下。"

**【译文】**

孔子说："用麻布制作礼帽，这是合乎礼制的；现在改用黑丝制作礼帽，这更节俭，我认同大家的做法。臣子拜见君主，先在堂下行跪拜之礼，这是合乎礼制的；现在都只在升堂后跪拜，这是骄纵之举。虽然跟众人不同，但我还是坚持先在堂下行跪拜之礼。"

**【释读】**

❶ **冕** 本指大夫以上身份的人戴的礼帽，后专指帝王所戴的帽子。此处指祭祀时所戴礼帽。"麻冕"指用麻布制作的礼帽。

**礼也** 这是符合礼制的。用麻布制作的礼帽，合乎礼制。

❷ **纯** 黑色的丝，此处用作动词，用黑丝制作礼帽。

❸ **拜下** 拜于下，拜于堂下。臣子见君主，臣子对君主行礼，先在堂下跪拜，然后升堂再跪拜。

**泰** 一为过，过分，引申为骄纵、极、最。二是《易》卦名，为上下交通之象，引申为平安。本文"泰"指骄纵。

**【读后】**

朱熹《论语集注》引程子（颐）曰："君子处世，事之无害于义者，从俗可也；害于义，则不可从也。"意思是，君子处世，一件事情如果不违道义，那就顺应潮流；如果害于道义，那么就不再迎合大众、顺应潮流。

无害于道义的，顺应潮流，不固执己见；害于道义的，坚持道义，决不妥协，虽违众而成为孤家寡人，也毫不退让。孔子并非是一个顽固的复古主义者，他有所坚持，却又与时俱进，顺应潮流。坚持什么，又在什么问题上与时俱进？这才是关键所在。

子绝四❶：毋［wú］意，毋必，毋固，毋我❷。　　9.4

**〖译文〗**

孔子戒绝四种行为：不主观臆测；不武断绝对；不一意孤行；不自以为是。

**〖释读〗**

❶ **子绝四**　孔子戒绝四种行为。绝，甲骨文"绝"，字象丝被刀割断之形，本义是断丝。许慎《说文》："绝，断丝也。古文绝象不连体，绝二丝。"（图9.4-1）但在甲骨文中，还有另一字表示"绝"，这就是"绍"。甲骨文"绍"，从糸，从刀，会以刀断糸之意。（图9.4-2）绝，断，不再延续；尽，不再存有。

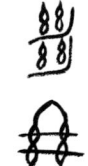

图9.4-1

❷ **毋意**　即"毋测未至"，不凭空臆测、推测，不凭空臆想，不生妄想。毋，音［wú］，无，不，不要。
**毋必**　不武断肯定，不绝对肯定，避免绝对化。不独断，不囿于规律必然性。
**毋固**　不固执不化、固执拘泥。不执着。
**毋我**　不自以为是、以自我为中心。不自我，不我执。

图9.4-2

**〖读后〗**

这好像是专门给领导、老板们提出来的四条行为准则。普通人最多影响到个人或者身边最近的人，对集体、大局不构成威胁；而身居高位或能带动一种思想潮流的人，如不禁绝这四种行为，那问题就大了。

主观臆测，冥顽不化，一意孤行，唯我独尊，这些看似寻常的行为，却可能是决定生死的关键所在，不可不重视。

子畏于匡❶，曰："文王既没［mò］，文不在兹［zī］乎❷？天之将丧［sàng］斯文也，后死者不得与于斯文也❸；天之未丧［sàng］斯　　9.5

文也，匡人其如予何❹？"

**【译文】**

孔子被匡人围困，孔子说："周文王死后，周朝的文化传统（文化遗产）不是在我这里吗？如果上天是要灭掉这个文化传统（文化遗产），我就不能继承、传播、发扬这种文化传统（文化遗产）了；如果上天不让这个文化传统（文化遗产）消失，那匡人又能把我怎么样呢？"

**【释读】**

❶ **子畏于匡** 即孔子被围困在匡，孔子被围困在匡这个地方。《史记·孔子世家》记载，孔子离开卫国，准备到陈国去，经过匡。匡人曾遭受鲁国阳货迫害，而孔子的相貌很像阳货，于是"拘焉五日"。畏，通"围"，围也是广义的"拘"，即囚禁。

❷ **文不在兹乎** 文王死后，其典籍制度文化遗产不都在我这里吗？兹，此，指孔子自身。

❸ **天之将丧斯文也** "之"是起语法结构作用的词，把原来的独立句子"天将丧斯文"变成一个不独立的分句。上天如果要让这种文化（文明，文化传统）消失的话。斯文，斯，这，这个，这种，指示代词；文，典籍制度等传统文明，传统文化，与今之"斯文"不同。今天所说"斯文"指有涵养、有礼貌、有教养、优雅的、文质彬彬的。

❹ **匡人其如予何** 匡人又能把我怎么样呢。其，语气词，加强语气作用。如……何，把……怎么样。

**【读后】**

在人生最危险的时候，孔子之所以有如此气势恢宏的自信，源于他所承载的文化，以及他所担当的历史使命，是那份舍我其谁的使命感给了他如此大无畏的

子罕篇第九 329

精神、如此地从容和如此地镇定。

太宰[1]问于子贡曰："夫子圣者与［yú］？何其多能也？"子贡曰："固天纵之将圣，又多能也[2]。"

子闻之，曰："太宰知我乎！吾少［shào］也贱，故多能鄙事[3]。君子多乎哉？不多也[4]。"

9.6

**【译文】**

太宰问子贡说："孔夫子是圣人吗？为什么这样多才多艺呢？"子贡回答说："老师本来就是上天派下来做圣人的（上天将让他成为圣人），又使他多才多艺的。"

孔子听说后，说："太宰了解我吗？我因为小时候出身贫寒，所以能做许多低贱的事。如果是一个出身优越、衣食无忧的君子，他能有这么多技艺吗？一定不会有这么多技艺的！"

**【释读】**

[1] **太宰** 古官名。殷代开始设置，掌管家务和家奴。西周沿用此职，掌管国君宫廷事务。但此处这位太宰是谁，已不可考。不可断言，故不译出。

[2] **固天纵之将圣** 固，本来。纵，释放，放纵，放下。天纵之将圣，上天将让他成为圣人（上天派来的圣人）。

[3] **鄙事** 鄙贱的事情，粗活。

[4] **君子多乎哉？不多也** 一个君子，会有这么多技能吗？不会这么多的。意思是，我从小地位卑贱，所以干了很多粗活、脏活、低贱的活。而那些衣食无忧的君子，因为地位优越，就不会干这类鄙贱之事了。所以，我看起来多能，实际上是因为我出身低微，为生活所迫，逼迫学习各种谋生的技艺，干些粗杂活。

【读后】

在孔子看来，他根本不是什么天纵之圣，他只是一个出身低微的穷人家的孩子。也正因为出身低微，所以从小受到生活的磨砺，生活使得他成长，也使他更为坚强，更为多能。"穷人的孩子早当家。"穷苦人家，家境贫寒，只能靠自己勤劳的双手去拼搏，因为这是唯一的活路。孔子3岁丧父，和母亲相依为命，其生活的艰辛可想而知。然而正是这样的生活，造就了一个有着坚韧不拔的意志、崇高的理想、远大的使命感而为理想孜孜以求的孔子。这正是"艰难困苦，玉汝于成"的深刻内涵（艰难困苦的磨炼，能使人成为大器之材，走向成功。）。

我们现代不少孩子，缺少的正是这样的磨砺，我们的父母们，缺少的正是让孩子吃苦的意识。看似优越的条件能让孩子顺利求学谋生，拥有幸福，甚至有人提出，"寒门出贵子"已不再是可能的事，能出贵子的家庭，必定不是寒门。

现在有的孩子，为什么心理承受能力很弱？只因缺少磨砺，缺少生活的历练，缺少有意识的坚强人格的塑造。

## 9.7 牢❶曰："子云，'吾不试，故艺❷。'"

【译文】

子牢说："孔子说，'我不被国家所用，所以多才多艺。'"

【释读】

❶ 牢　人名。何晏《集解》引郑玄说："牢，弟子子牢也。"但《史记·仲尼弟子列传》不载此人。暂从郑说。

❷ 不试　即不用，不被重用。何晏《集解》引郑玄说："试，用也。"

郑玄注："言孔子自云，我不见用，故多技艺。"郑玄的意思是，孔子说，因为我不被任用，所以多才多艺。

艺　繁体字为"藝"，后来在下部增繁加"云"成"藝"。甲骨文"藝"写作"埶"，象一跪姿的人双手捧草木种植之形。本义为栽种。（图9.7-1）

图9.7-1

许慎《说文》："埶，种也。"《诗经》："我艺黍稷。"此处指才艺、多才多艺。

**读后**

上一章，孔子说自己"少也贱，故多能鄙事"，本章说"吾不试，故艺"，不被国家所用，反而能多才多艺。我们该怎么去理解这句话？

孔子所谓"吾不试"，是指没有终生为官。从史料中我们已知，孔子在周游列国之前，曾做过仓库保管员（委吏）、管过牧场（乘田）、协助祭祀礼仪，做过中都宰、小司空，直至大司寇，并"行摄相事"，即司法部长兼国相助理。所以未说国家不用他，只是说没有一直重用他。

后来，由于"三桓"专权，孔子触碰到了"三桓"的利益，最后不得不离开鲁国，开始长达十四年的周游列国。

我们设想一下，如果孔子一直为官，会是什么样的结果？也许，我们再也看不到圣人孔子，再也读不到《论语》，没有儒学，没有几千年一以贯之的儒家思想，没有受儒学思想熏陶的中国人。

也许，因为"不试"，中国历史上少了一位优秀的政治家、军事家、外交家，少了一个可以改变历史的风云人物。然而，万幸的是，孔子没有去做政治家、军事家或外交家，而最终，却做了教育家，并进而成了思想家、哲学家、圣人。"天不生仲尼，万古如长夜。"没有孔子的中国，该是什么样的中国？

时代没有给孔子从政的机会，历史却选择了孔子。所以，什么叫机会？机会不是达成目标或实现理想的时机，而是逼迫你去成就自己的那一个未曾预想的契机。因此，做好眼前的事，做好手里的事，也许，就是最好的机会，哪怕你此时此刻就是一个乞丐，做好了，也能成为"丐帮帮主"。

我们仔细看看，很多成功，其实是逼出来的，是一种无奈之下的异军突起。

## 9.8

子曰："吾有知乎哉？无知也❶。有鄙夫问于我❷，空空如也❸。我叩其两端而竭焉❹。"

**译文**

孔子说："我有学问吗？没有学问。曾经有一个乡野村夫向我请教，我却茫然无知。我只能根据问题的原委、本末，尽力解答。"

【释读】

❶ 知　知识。

❷ 鄙夫　乡野村夫。

❸ 空空如也　我茫然无知啊。前一句说自己无知，本句举例说有一村夫来向我请教问题，我就茫然不知。

❹ 叩　询问，追问。
　 两端　问题的原委、本末。竭，尽力解答。朱熹《论语集注》："两端，犹言两头。言始终本末上下精粗，无所不尽。"（两端，如说两头。是说终始、本末、上下、精细，无所不尽。）李泽厚《论语今读》说朱熹没举"正反"两端，应补入。

【读后】

苏格拉底（苏格拉底比孔子晚出生八十多年）说："我比别人多知道的一点点，就是我知道我是无知的。"

我们不怕不知，怕的是不懂装懂。《列子·汤问》记载：

孔子东游，见两小儿辩斗，问其故。（"辩斗"一作"辩日"）
一儿曰："我以日始出时去人近，而日中时远也。"
一儿以日初出远，而日中时近也。
一儿曰："日初出大如车盖，及日中，则如盘盂，此不为远者小而近者大乎？"
一儿曰："日初出沧沧凉凉，及其日中如探汤，此不为近者热而远者凉乎？"
孔子不能决也。
两小儿笑曰："孰为汝多知乎？"

翻译过来就是：孔子到东方游历，途中遇见两个小孩在争辩，便问他们争辩的原因。

有一个小孩说："我认为太阳刚升起时距离人近，而到中午的时候距离人远。"

另一个小孩则认为太阳刚升起的时候距离人远，而到中午的时候距离人近。

一个小孩说："太阳刚升起的时候大得像一个车盖，等到正午就小得像一个盘子，这不是远处的看着小而近处的看着大吗？"

另一个小孩说："太阳刚升起的时候清凉而略带寒意，等到中午的时候像手伸进热水里一样热，这不是近的时候感觉热而远的时候感觉凉吗？"

孔子不能判断谁对谁错。

两个孩子笑着说："谁说你知识渊博呢？"

这则故事也是在说孔子的"无知"。但是，如果我们说孔子在这方面无知，那只是在说孔子不是天文学家，不是物理学家，或者其他的什么家，仅此而已。

## 9.9

子曰："凤鸟不至，河不出图，吾已矣夫❶！"

【译文】

孔子说："凤凰不飞来了，黄河也不再出现图画，我大概也快结束此生了吧！"

【释读】

❶ **凤鸟** 凤凰，《庄子·秋水》："夫鹓雏［yuān chú］，发于南海而飞于北海，非梧桐不止，非练实不食，非醴泉不饮。"鹓雏，就是凤凰。凤凰从南海出发，飞往北海，不是梧桐树它不栖息，不是竹子的果实它不吃，不是甘美的泉水它不饮用。凤凰在中国神话中是神鸟，是吉祥的象征，凤凰出现表示天下太平。传说在舜、周文王时代都出现过，它的出现，象征着圣王出世。孔子此言，是借此比喻当时天下无清明之望而已。甲骨文"凤"，独体象形，字象侧视的凤鸟。许慎《说文》："凤，神鸟也。"（图9.9-1）

图9.9-1

**河图不出** 黄河也不出现图画。相传圣人出现，开创圣明之世，黄河中会出现图画。

**已矣夫** 完了，结束了。

## 读后

据《韩诗外传》卷八记载：凤凰的形象，前半身像鸿鹄，后半身像麒麟，脖子像蛇，尾巴像鱼，身上有龙一样的花纹，身体长得像乌龟，下巴长得像燕子，嘴长得像鸡。它具备仁德，也具备忠义。小声叫时，声音像金钲[zhēng]，大声叫时，声音像鼓。当它伸长了脖子，张开翅膀时，羽毛五彩斑斓；声动八风，气应时雨；吃得有品质，喝水有讲究；当它离开时是文德的开始，当它到来时是美德的完成。只有凤凰能够跟上天的福禄沟通，能够跟土地的神灵应和；作为规范五音的准则，观察人的九德。当天下政治清明，能够同凤凰形象中的一种相合，那么凤凰就会经过那儿；能够同凤凰形象中的两种相合，凤凰就会在那儿盘旋；能够同凤凰形象中的三种相合，凤凰就会聚集在树；能够同凤凰形象中的四种相合，凤凰就在春天和秋天来到；能够同凤凰形象中的五种相合，凤凰就会终生住在那里。

东晋王嘉《拾遗记》："孔子相鲁之时，有神凤游集，至哀公之末，不复来翔。故云，凤鸟不至，可为悲也。"意思是，孔子助理相事之时，曾有神凤云集，到哀公末期，凤不再飞来。所以说，凤鸟不来了，这是可悲之事啊。

凤鸟不至，河不出图，也就意味着无圣明之君，大道不行，世风衰败。孔子自感生不逢时，无法施展才华、推行大道、实现抱负，于是感慨万端。这也从侧面体现出，孔子的历史使命感之重之深，也体现出壮志未酬的悲壮情怀。

## 9.10

子见齐[zī]衰[cuī]者❶，冕衣裳者与瞽[gǔ]者❷，见之，虽少[shào]，必作❸；过之，必趋❹。

### 译文

孔子遇见穿丧服的人、穿礼服的人和盲人，见到他们的时候，即使是年少之人，他也一定站起身来；经过他们身边时，一定会快步走过。

【释读】

❶ **齐衰** 《辞源》："丧服名。为五服之一，次于斩衰。以粗麻布做成，因其缉边缝齐，故称齐衰。""齐"读作[zī]时，义为衣服的下摆。《乡党篇》10.4："摄齐升堂，鞠躬如也，屏气似不息者。"（提起下摆向堂上走去，恭敬谨慎的样子，屏住气像没有呼吸的样子。）

❷ **冕衣裳者** 衣冠整齐的贵族。冕，贵族所戴的礼帽，后特指皇帝戴的帽子。衣，上衣。裳，下衣，相当于现代的裙。冕衣裳，此处均作动词，戴礼帽，穿礼服。
**瞽者** 眼瞎的人，盲人。

❸ **见之** 遇见他们时。
**虽少** 即使是年少之人。
**作** 起来，起身。

❹ **趋** 快步走。从他们身边经过时，一定会快步走过。

【读后】

人的高贵在于灵魂的谦卑，而不是傲慢与偏见。孔子身为圣人，却能恭敬如此，谨慎如此，正是来自他高贵的灵魂。

并不是所有灵魂都高贵，唯其如此，一个高贵的灵魂才如此令人崇敬。


## 9.11

颜渊喟[kuì]然叹曰❶："仰之弥高，钻之弥坚❷。瞻之在前，忽焉在后❸。夫子循循然善诱人❹，博我以文，约我以礼，欲罢不能❺。既竭吾才，如有所立卓尔❻，虽欲从之，末由也已❼。"

【译文】

颜渊长叹道："老师的思想学问，你越仰望越会觉得巍峨高大；越钻研越觉得艰深难入。仿佛还在眼前，忽然又在你身后，如云如雾，恍惚无形，

336 细读论语·上册

不可捉摸。但是，老师却能循循善诱，用文献典籍不断扩展我的认知，用礼乐制度随时约束我的行为，让我乐在其中，想停也停不下来。我用尽了自己的才智去追随，老师的思想学问却如巍峨的高山耸立眼前，难以逾越。想努力追随，却又像找不到进入的途径。"

## 释读

❶ **喟然叹曰** 长叹着说，长叹道。喟，叹息声。喟然，叹息的样子。

❷ **仰之弥高** 仰，仰望。弥，副词，更，越发，更加。两个"之"，代词，代孔子思想学说。
**钻之弥坚** 钻，钻研。坚，本意为坚硬、坚固，此处意为艰深、深邃、深奥。

❸ **瞻之在前** 往前看，它似乎就在前面。眼看着就在眼前。
**忽焉** 忽然。

❹ **循循然善诱人** 循循，有次序的样子。诱，诱导，引导。老师循循善诱，循序渐进地引导人。

❺ **博我以文，约我以礼** 即以文博我，以礼约我。博，形容词作动词，丰富，扩展，增长。用典籍文献丰富我的知识，扩大我的知识面；用礼制来约束我的行为。

❻ **既竭吾才** 既，已经。竭，竭尽。吾才，我所有的才智。
**卓** 高，高耸，峻绝。有一词语叫"卓尔不群"，指才德超出寻常，与众不同。杨逢彬《论语新注新译》认为，"如有所立卓尔"之"如"为假如、如果，"立"是指孔子有所建树。于是，整句译为："我已经用尽我的才华，假如老师又卓然有所建树。"但从前文"仰之弥高，钻之弥坚。瞻之在前，忽焉在后"以及《论语》全书来看，在颜渊眼里，孔子之学已是高山仰止而又深不可测，早已所立在前，而不可能还有假设有所建树的前提，又何来"假如（夫子）有所建树"的假设呢？杨伯峻《论语译注》认为，"如有所

立卓尔"的"所立"为颜渊"立",指颜渊"似乎能够独立地工作"。于是整句便译为:我已经用尽我的才力,似乎能够独立地工作。这样的解读又与前后文不成文理,无法理解。这句话依然是颜渊在说自己面对老师博大精深的思想学问时的感受。其大意应为:虽然我已经用尽了所有的才智,眼前却好像还是有一座山巍峨高耸,难以逾越。因此,才有接下来的这句话:"虽欲从之,末由也已。"

❼ **虽欲从之**　虽,即使。从之,跟随,跟从,追随。
　**末由也已**　末,同"莫",无。由,道路,途径。末由,即找不到途径。也已,语助词连用。

【读后】

　　颜渊的这一段话,道出了孔子弟子在追随孔子学习时所经历的心路历程。
　　孔子的思想学问实在太高太深,仰视不见其顶,深究不见其底,当你若有所得,却又感觉难以把握,恍惚就在眼前,却又飘忽于后,捉摸不定。如此高不可攀,会令人望而却步吗?不。孔子自有他的教学特点。他循循善诱,由浅入深,用前人的典籍文章来不断扩展你的认知,用礼乐制度约束你的行为,让你在具体的、触手可及的能力范围内,一步一步向前,一步一步成长。
　　当你觉得他高不可攀的时候,他却像一个极普通的长者一样,跟你拉家常,循循善诱,不急不慢,从容淡定。而当你觉得他太平常,平常得就像隔壁老王的时候,当你觉得他的思想学说触手可及之时,问题来了,"既竭吾才,如有所立卓尔,虽欲从之,末由也已",你眼前依然矗立着一座大山,一座高耸挺拔的大山,一座不可逾越的大山,一座不可能轻易攀登的大山。
　　不过,我们细想孔子教学,却更像教育心理学上所讲,给学生设置难度的原则:不能触手可及,这样太容易;不能高不可攀,这样太艰难,容易放弃。最佳的高度设置是,让他用力一跳,可以达到。就像摘桃子那样,若伸手可及,便容易不珍惜;高不可攀,就会放弃,而如果一跳之后能摘到桃子,那就是最佳的高度,关键是,逼他"一跳"。
　　孔子不愧为中国历史上第一位伟大的教育家、传道之人。

## 9.12

子疾病，子路使门人为臣❶。病间［jiàn］❷，曰："久矣哉，由之行诈也❸！无臣而为有臣❹。吾谁欺？欺天乎❺！且予与其死于臣之手也，无宁死于二三子之手乎❻！且予纵不得大葬，予死于道路乎❼？"

**译文**

孔子病重，子路派弟子去做孔子的家臣。孔子病情好转之后，说："子路瞒着我干这事很久了吧！按礼制，我不应该配有家臣，现在却给我安排家臣，我这是在欺骗谁呢？这是在欺骗上天吗？况且，我与其死在家臣的手上，宁愿死在你们的手上！更何况，我纵使不能以高规格隆重安葬，难道我就会死在路边而无处安葬吗？"

**释读**

❶ **疾病** 古语"疾"指一般的病，"病"指重病。"疾病"二字连用，一般指病得厉害。
**臣** 家臣。

❷ **病间** 疾病痊愈或好转。间，此处指痊愈。

❸ **久矣哉，由之行诈也** 倒装句，即"由之行诈也久矣哉"。诈，欺骗，假装。此处指隐瞒，子路背着孔子私下安排此事。

❹ **无臣而为有臣** 按礼制不应该有家臣，却给我配置家臣。孔子已不再为官，按礼制，不得有家臣，但子路却安排弟子为孔子家臣，虽是子路的一片恭敬之心，但在孔子看来，这是违礼之事。朱熹《论语集注》："夫子时已去位，无家臣。子路欲以家臣治其丧，其意实尊圣人，而未知所以尊也。"（孔夫子当时已经不在职，没有家臣。子路想派家臣为其料理后事，他的想法是真心尊崇圣人，却没明白应该如何表达这份尊崇之心。）

❺ **吾谁欺** 倒装句，即"吾欺谁"，我这是在欺骗谁呢？

❻ **且** 何况，况且。

**与其……无宁……** 无宁，一说即"宁"；一说"毋宁"，宁愿。即与其……宁愿……

❼ **大葬** 高规格的、隆重的葬礼。

**读后**

《为政篇》2.5章：孟懿子问孝。子曰："无违。"樊迟御，子告之曰："孟孙问孝于我，我对曰，无违。"樊迟曰："何谓也？"子曰："生，事之以礼；死，葬之以礼，祭之以礼。"

"无违"是总的原则，"生，事之以礼；死，葬之以礼，祭之以礼"。这是"无违"的具体内容。在孔子看来，无礼之事，是不可接受的。

孔子病重，作为大弟子的子路，首先想到了为老师置办后事的问题。子路虽好勇而莽撞，但对老师却是无限的尊崇，他当然想以最隆重的规格来为老师治办丧礼。殊不知，这却是乱了礼制，坏了规矩。孔子曾贵为鲁国大夫，但此时已不在职，且已远离鲁国。不在其位，身边无臣，子路却擅作主张，让弟子扮作老师的"臣"去料理后事，所以孔子责骂子路："欺天乎！"

而最后，一句"且予与其死于臣之手也，无宁死于二三子之手乎！"有责骂，有深爱，一个老泪纵横的长者形象呼之欲出，进一步体现出孔子与弟子们师生之间的情深义重。

## 9.13

子贡曰："有美玉于斯，韫［yùn］椟［dú］而藏诸❶？求善贾［gǔ］而沽［gū］诸❷？"子曰："沽之哉！沽之哉！我待贾［gǔ］者也。"

**译文**

子贡说："有一块玉在这里，是把它装进匣子收藏起来呢，还是寻找一个识货的人卖掉它呢？"孔子说："卖掉它吧！卖掉它吧！我是在等待识货的人出现啊。"

【释读】

❶ **韫椟而藏诸** 即把美玉装进匣子收藏起来。韫，收藏。椟，柜子，匣子。诸，"之乎"的合音，前面多处出现。下同。

❷ **善贾** 本文中"贾"，如果以直译去解读，似应读为[jià]，"贾"通"价"；而用意译去解读，应读为[gǔ]，商人。"善贾"即"好商人"，也即"识货的人"。孔子在此，表面是说"待价而沽"，也就是卖个好价钱，实则是在说等待识货的人，言下之意，是等待明君的出现，等待一个能让他施展抱负的明君出现。因此，在解读"贾"时，我们采后说，即"贾"读为[gǔ]，"善贾"意为识货的人。
**沽** 卖，卖掉。

【读后】

在阅读本章时，我们要注意体会整篇文章的轻松愉快和孔子幽默、机智、栩栩如生的可爱形象。子贡很机智，巧妙以玉作比，引孔子上钩，孔子顺势应答，眼看着直接上钩，却哪知话锋一转，出人意料。当孔子幽默风趣而又明确告诉子贡把玉卖掉时，按照子贡设计的思路，老师一定会回答"卖掉吧"，那他会马上追问："那老师为什么一直不仕？"哪知，孔子深懂子贡之意，不等子贡追问，直接补上一句话，堵住了子贡的嘴——"我待贾者也"。孔子言下之意："小子，你不用拐弯抹角来引我上钩，我可知道你那点心思。"

文章中暗含的机智与那幽默愉快的氛围，我们须细细品读。

**9.14** 子欲居九夷❶。或曰："陋，如之何❷？"子曰："君子居之，何陋之有❸？"

【译文】

孔子想去九夷之地居住。有人说："九夷之地偏僻落后，该怎么办呢？"孔子说："有君子住在那里，还有什么偏僻落后的呢？"

子罕篇第九　　341

【释读】

❶ 九夷　泛指古代东部少数民族地区部落。孔子打算去九夷生活，正如孔子说"乘桴浮于海"一样，并非真去，只是牢骚话而已，借以排遣心中的郁闷。

❷ 陋　实指偏僻边远之地，缺少教化、未开化之地。"见闻不广，粗陋无文。"（王力语）

如之何　如……何，把……怎么样（怎么办），指面对偏僻而不开化这样的环境，该如何是好，该怎么办。

❸ 何陋之有　即有何陋，倒装句。朱熹《论语集释》："君子所居则化，何陋之有？"（君子所居之地，民众就会受到影响而改变，有什么僻远落后的呢？）朱熹所说的"化"，也即改变，指再偏僻的地方，有君子居住，环境与君子融为一体，物我两忘，也就不再偏远。但不少人认为"化"是指君子居于偏僻之地，便去教化当地百姓，使之文明起来。

【读后】

文化自信是一种由内而外的力量，"天之未丧斯文也，匡人其如予何？"（本篇9.5）

在本篇中，孔子再一次表现出强大的文化自信与力量，正因为有这一强大的文化自信与力量，儒学才得以如此强劲地传扬至今，几千年不衰，其精神更是深深扎根于中国人的血脉之中。

**9.15** 子曰："吾自卫反鲁❶，然后乐［yuè］正，《雅》《颂》各得其所❷。"

【译文】

孔子说："我从卫国返回鲁国，这之后便着手修订《诗经》乐章，错乱的乐章得以厘正，《雅》《颂》也各自放回正确的位置。"

**释读**

① **自卫反鲁** 卫，卫国。反，同"返"，返回。孔子取道卫国，返回鲁国。

② **乐正** 乐，音乐。正，修订，厘正。返回鲁国后，孔子着手修订《诗经》乐章，错乱的乐章得以厘正。《雅》和《颂》既是《诗经》内容分类，也是乐曲分类。篇章内容的分类见于《诗经》；乐曲的分类早已失传。《史记·孔子世家》《汉书·礼乐志》均认为孔子正《雅》《颂》，主要是正其篇章。

**读后**

朱熹《论语集注》："鲁哀公十一年冬，孔子自卫反鲁，是时周礼在鲁，然《诗》《乐》亦颇残缺失次。孔子周流四方，参互考订，以知其说。晚知道终不行，故归而正之。"朱熹说：鲁哀公十一年冬，孔子取道卫国返回鲁国。当时，周礼只在鲁国得以保留，但《诗》《乐》已经残缺混乱。孔子周游列国，交互参照考订，以便弄清思想内容。晚年，孔子知道他的思想主张难以推行，所以回国后潜心修订《诗》《乐》。

鲁哀公十一年冬，也就是公元前484年，孔子68岁。这年冬天，孔子结束长达十四年的周游列国生涯，返回鲁国。按朱熹的说法，孔子取道卫国返回鲁国，知道自己的思想主张难以推行，不再求仕，潜心于对文化遗产的整理与匡正，而《诗》《乐》便包含在内。

这一章的情绪是上两章情绪的延续。我们细细品味吧。

## 9.16

子曰："出则事公卿，入则事父兄①，丧事不敢不勉②，不为酒困③，何有于我哉④？"

**译文**

孔子说："在外就侍奉好公卿，在家就侍奉好长辈，承办丧事不敢不尽力而为，喝酒而不乱性，这些事对我来说，有什么难的呢？"

[ 释读 ]

① **出** 出门，在外，在外从政。
**公卿** 原指三公九卿，后泛指朝廷高官。
**入** 进门，在家，回到家里。
**父兄** 泛指长辈，不局限于父亲和兄长。

② **勉** 勤勉，尽力去做。

③ **不为酒困** 为，被。困，乱，令失态。《乡党篇》10.8："唯酒无量，不及乱。"（酒不限量，但不至失态。）不被酒乱性，也就是不沉湎于酒，喝酒不失态。

④ **何有** 不难之词，有什么难的。

[ 读后 ]

一切细枝末节，都是决定你成败的关键。

孔子不言"高大上"，天天跟你拉家常，而道在其中，这就是钱穆所说"要之是日常庸行，所指愈卑，用意愈切，固人人当以反省"。

《庄子·知北游》第六有一段很精彩的对话，可作为阅读本章的最好补充：

东郭子问于庄子曰："所谓道，恶［wū］乎在？"（恶，疑问代词，怎，如何，何。）

庄子曰："无所不在。"

东郭子曰："期而后可。"（期，必，一定。）

庄子曰："在蝼蚁。"

曰："何其下邪？"

曰："在稊［tí］稗［bài］。"（稊稗，杂草。）

曰："何其愈下邪？"

曰："在瓦甓［pì］。"（甓，砖。）

曰："何其愈甚邪？"

曰："在屎溺［niào］。"（溺，音［niào］的时候，通"尿"。）

东郭子不应。

翻译过来就是：

东郭子问庄子："所谓'道'，在哪里呢？"

庄子答："无所不在。"

问："一定要指出具体的地方才行。"

答："在蝼蛄蚂蚁之中。"

问："为什么在这么卑下的地方呀？"

答："在稊稗里面。"

问："怎么更卑下了呢？"

答："在砖头瓦片中。"

问："怎么越说越不着边际了？"

答："在屎尿中。"

东郭子再也不出声了。

## 9.17 子在川上❶，曰："逝者如斯夫❷！不舍昼夜❸。"

**【译文】**

孔子站在河边，感叹地说："消逝的一切都像这河流一样啊！日夜不停地流走。"

**【释读】**

图9.17-1

❶ **川上** 河边，非在河里。川，甲骨文"川"象有畔岸而水在中。（罗振玉）（图9.17-1）

❷ **逝者** 流逝的东西，消逝的一切，流逝的时光。
**如斯** 像这样，如此。

❸ **不舍昼夜** 不分白天黑夜，日夜不停。舍，舍弃，放弃，抛弃。

【读后】

　　关于这一美得如诗一般的千古名句，很多人都在试图诠释它。是在叹时光的流逝？是在叹人生的匆匆？是在叹功名如水？是生命的觉醒，还是对宇宙时空的思考？是诗人孔子，还是哲人孔子？

　　然而，仿佛一切的诠释都是多余的。杨伯峻《论语译注》说："孔子这话不过感叹光阴奔驶而不复返罢了，未必有其他深刻的意义。"

　　子曰："吾未见好德如好色者也❶。" 　　9.18

【译文】

　　孔子说："我没见过像喜爱美色一样喜爱道德的人啊。"

【释读】

❶ **吾未见好德如好色者也**　《卫灵公篇》15.13：子曰："已矣乎！吾未见好德如好色者也。"《史记·孔子世家》："居卫月余，灵公与夫人同车，宦者雍渠参乘，出，使孔子为次乘，招摇市过之。孔子曰：'吾未见好德如好色者也。'于是丑之，去卫，过曹。是岁，鲁定公卒。"（孔子在卫国居住了一个多月后的一天，卫灵公与夫人南子一同乘车外出，让宦官雍渠同车侍候，却让孔子坐后面一辆车。大摇大摆，招摇过市。孔子感叹说："我没见过像喜爱美色一样喜爱道德的人啊。"孔子很厌恶卫灵公的行为，于是离开卫国，去了曹国。这一年，鲁定公去世。）

【读后】

　　《孟子·告子上》告子说："食、色，性也。"《礼记·礼运》孔子曰："饮食男女，人之大欲存焉。"食、色是人的天性。既然是天性，那就是与生俱来的，是无须培养的。但德行不全是天性，德行要靠后天坚持不懈地修养。对物质的、感官的追求，这是所有人都可以做到的，而对道德的修养与提升，却并非每一个人都能做到。这就是孔子所叹。

需要注意的是，好色的"色"并非一定专指女色，一切过度的追求、过度的贪欲、过度的奢华，都在"色"之列。

## 9.19

子曰："譬[pì]如为山，未成一篑[kuì]，止，吾止也❶。譬如平地，虽覆一篑，进，吾往也❷。"

**【译文】**

孔子说："好比堆造山丘，哪怕只差最后一筐土，如果应该停止，我会毫不犹豫地停下来。好比在平地堆土成山，即使才刚刚倒下一筐土，如果应该继续下去，我会毫不犹豫继续向前。"

**【释读】**

❶ 篑　筐子，装土用的竹筐。

❷ 平地　指在平地上堆土成山。
　 覆　倒土。

**【读后】**

传说，古时候有一个人要筑一座九仞之高的山。他堆了一年又一年，不论严寒酷暑，废寝忘食地从远处挖土、挑土，一筐一筐堆砌。终于有一天，眼看着山丘就要堆好了，就剩最后一筐土便大功告成。可就在这时候，他突然感到饥饿难当，而天上又下起雪来了。他想，反正也就差这一筐土了，那就等吃饱了饭，等雪停止了再堆吧。于是，他回家了。就这样，他总想着就剩最后一筐土，一天一天拖下去，最后，这一筐土直到他死去也没有堆上去，这座只差一筐的九仞之山，终究没有完工。

《尚书·旅獒[áo]》："为山九仞，功亏一篑。"所记载的便是这一件事，而"功亏一篑"，便比喻做事情只差最后一点了，却最终未能完成，功败垂成,功亏一篑。孔子化用了这一典故。

《福尔摩斯探案集》的作者阿瑟·柯南道尔,曾当过杂志编辑,每天要处理大量退稿。一天,他收到一封信,信上说:"您退回了我的小说,但我知道您并没有把小说读完,因为我故意把几面稿纸粘在一起,您并没有把它们拆开,您这样做是很不好的。"

柯南道尔回信说:"如果您用早餐时盘子里放着一个坏鸡蛋,您大可不必把它吃完才能证明这只鸡蛋变味儿了。"

《里仁篇》4.10:子曰:"君子之于天下也,无适也,无莫也,义之与比。"做一切事,以"义"为准,当行则行,当止则止,一切以合宜恰当为准,根据实际情况去判断选择,而不是去考虑其他因素。

## 9.20

子曰:"语之而不惰者❶,其回也与[yú]❷!"

**【译文】**

孔子说:"同他讲话而他始终专心致志,不懈怠,这大概就是颜渊了吧!"

**【释读】**

❶ **语之** 告诉他,与他说话。在本章意为老师给学生传授知识,讲学。语,在这里为动词。
**不惰** 不懈怠,专心致志。

❷ **其** 表推测语气,大概,也许。
**回** 颜回。

**【读后】**

《为政篇》2.9:子曰:"吾与回言终日,不违如愚。退而省其私,亦足以发。回也不愚。"这一章是本章最好的注脚。

348 细读论语·上册

当代很多人读书时间少，却把大量时间用到八卦新闻、奇闻逸事上，淹没在支离破碎的信息之中。我们有多少人能做到学而不厌？有多少人能做到孜孜以求？有多少人能做到"造次必于是，颠沛必于是"？

如果你能从手机里走出来，如果你能从汪洋大海般的碎片信息之中挣脱出来，认真而完整地去读几本书，你一定有意外收获。

## 9.21 子谓颜渊曰❶："惜乎！吾见其进也，未见其止也❷。"

**【译文】**

孔子对颜渊说："可惜啊！我只看见那个不断进步的颜渊，却未曾见过这样停止不前的颜渊。"

**【释读】**

❶ **子谓颜渊曰** 本章内容应是孔子去探望颜渊时所说的，也就是对颜渊说的话，"谓……曰"便是"对……说"。

❷ **其** 在本文中是特指代词，"那个"，即颜渊。

**【读后】**

面对如此优秀的学生，眼看其病魔缠身，孔子痛心疾首，却无力回天，无可奈何。在孔子眼里，那个孜孜求道，从不停息懈怠的颜渊，今天病魔缠身，终于倒下，不得不停止追求，实在是难以接受的现实，孔子此言，透出无限的痛惜之情。

## 9.22 子曰："苗而不秀者有矣夫❶！秀而不实者有矣夫❷！"

【译文】

孔子说:"只长出了苗却未能等到开花,这种现象是有过的吧!只是开花,却未结出果实,这种现象也是有过的吧!"

【释读】

❶ 苗 名词用作动词,长苗,幼苗生长。
　 而 连词,表转折。
　 秀 动词,庄稼抽穗开花。

❷ 实 结果子,动词。
　 朱熹《论语集注》:"谷之始生曰苗,吐华曰秀,成谷曰实。盖学而不至于成有如此者,是以君子贵自勉也。"(谷物刚生长出来叫苗,开花抽穗叫秀,结果叫实。这大概是说一个人致学而终无所成,有点类似这样的现象,这是君子应当以此为戒并自勉的。)

【读后】

　　无论是植物还是动物,在其整个生命历程中,总是充满了不确定因素,充满了危机。如果你正好是看赵忠祥解说《动物世界》的那一代人,你对此会有深切的体会。日本小说家野坂昭在小说《萤火虫之墓》里有一句流传甚广的话:"珍惜今天,珍惜现在,谁知道明天和意外,哪一个先来。"

　　有人说,人生没有永远,来日并不方长,一定要活好当下,珍惜眼前。想做的事,快点做;想见的人,早点见。别再等待,别总拖延,否则会留下无法弥补的遗憾。人生无常,生命短暂,珍惜活着的每一天,珍惜身边的每个人,因为下辈子,谁也不能保证会出现,谁也不能保证会遇见。

　　然而,生命并不是苟延残喘,要让生命之树常青,必须努力拼搏,不断进步,永不停息,永不言败。

**9.23** 子曰:"后生可畏,焉知来者之不如今也❶?四十、五十而无闻焉,斯亦不足畏也已❷。"

【译文】

孔子说:"年轻人是值得敬畏的,我们怎么能预知后来者比不上现在的人呢?如果一个人到了四十、五十岁依然无所建树,籍籍无名,那也就不值得敬畏了。"

【释读】

❶ **后生可畏** 后生,年少者,年轻人。畏,敬畏,敬佩。
**焉知** 怎么知道。
**来者** 将来的人,将来的事。

❷ **无闻** 没有名望、声望,事业无成而籍籍无名。

【读后】

《汉乐府·长歌行》:

百川东到海,何时复西归。
少壮不努力,老大徒伤悲。

社会上曾经流行这样一句话:长江后浪推前浪,前浪死在沙滩上。

前浪是悲壮的,后浪是汹涌的,人类就是在这种前赴后继、后浪推前浪之中,滚滚向前,永不停息。

年轻是资本,因为他们的前方还有大把的时光,而时光即是财富,时光即是资本。然而,年轻也并非必然是资本,"苗而不秀者有矣夫!秀而不实者有矣夫!""少壮不努力,老大徒伤悲。"如果因为年轻便大把大把挥霍时光,虚度光阴,或依仗富贵,或依仗容貌,或依仗年少气盛,一晃到中年,也许,一不小心,你也就成为前浪;一不小心,你就苗而不秀,秀而不实。

时间对谁都是公平的,无论你是权贵还是富豪,无论你是一介草民还是贵为天子,无论你容颜姣好还是形容丑陋,时间都如此公平地施与每一个生命。你可以延长你的精神力量,却无法延长一寸岁月。你可以活得精彩纷呈,却无法让时光倒流。你可以像常春藤,永葆青春的活力,却无法向天再借五百年。

"子在川上，曰：'逝者如斯夫！不舍昼夜。'"趁风华正茂，趁意气风发，趁阳光正好，趁微风不燥，莫等待，立马启航！

9.24 子曰："法语之言，能无从乎？改之为贵❶。巽［xùn］与之言，能无说［yuè］乎？绎［yì］之为贵❷。说［yuè］而不绎，从而不改，吾末如之何也已矣❸。"

**译文**

孔子说："严肃而合乎原则的话，能不听从吗？但听从而能改才是最可贵的。和顺婉转的话，能不让人高兴吗？但能思考分析，以辨真伪虚实，才是最可贵的。只顾着高兴却不加思考分析，只是表面听从却不实际改正，我对这样的人就不知道该怎么办了。"

**释读**

❶ **法语** 法，法则，规则，原则。法语指"严肃而合乎原则的话"（杨伯峻）、严肃认真而合理的话、符合道理的话。类似今天所说的座右铭、格言警句。钱穆《论语新解》："谓人以法则告诫之辞正言相规。"
**改之为贵** 听从而能改才是最可贵的。

❷ **巽与之言** 和顺婉转的话。巽，通"逊"，谦逊，恭顺。巽与，委婉的，和顺的。与，赞许，一说为语气词。
**说** 即"悦"，高兴，快乐，愉快。
**绎** 本义为抽丝，引申为分析条理、寻究事理。

❸ **吾末如之何也已矣** 末，无，毋。也已矣，句末语气词连用。

**读后**

良药苦口利于病，忠言逆耳利于行。

法语之言，严肃认真的告诫之言，或说为符合礼法规范的话，甚至有人认为是指圣人的话，总之，是严肃的、沉重的、真诚而认真的告诫、提醒。中国人从古至今有许多类似的"法语之言"，比如"慎独""天道酬勤""无欲则刚""天下为公"，等等。许多人把这类"法语之言"挂在自己的居室或办公之地，一则明志，一则时时警醒自己。李嘉诚最喜欢的一则"法语之言"是："发上等愿，结中等缘，享下等福；择高处立，寻平处住，向宽处行。"

朱熹说："法言，人所敬惮，故必从；然不改，则面从而已。"意思是，法语使人人恭敬畏惧，所以一定要服从；假如不改，那就仅仅是表面服从罢了。法语之言是一种公德，是一种社会礼制的浓缩精华形式，因而也是一种人人遵守的准则，或被普遍接受的社会契约原则。

巽与之言是什么？好听的话，婉转、恭顺的话。人们说，世界上最有杀伤力的话是什么？赞美之辞。所以有人说，世界上有一种谋杀叫"捧杀"。人都喜欢听好听的话，无论身份贵贱，莫不如此。"欲使人灭亡，先使其疯狂。"当一个人长时间处于吹捧赞美之中，这个人最终多半就毁了。因此我们要警惕的，不是难听的话，相反，对顺耳的话、动听的话，更该时时警醒，千万不要飘飘然而找不到北。

"捧杀"是一种杀人于无形的谋杀。

## 9.25  子曰："主忠信，毋友不如己者，过则勿惮改。"

**[译文]**

孔子说："要把忠信作为人生重要的行为准则，不要跟不如自己的人交朋友，有过错不要怕改正。"

**[释读]**

朱熹《论语集注》："重出而逸其半。"（重复出现，内容却丢失了一半。）《学而篇》1.8：子曰："君子不重，则不威；学则不固。主忠信，无友不如己者。过，则勿惮改。"

子曰："三军可夺帅也，匹夫不可夺志也❶。"　　9.26

**【译文】**

孔子说："三军之帅可以剥夺，而一个人的意志不可强行改变。"

**【释读】**

❶ 三军　"三军"为军队的代称，同7.11"子行三军，则谁与？"之"三军"。
夺　剥夺，夺取。
匹夫　普通的人，普通男子。黄怀信《论语汇校集释》按："'匹夫'与'三军'相对，指一人。"

**【读后】**

美国作家海明威在《老人与海》中写道："你能够消灭我，却不能打败我。"唐翼明《论语新诠》说："一个人如果有意志，并且坚持自己的意志，外力是无法改变的。你可以砍了他的头，摧毁他的身体，完全消灭他，可是你仍然不能够改变他的意志。孔子这话，是对一个人的精神力量的最高礼赞，曾经激励了并还将激励无数的仁人志士在强暴的外力面前英勇不屈，维护自己的人格尊严和意志独立。"

有人批判儒家，说儒家主张顺从统治者，主张奴性，不主张独立精神，这是从何说起？

子曰："衣敝缊［yùn］袍，与衣狐貉［hé］者立，而不耻者，其　　9.27
由也与［yú］❶？'不忮［zhì］不求，何用不臧［zāng］❷？'"子路
终身诵之❸。子曰："是道也，何足以臧❹？"

**【译文】**

孔子说："穿着破旧的絮袍，同穿着狐貉裘皮大衣的人站在一起，却不

觉得羞惭的，这大概只有仲由（子路）了吧？'不忮不求，何用不臧？（不嫉妒，不贪求浮华，做什么会不好呢？）'"子路时时念叨这句诗。孔子说："仅仅遵循这一点，又怎么能达到至善之道呢？"

| 释读 |

❶ **衣敝缊袍** 衣，作动词，穿。敝，坏，破旧，破烂。缊，乱麻，旧棉絮。

❷ **不忮不求，何用不臧** 这一句是《诗经·邶风·雄雉》里最后两句，钱穆《论语新解》误为《卫风》。忮，此处指嫉恨，嫉妒。求，贪求，贪图。不忮不求，意为不贪慕浮华。用，施行。一说"何用"即"为什么"。臧，善，好。何用不臧，犹无往而不利，做什么会不好呢？

❸ **终身** 此处实为一直不停之意，常常。

❹ **是道** 此道，这一善道。
**何足以臧** 怎么能算得上好。怎么能够达于至善之道。臧，善，好。

| 读后 |

孔子对子路是很严格的，除了严肃地批评，有时候，甚至还多少有点冷嘲热讽的味道，其目的，都是希望子路能改掉身上那股戾气和有勇无谋的坏毛病。所以，老师好不容易夸他一句，他便"终身诵之"，把老师的表扬挂在嘴边。

孔子见状，再告诫子路，不卑不亢，虽是极高的人格境界、高贵的精神品格，但不可以一善而沾沾自喜。只此一道，不可达至善之境，路还长着呢，需努力修行。

"夫子循循然善诱人，博我以文，约我以礼。"颜回之叹，在此为证。

**9.28** 子曰："岁寒，然后知松柏之后彫［diāo］也❶。"

【译文】

孔子说:"到寒冷的季节,才知道松柏是最后凋败的。"

【释读】

❶ **岁寒** 寒冷的季节,寒冷之时。
**彫** 同"凋",凋败,凋零,枯萎。

【读后】

"士穷见节义,世乱识忠臣。""岁不寒,无以知松柏;事不难,无以知君子无日不在是。"《荀子·大略》松柏之志,是中国人一直以来所崇尚的精神。经霜犹茂,是一种坚忍的意志,坚贞不移的气节。一个有气节的人,要像松柏一样,历经苦难而精神不倒,气节永存。

子曰:"知[zhì]者不惑,仁者不忧,勇者不惧❶。"   9.29

【译文】

孔子说:"智慧之人不会迷惑,仁德之人不会忧虑,勇敢之人无所畏惧。"

【释读】

❶ **知者** 即智者,智慧之人。
**仁者** 仁德之人。
**勇者** 勇敢之人。
皇侃《论语义疏》引孙绰云:"智能辨物,故不惑也。安于仁,不改其乐,故无忧也。又引缪协云:见义而为,不畏强御,故不惧也。"(智慧之人能明辨万物的本原,所以不会迷惑。仁德之人安于仁德之中,乐在其中,所以没有忧虑。又引缪协说：见义而行，不怕强权，所以无所畏惧。）朱熹《论语集注》："明足以烛理，故不惑；理足以胜私，故不忧；气足以配道义，故不惧。此学之序也。"（智慧足以明辨事理，所以不会迷惑；明辨事理足以战胜私欲，所以无忧；心底无私才能具有浩然正气，正气足方能恪守道义，正义在身，勇敢而无所畏惧。这是一个人学习的顺序。）

**【读后】**

《礼记·中庸》："知、仁、勇三者，天下之达德也。"智、仁、勇三者，是天下所公认的美德。

知者不惑，是因为他的智慧能辨事理，能从混乱纷扰的世界中分清善恶。看清自我，看清世界，所以不惑。仁者不忧，是因为"仁者，爱人"。拥有至高的仁德，便有了大爱，也就没有了私心。无私欲，何忧之有？勇者不惧，狭路相逢勇者胜。见义勇为，正气使然。一身正气，便不惧妖魔鬼怪。

## 9.30

子曰："可与共学，未可与适道❶；可与适道，未可与立❷；可与立，未可与权❸。"

**【译文】**

孔子说："能够一道求学，却未必能志同道合；能够志同道合，却未必能共同成就大业；能共同成就大业，却未必能一同临事通权达变（懂得变通，不死守常规），权衡利弊。"

**【释读】**

❶ **可与共学**　与，即"与（之）"，与他，同他一起。省略宾语。
**未可与适道**　适道，适，往，赴，走向。未可与适道，即未必能一同走向道，也即，未必能志同道合，目标一致，有共同的理想。

❷ **与立**　与下文"与权"相对，"权"为权变，"立"更倾向于共同做某事，

为某一事业共同努力，成就事业。《卫灵公篇》15.14：子曰："臧文仲其窃位者与！知柳下惠之贤而不与立也。"在本章中，"与立"解为共事，共同成就大业。

❸ **权** 本指秤锤，称物之锤。"权，然后知轻重。"引申为权衡，权变，变通。

**【读后】**

我们仔细想想，在你从小学到大学所有同学中，还有多少同学有联系？而你所了解的同学，他们的人生之路有多少是相似的？在你的好友中，算一算，有多少可以一同去建功立业，开创未来的？而一起创业的人，有多少是走到最后的？又有多少人能和你一起临事不惧，沉着应对，权衡轻重利弊，断然取舍的？

孔子所言，是在告诉我们，人各有志，不必强求，要坦然面对，欣然接受。人生之路各不相同，能走到一起，共同创业，实非易事，不必强人所难。每个人因其学养修为经历不同，价值观会有很大差异，要么求同存异，要么各自安好。正如古时候的离婚书上写的那句话："解怨释结，更莫相憎；一别两宽，各生欢喜。"

这里要强调的是，权变的基础是"义精仁熟"，深懂大义，胸怀仁德，只有这样，权变才不至于成为小人不守信用、不遵守规则的借口。这一点，尤其重要。

**9.31** "唐棣［dì］之华，偏其反而。岂不尔思？室是远而❶。"子曰："未之思也，夫何远之有❷？"

**【译文】**

古诗说："唐棣树的花呀，翩翩地摇呀。难道我不想你？是你住得太远呀。"孔子说："这是没有真正想念啊，如果真想，有什么遥远的呢？"

**【释读】**

❶ **唐棣之华** 唐棣，又作棠棣，树木名。陆玑《毛诗草木虫鱼疏》以为就是郁

李。《尔雅·释木》云："唐棣，栘[yí]。"郭璞注："似白杨，江东呼大栘。"华，同"花"。

**偏其反而** 偏，通"翩"，摇动貌。反，通"翻"，翻动。而，语气助词，没有实际意义。

**室** 室家，住的地方。

❷ **未之思也** 即"未思之也"。

**夫何远之有** 即夫有何远？夫，句首语气助词，表示要发议论，也称发语词。

[读后]

本章主旨，其实用孟子的一句话和钱穆先生的解读就可以讲明白了。

《孟子·告子上》："心之官则思，思则得之，不思则不得。"意思是，心的功能在于思考，思考了就有所得，不思考就一无所获。孔子说，别玩儿虚的，你要是真想，距离还是个问题吗？这话幽默而又一针见血。这是在讽刺谁呢？看看钱穆说的。

钱穆《论语新解》说："此章言好学，言求道，言思贤，言爱人，无指不可。中国诗妙在比兴，空灵活泼，义譬无方，读者可以随所求而各自得。而孔子之说此诗，可谓深而切，远而近知。'仁远乎哉'，'道不远人'，'思则得之'，皆是也。此章罕譬而喻，神思绵邈，引人入胜，《论语》文章之妙，读者亦当深玩。"

图书在版编目（CIP）数据

细读论语 / 叶辉著. —成都：四川人民出版社，2024.7. — ISBN 978-7-220-13690-0

Ⅰ.B222.2-49

中国国家版本馆CIP数据核字第2024U1E985号

XIDU LUNYU

# 细读论语　上册
叶辉　著

| | |
|---|---|
| 策划统筹 | 秦　莉 |
| 责任编辑 | 邹　近 |
| 特约编辑 | 曾小倩 |
| 封面设计 | 编悦文化 |
| 内文设计 | 张迪茗　邵晓锋 |
| 责任校对 | 吴　玥 |
| 特约校对 | 文　雯 |
| 责任印制 | 周　奇 |
| 出版发行 | 四川人民出版社（成都三色路238号） |
| 网　　址 | http://www.scpph.com |
| E-mail | scrmcbs@sina.com |
| 新浪微博 | @四川人民出版社 |
| 微信公众号 | 四川人民出版社 |
| 发行部业务电话 | （028）86361653　86361656 |
| 防盗版举报电话 | （028）86361653 |
| 制　　版 | 成都编悦文化传播有限公司 |
| 印　　刷 | 四川华龙印务有限公司 |
| 成品尺寸 | 185mm×260mm |
| 印　　张 | 46.25 |
| 字　　数 | 855千 |
| 版　　次 | 2024年7月第1版 |
| 印　　次 | 2024年7月第1次印刷 |
| 书　　号 | ISBN 978-7-220-13690-0 |
| 定　　价 | 138.00元（全二册） |

■ 版权所有·侵权必究

本书若出现印装质量问题，请与我社发行部联系调换

电话：（028）86361656